历史新阅读丛书

五代那些事儿 壹

【朱温罢唐卷】

余耀华／著

中国工人出版社

五代那些事儿 壹

【朱温罢唐卷】

目录

目录

第一章
砀山无赖

朱阿三是谁

公元907年，中国历史的年轮进入五代时期。

翻开五代史，到处可见杀戮，满页皆是辛酸，套用一句小品中的火爆台词：为什么呢？答案：恶人当道。

有人会说，五代时期不是还有那么几个不怎么坏的人吗？比如后唐明宗李嗣源，虽然是一个胡人，却也有一颗仁爱之心；后周世宗柴荣，也称得上是一代英主。

这几个人是不错，在那个恶人当道的年代里，他们仍然能保持自己独立的节操；当整个中原已经变成炼狱的时候，他们也在尽自己的努力，想挽回一点儿人性的真、善、美，可惜的是，他们失败了。

李嗣源向上天祈祷：请上天派一个圣人下凡，拯救尘世间的黎民百姓。这就是说，他有一颗仁爱之心，却改变不了五代成为“恶人时代”的现实。

欧阳修老夫子写《新五代史》时，愤然摔笔，击案而起，大骂：“天下恶梁久矣！”

别说偷梁换柱，五代，就是一个恶人的时代。

五代的第一个恶人名叫朱温，小名朱阿三。

别看朱温篡夺了唐朝政权，坐上了龙椅，有模有样地做起了后梁小朝廷的皇帝，其实，他是一个素质低下、不讲仁义、不顾廉耻、纵淫无度的大恶人。

朱温出生在宋州（今河南商丘南）砀山午沟里（今安徽省砀山县），时间是唐朝大中六年（852）十月二十一日晚。据说，他出生的那天晚上，天显异象，“所居庐舍之上，赤气上腾”，很远的地方就能看到一片红光。邻居都以为朱家失火了，纷纷提着水桶，端着脸盆，赶到朱家救火。谁知跑到朱家门口一看，一切平静如常，什么事情也没有发生。正在大家惊诧之时，朱家屋内传出了婴儿“哇、哇、哇”的啼哭声。

朱家生了个儿子。

汉高祖刘邦和宋太祖赵匡胤出生时，也都是天显异象。

史记《高祖本纪》记载:“高祖，沛丰邑中阳里人，姓刘氏，字季。父曰太公，母曰刘媪，其先刘媪尝息大泽之陂，梦与神通，是时雷电晦暝，太公往视，则见蛟龙于其上，已而有身，遂产高祖。”

宋史《太祖本纪》记载:“后唐天成二年，生于洛阳夹马营，赤光绕室，异香经宿不散。体有金色，三日不变。”

汉高祖刘邦的老妈同蛟龙交合，进而怀孕生下刘邦——天生龙种，自然要当皇帝。只是这编故事的人，为了渲染刘邦的传奇身世，却没有顾及他老爸的面子——刘邦的老爸戴了一辈子的绿帽子。

赵匡胤出生时的“赤光绕室”和朱温出生时的“赤气上腾”，几乎如出一辙。

这些在书籍中偶有所见的异象，现实中谁也没有看到过。其实，这都是后世文人加油添醋杜撰出来的故事，借以渲染历史上这些皇帝，从他们生下来的那一刻起，就命中注定要当皇帝，要主宰天下。这是中国人“一切皆由天定”的传统宿命论在作怪。

朱温出生时的异象，载于《旧五代史》，北宋卓越的文学家、史学家欧阳修撰写《新五代史》时，就没有保留这段文字。大概他觉得，这件事太悬乎，可信程度不高，所以就删掉了吧！

习惯上，乡下人给娃儿起名字，多叫阿狗、阿猫、阿牛什么的，他们都很朴素，认为给娃儿起一个贱名，可以无病无灾，好养。是否真的灵验，谁也说不准，千百年来，乡下人都是这样做的，习惯了。

由于这个习惯，乡下同名的人特别多，有时叫一声阿狗或阿牛，竟然会有几个人同时站出来答应。

朱温小名叫阿三，而没有叫阿猫、阿牛、阿狗，避免了后来做皇帝别人称他为猫皇帝、狗皇帝、牛皇帝的尴尬局面。

朱温的小名之所以叫阿三，而不是其他的，这要得益于他那个有知识的父亲。

朱温的父亲名叫朱诚，在砀山午沟也算是个名人。在乡下人面朝黄土背朝天地讨生活的时候，他却在屋里教几个娃儿读“人之初，性本善。性相近，习相远”。说到这里，大家就明白了，朱诚是个教书匠。

朱温出生之前，他的母亲王氏还生了两个儿子，一个叫朱全昱，一个叫朱存，也就是朱阿三的大哥和二哥。他排行老三，朱诚便给这个小儿子起个小名叫阿三。读书人的想法到底比文盲要丰富得多，他指望这个阿三能给家庭带来一些温暖，大名取一个“温”字，朱阿三又叫朱温。

朱温出生时虽然天显异象，但从他的身上并没有看到什么与其他孩子不同的地方，学步之前，也是满地乱爬，遇到一坨狗屎，照样要抓在手里好奇地玩半天。三五岁以后，仍然没有奇慧异秉体现出来，倒是舞棍弄棒的少儿天性展露无遗。他的二哥朱存也是一个闲不住的角色，兄弟俩拿着棍棒，同进同出，在乡里惹了不少事，害得朱老夫子经常给人赔小心。虽然经常遭到父母训斥，兄弟俩仍然屡教不改。倒是大哥朱全昱生性忠厚老实，待人彬彬有礼，颇显乃父风范。

朱诚的烦心事

朱诚有老婆、儿子，还有固定的职业，按说已经是很幸福的了，其实则不然，朱诚也有不少烦心事。他常对人说：“我这辈子熟读五经，靠教书糊口，生下三个儿子，唯大儿子全昱像我，二儿子朱存和小儿子阿三太淘气了，不知长大以后，会成为什么样的人啊！”

老夫子在为儿子的前途担忧呢！

朱老夫子是读书人，但他并没有强迫儿子走“万般皆下品，唯有读书高”这条路，或许是他觉得文化人这碗饭不好吃，因为他自己就过得非常寒碜，他不想儿子们步他的后尘。或许是他管理乏力，管不了儿子，否则，他的几个儿子就不会像野马一样，信马由缰，到处惹是生非。

儿子在外惹事，朱老夫子放下架子向人赔小心，乡邻们看在他的面子上，每次都能化干戈为玉帛，大事化小，小事化了。

但是，有些事情，不是赔小心就能解决的。比如，每天开门七件事：油、盐、柴、米、酱、醋、茶，就超出了赔小心解决的范围。

老夫子虽然有稳定的工作、固定的收入来源，在山沟里算是有头有脸的人物，但他的日子过得并不怎么好。原因是，在那个穷山沟里，人们将一日三餐填饱肚子作为奋斗目标，而这些山里人连肚子都混不饱，哪有闲心、闲钱考虑孩子的教育问题呢？于是乎，老夫子遇到一个很现实的问题——学堂的生源不足。

学生是朱老夫子一家的衣食父母，学生少，学费收入就少。儿子小的时候，饭量小，家里的花销相对也较少，靠那点儿微薄的学费勉强还能凑合。慢慢地，儿子们长大了，个个长得像小牛犊似的，饭量越来越大，朱老夫子的小日子过得就越来越困难了——吃了上顿没下顿，愁坏了老夫子。

粮食这玩意儿不是从天上掉下来的，而是从地里长出来的。要想得到粮食，要么，你就老老实实地春天去播种，秋天去收割，要么，你就拼命地去赚钱，用赚得的钱去买，除此之外，别无他途——除非你去抢。

朱老夫子是个读书人，手无缚鸡之力，种田是外行，他的专业是教书，叫他去抢，他没那个胆儿。即使斗胆去抢，成功的机会也几乎等于零。可教书那点儿微薄收入，实在是填不饱儿子们的肚子。看着儿子们饿肚子，自己无能为力，朱老夫子非常郁闷，无可奈何。久而久之，竟抑郁成疾，一病不起，最后竟撒手人寰，到西天极乐世界去了。

朱家本来就是家徒四壁，连最基本的吃饭问题都没有解决，朱老夫子去世后，丧葬费就成了问题。可怜朱诚的妻子王氏，带着三个儿子，看着不能下葬的丈夫，哭成了泪人。幸亏乡邻们相助，东家凑几碗米，西家凑几个铜钱，好歹算是让朱老夫子入土为安了。

朱老夫子去了，家里的顶梁柱倒了，生活来源枯竭了，乡邻们救得了急，却救不了穷。无奈之下，王氏人托人、保托保，弄了份打工的指标，带着三个张口要饭吃的儿子，投奔到萧县的地主刘崇的家里当佣人。三个儿子也找到一份工作——做佣工，条件是包吃包住。一家四口，吃饭的问题好歹算是解决了。

无赖朱阿三

朱温一家四口来到萧县刘崇家，母亲洗衣、喂猪、做卫生，朱阿三和他两个哥哥放牛、种庄稼。

一家四口，从一个书香之家沦落为打工族。由于刘家只管吃、管住，连零用钱都不在他们的考虑范围内，所以，照这样发展下去，朱阿三发家致富的机会几乎等于零。

王氏对在刘家打工的这份工作相当满意，因为这份工作来之不易，也就格外珍惜。

朱阿三没有母亲那样容易满足，他的工作就是上山放牛，跟两个哥哥下地干农活儿，播种、施肥、除草，什么都干，每天从睡觉的破屋到田地，两点一线，日复一日，周而复始。尽管此刻他还没有发家致富的念头，但至少他觉得，这样的日子很乏味。

朱阿三不喜欢种田这份工作，他的特长是舞刀弄棒。放弃自己的技术专长，去干自己不喜欢做的事情，对于年轻人来说，这是一件很痛苦的事。因此，朱阿三种田的积极性不高，干活儿没精打采，三天打鱼，两天晒网，只要有机会，便偷偷地溜出去玩。

朱家兄弟三人，大哥朱全昱虽然任劳任怨，但体力不够，干不了多少事。二哥朱存虽然长得膀大腰圆，力气很大，干起活儿来却又是粗心大意——叫他去插秧，田里刚上水，秧苗就从水中漂起来了；叫他去锄草，连禾苗一同锄掉。朱温虽然很有力气，但为人狡猾懒惰，工作也不安心，而且，在刘家大院外面，他还经常干一些争强斗勇、偷鸡摸狗的事情。

争强斗勇，是一个性格问题，历史上扬名立万的人物，很多人都有这个毛病，倒也无可厚非，而偷鸡摸狗则就是道德品质出了问题。

中国有句俗话：从小偷鸡蛋，长大劫洋船。说的是一个人小时候小偷小摸，长大了就可能成为江洋大盗。

刘崇是一个土财主，不是慈善家。他收留朱温一家子，是要他们干活儿，当朱家三兄弟的工作态度、工作业绩达不到他的要求时，他就很烦；如果只吃不干，还在外面惹是生非，那就很恼火。他请的是打工者，不是门客，更不是大爷，因此，在刘家大院里，经常发生刘崇训斥朱温兄弟的事情。

每当老板发怒之时，老大朱全昱总是堆着笑脸，一个劲儿地赔小心；老二朱存自知理亏，也是甘而受之；朱温却总是狡辩，说我们哥儿仨也是人呀！总不能将咱哥儿仨当牛使唤吧！

一次，刘崇实在气不过，当众斥责道："朱阿三啊！你成天吹牛皮，说自己无所不能，其实，你只不过是一个什么也不会干的窝囊废！你在我家打工，哪块田是你耕种的？哪个菜园是你浇的水？"

"雁雀焉知鸿鹄之志，宠物猫永远不知奔猫追逐的乐趣。"朱温不屑地说，"你看我是一辈子靠打工混饭吃的人吗？"

"什么？你吃我的、穿我的、住我的，还敢顶嘴？"刘崇怒不可遏，顺手抓起一根棍子扑向朱阿三。

朱阿三见刘崇扑过来了，忘记了老板与打工者的身份，一把夺过棍子，咔嚓一声，将棍子一折两段。

刘崇更加恼火，到处去找大棍子，恰巧被他的母亲看见了。老太太问道："什么事呀？发这么大的脾气？"

"一定要打死朱阿三！一定要打死朱阿三！"刘崇嘴里一个劲儿地嚷。

"打不得！打不得！"老太太说，"傻儿子哟！你不要小看了这个朱阿三，他可不是平常人，前途不可限量啊！"

为何老太太如此看重朱温呢？这是有原因的。

据说，朱温刚到刘家的时候，曾出现过一件怪事。

一天晚上，朱温睡觉的屋子里突然传出一阵异常的响声，老太太被惊醒了，以为是强盗进门了，悄悄地爬起床察看。结果，看见朱阿三的床上盘着一条赤蛇，鳞甲森森，光芒闪闪。老太太吓得毛骨悚然，禁不住大叫一声。朱阿三被惊醒了，床上的赤蛇也不见了。

从此以后，老太太便说朱阿三是个贵人，对他格外照顾。她常对家里人说："朱阿三不是个凡人，你们不要欺负他。"

刘崇的家人半信半疑，有时候也笑话老太太是老糊涂了。但笑归笑，老太太的话还是要听的。

刘崇是个很孝顺的人，母亲不允许他责罚朱阿三，也就只好作罢。因此，朱阿三虽然总是变着法子偷懒，却也能在刘家生存下去。

江山易改，本性难移，这句话被中国人视为真理。

朱阿三虽然在刘家老太太的保护下，能在刘家生存下去，但他终究是一个无赖，无赖就是无赖，本性改变不了。

一次，朱阿三在外面赌博输了钱，欠了别人的赌账。晚上，他摸到刘家柴房里，偷走了刘家一口旧铁锅，准备拿去卖钱还赌债。其实，一口破铁锅，值不了几个钱，想必朱阿三是输急了，见柴房里只有这口旧铁锅还能换点儿钱，也不论多少，偷走就是了。

朱阿三的偷盗行为，恰好被管家发现了，他向刘崇告发了朱阿三。

刘崇带着五六个家丁连夜将朱温抓回来，绳捆索绑，关在柴房里，痛打了一顿。他大骂道："朱三哟！我刘家待你一家不薄。供你吃，供你住，没有对不住你的地方，你为何不能安分一点儿呢？平日在外惹是生非，欺凌乡邻，现在又干起了偷鸡摸狗的勾当。"

"怎么是偷呢？我是借，在外面赌钱输了，借你家一口旧铁锅还债，等我发财了，十倍还给你，行吗？"朱温的回答，让人捧腹。

孔乙己曾经说过，窃书不为偷，朱阿三将偷说成借，两人的狡辩，有异曲同工之妙。

朱阿三在历史上，是响当当的人物。英雄豪杰，固然不拘泥于小节，但偷鸡摸狗之事，终非英雄豪杰所为，因而，这件事成了朱温的政治污点，为后人所不齿。

朱阿三之所以后来被人说成是无赖、恶人，这可能是一个原因。

刘崇听了朱阿三的回答，简直哭笑不得，本想将他痛打一顿，逐出刘家，偏偏老太太知道了这件事，赶来又救了朱阿三。

老太太有些恨铁不成钢地说，“朱阿三啊！你也老大不小的了，不能再这样顽劣了，你不想种地，又能够做什么呢？”

“老太太！”朱阿三委屈地说，“隔行如隔山啊！”

“什么是隔行如隔山呀？”老太太不解地问。

“种地我是外行，也没兴趣，你们却要我成天同犁呀、锄头打交道，这就如同在我面前横着一座山。”朱阿三叫苦地说，“老人家，这座山我翻不过去啊！”

“你的专长是什么呢？”老太太似乎有些好奇。

“骑马射箭。”朱温说，“老人家，不如你给我一副弓箭，我每天去打一些野味回来，给你老人家改善生活，行吗？”

老太太乐了，笑着说：“我说孩子呀！你毛手毛脚的，给你一副弓箭，射着人怎么办？”

“老人家，你就答应我吧！”朱阿三知道老太太袒护他，故意哀求起来。

老太太是将朱温作为特殊人才对待的，经他一求，居然就答应了，只是吩咐他要小心，不要误伤了人。

那时候的大自然，完全遵循着一种原始的生存规则，各种动物优胜劣汰，公平竞争，人类对大自然虽然有占有欲，但火铳的普及程度并不是很高，要想把天上飞的、地上跑的动物变成餐桌上的美味佳肴，只能用弓箭。那时也没有禁猎令，只要你有打猎的爱好，随时都可以行动——只要你对弓箭这门技术不是很外行，带着家伙出去走一趟，就不会空手而归。

朱阿三本来就是舞刀弄棒的高手，打猎也是他的拿手好戏，每次出去，都是满载而归。朱存看了心里痒痒的，也向刘崇要了一副弓箭，跟着朱温一起出去打猎，两人的日子过得逍遥自在。

外面的世界很诱人

朱温摆脱了种地的羁绊，成了一名自由人，每天带着弓箭，到周围的深山老林里观风景，回家的时候，再射杀几只飞禽走兽，让刘家人改善生活，日子过得挺逍遥。时间长了，他渐渐地觉得又有些乏味了，想寻找一点儿刺激。

这一天，朱温来到宋州城外，正追逐一只野兔，忽然看见数百名士兵，护着两辆香车从大路走过，向前面的山沟里走去。出于好奇，他放弃了追逐的野兔，身不由己地跟了上去。

朱存见弟弟跟着香车走了，也跟上去凑热闹。

他们走到对面的山脚下，看到山上绿树成荫，半山腰的树林里，露出亭台楼阁，传出阵阵钟声，显然，这是一座禅院。

两乘香车走到山脚下，停住了，几名侍女从轿内扶下两个女人，前面的那位，是一个半老妇人，举止大方，却有官宦人家的气派；后面是一位大家闺秀，年龄十七八岁，容貌秀美，浑身透出青春的活力。

朱阿三猜测，这两个女人一定是母女俩，出自官宦人家，到这里来烧香拜佛。等她们上山进殿之后，也大着胆子跟了进去。

母女俩进殿拜过佛，由知客僧引着走向客堂。朱温快步走到母女俩前面，仔细端详那位年轻女子，见她长得果然漂亮，是他平生见到的第一美人。他不禁被女子的美貌所吸引，只是苦于在场的人多，自己身份低贱，不敢唐突。如果是在平时，换另外一种场合，他一定会找个借口，主动上前去同那位年轻女子打招呼。

今天他不敢，眼巴巴地看着母女俩在客屋里稍事休息后，在仆人的侍候下，走出寺庙，上车而去。

知客僧送走母女俩，转身正准备入内，朱温上前打了个揖手，问道："请问师父，刚才那一双母女，姓甚名谁，家住何方？"

知客僧看了一眼朱温，淡淡地答道："她们是宋州刺史张蕤的家眷，年长的是刺史夫人，年轻的姑娘是刺史的千金小姐。"

"是张蕤吗？"朱温吃惊地说，"他原本是砀山的富户，和我是同乡，如今做了宋州刺史？"

"听说要卸任了。"知客僧说罢，径直入内去了。

回家的路上，朱阿三问哥哥朱存，可曾记得父亲在世的时候说过汉光武帝的故事。朱存一脸茫然，不知道朱温到底要说什么。

朱温见哥哥回答不出来，自问自答地说，汉光武帝还没有做皇帝的时候，曾说过“为官当做执金吾！娶妻当得阴丽华”这句话。

朱存反问道：“这与你有什么关系？”

朱温赞叹地说：“光武帝做了皇帝后，果然娶阴丽华做了老婆。”

“你到底想说什么呀？”朱存不解地问。

“你看张蕤的女儿，依我看，当日的阴丽华，也不过如此吧？”朱阿三色眯眯地反问道，“你说我能像光武帝那样吗？”

“刷了绿漆就当自己是块玉了？”朱存笑得几乎岔了气儿，讥笑道，“癞蛤蟆想吃天鹅肉，你说是什么意思？”

“时势造英雄嘛！”朱阿三生气地说，“刘秀是个什么官？有多少财产？后来不是做了皇帝吗？不照样娶阴丽华做了老婆吗？”

“你真是痴人说梦啊！”朱存笑道，“我们寄人篱下，有吃有穿就已经很不错了，还想什么娇妻美妾，你还是靠谱点儿吧！”

“二哥啊！”朱阿三说道，“你真是井底之蛙哟，你以为我们这样替人打工，就能发家致富、飞黄腾达吗？如果真是这样，天上真能掉下馅饼砸死人了。”

“你又能怎么样？”朱存也有些不服气。

“投军，做强盗。”朱阿三说道，“眼下唐朝气数已尽，天下乱成一锅粥了。前一阵子，听说王仙芝在濮州起事；后来，又听说黄巢在曹州起兵，整个东南一带已经是山雨欲来风满楼了。”

“那关我们屁事？”

朱阿三道：“我们是勇士啊！”

“勇士又能怎么样？”朱存反问道。

“咱们投奔黄巢去，凭咱们的身手，在队伍里总能混出个模样来——抢一些财物，抢几个美女，总不是难事。到时，吃香的，喝辣的，多逍遥，多快活！何必待在这穷山沟里，埋没了咱的青春，埋没了英雄呢！”朱阿三见朱存有些心动，继续说，“如果我们出去闹出一点儿名堂了，也让那些瞧不起我们的人看看，谁是英雄谁是狗熊。”

朱阿三的狂想，引起了朱存的共鸣，仿佛一座金山就在前方，等着他去享受；仿佛外面有一个美人窖，等着他去销魂。两人一合计，决定到外面去闯荡江湖。

朱阿三、朱存哥俩返回刘家，先去禀明老母，说他们不想做一辈子打工仔，要出外去闯天下，讨生活。

当然，他们没敢说是出去当强盗。因为无论怎么说，当强盗总不是一件光彩的事——当母亲的如果知道儿子要去干这个杀人越货的勾当，说什么也不会答应的。

王氏尽管没有料到儿子想要出去当强盗，但突然听两个儿子说要离开自己，心里还是不舍，不放心地说："儿呀！在家千日好，出外时时难。外面兵荒马乱的，找个工作也不是一件容易的事，一家人守在一起，虽然穷了点儿，为娘我心里踏实呀！"

"娘哟！"朱阿三说，"你儿子都人高马大的了，不能寄人篱下，给人打一辈子工吧！待在这里，不说发家致富，连个老婆也娶不起，你老人家心里难道真的踏实吗？"

朱温的话，搔到了王氏的痒处。三个儿子，都是人高马大的了，到现在还都是光棍，这是王氏的心病。

朱全昱听说两个弟弟要走出刘家大院，到外面讨生活，便问他们要到哪里去。

"现在还说不准呢！"朱温说，"大哥如果想去，咱兄弟仨就一起走，如果不想去，你就留下来照顾咱老娘吧！"

朱全昱是个安分守己的人，听说连方向都没有确定，当然就不想出去冒风险，便说他留下来照顾母亲。不过，他嘱咐朱温：如果在外面发达了，就带个信回来，到时，我再去投奔你们。

朱阿三、朱存当然是满口答应。

哥儿俩再去向刘崇辞行。

刘崇本来就厌恶他们，巴不得他们早点儿离开，只是刘崇的母亲迷信朱阿三将来会成大器，不仅吩咐他们许多话，还送给他们几吊铜钱，作为路上的盘缠。

兄弟俩收了老太太的一片心意和厚望，千恩万谢，辞别而去。

第二章
朱温发迹史

新兵蛋子

朱温、朱存兄弟俩告别了母亲和大哥，结伴而行，踏上了人生的新起点。他们此行的目标并不是很高：抢钱发点儿小财，然后讨个老婆过日子。

当时是唐僖宗乾符四年（877）。让朱家兄弟慢慢去寻找发财的机会吧！

再来看看大唐王朝发生了什么事。

大唐王朝自安史之乱以后，陷入了藩镇割据的局面，朝廷与藩镇、藩镇与藩镇之间展开了无休止的战争，政令不出都门，国家事实上已经是四分五裂。尽管名义上还保留着一个中央政府，但藩镇坐大，军阀混战，谁也没把蜗居在长安城的那个皇帝放在眼里。

除藩镇割据、军阀混战之外，又出现一股新兴力量——唐末农民起义军。王仙芝在濮州率众起义，黄巢在曹州揭竿而起，四处抢劫，横行山东。郓州、沂州一带，逐渐被黄巢的军队占领。很多人都投奔到黄巢的旗下，这支队伍迅速壮大起来。

农民起义的战火，使摇摇欲坠的唐王朝政局更是乱成一锅粥。

如果将大唐王朝比喻成一条抛物线，将此时的唐王朝置于抛物线一个点上，则这个点接近于抛物线的终点。

此时的大唐王朝，已经是日薄西山。

郓州城外的一片开阔地上，唐朝官军同黄巢农民起义军拉开了架势，准备大干一场，官军的主帅是东平节度使薛崇，起义军的首领是黄巢。

尚未开战，薛崇手持一柄开山钺，大骂黄巢是个贩私盐的小毛贼，要想活命，就赶快率众投降，不然的话，就放马过来，手底下见真章。

黄巢正要出阵，大将孟楷拍马冲出阵，大叫道：“杀鸡焉用牛刀，我来也！”

薛崇也不答话，拍马迎了上来，只三个照面，孟楷便败下阵来。

薛崇先胜一阵，官军士气大振，一齐呐喊助威。

义军阵前众将见薛崇神武，都面有怯色。忽然，步兵队伍中传出一阵讥笑声。众人寻声望去，笑声是从一个衣着褴褛的大汉口中发出的，从他的神态看，显然有轻蔑之意。

这位衣着褴褛的大汉不是别人，正是刚投奔到义军旗下不久的朱阿三，他的二哥朱存就站在他的身边。义军的装备很差，特别是战马，更是奇缺，大小头目的坐骑，一般都是自备，或者在战场上从敌人那里缴获。朱阿三兄弟俩穷得叮当响，连衣服都买不起，更不用说自备战马了，只能站在步兵队伍中。他见孟楷败下阵来，有些不以为然，心想：如果能杀死一镇节度使，一定会名声大振。

朱阿三知道自己是个新兵蛋子，无资历，没战功，身份低微，连上阵同薛崇叫板的资格都没有，于是突发奇想，故意发出笑声，以求引起人们重视——只要有人注意他，他就有机会。

任何事情，有得必有失，朱阿三的笑声确实具有很强的广告效应，吸引了在场所有人的眼球，包括农民军统帅黄巢。然而，也给自己结下了一个冤家，这个冤家就是被他讥笑的孟楷。

孟楷刚败下阵来，见朱温讥笑自己，恼羞成怒，不问青红皂白，一刀劈了过去，大喝道：“找死！”

黄巢想要制止，已是不及，心里暗叹，可惜了这条大汉。

朱阿三知道自己的笑声虽然能吸引人们的眼球，但也能激怒孟楷。吸引眼球，只能是引起别人对自己的注意；激怒了孟楷，却能要命。因此，当他口中发出笑声的时候，两眼却紧盯着孟楷，严格地说，是盯着他手中的那柄刀。别看那柄刀奈何不了薛崇，招呼自己却是绰绰有余。因此，当孟楷抡刀砍下来的时候，他敏捷地纵步避开了。

孟楷一刀不着，正要再度出手，砍出第二刀。

“慢！”黄巢发话了，冲着朱温问道，“你是谁？”

朱阿三见黄巢注意到自己了，暗叫一声侥幸，抱拳答道：“小的叫朱温，刚投到义军旗下。”

“为何发笑？”

“大帅！谦虚不一定能使人进步，骄傲却一定要失败。”朱温故意瞥了一眼孟楷。

孟楷正要发作，黄巢却问道：“什么意思？”

“大帅，借小的一匹马，小的去将薛崇的人头取来，就知道是什么意思了。”

黄巢虽然不知这个朱温到底有多大能耐，但从他刚才腾挪的步伐来看，颇有功底，于是向孟楷一招手，让他将坐骑借给朱温一用。

孟楷虽然一百个不愿意，但黄巢开了口，不好不给面子，极不情愿地跳下马，冲着朱温叫道：“小子哎！别伤着我的马，你的命没我的马贵。”

朱温也不答话，接过马缰，手提单刀，纵身跃上马背，冲向敌阵。

薛崇见朱温一副穷酸相，冷笑道：“刁民，找死！”

“小子，看刀！”朱温冲上前去，举刀就砍，一副拼命的架势。

行家一伸手，便知有没有。薛崇久经战阵，一看朱温的来式，就知道是一个把式，但没经过战阵。他也不避让，抬起手中开山钺，轻轻一磕，磕开了朱温的单刀。

薛崇这一磕，看似轻描淡写，朱温却受不了。因为他的单刀是轻兵器，薛崇的开山钺重百十斤，是重兵器，两种兵器相碰，单刀先天就处于一种劣势。

朱温这才发现，两军交战，和乡里打架不是一回事，一口单刀，是架不住百十斤重的开山钺的。正在他为自己的莽撞感到后悔的时候，薛崇一招力劈华山，开山钺劈头盖脸地砸了下来。朱温自知不敌，翻身滚落马，接着就地一滚，纵身一把抓住薛崇的一条腿，将薛崇从马上拽了下来。

薛崇坠落马下，还没有站起来，朱温来了一招饿虎扑食，重重压在他的身上，双手死死地卡住薛崇的脖子。

朱温虽武功不及薛崇，但却有一股蛮力，在薛崇身上一压、一卡，薛崇一口气没有提上来，岔过气儿去了。

朱温伸手抓起地上的单刀，咔嚓一声，割下了薛崇的头颅。这些动作，都是一气呵成，官军的几员副将想救也来不及。

黄巢见朱温得手，大手一挥，义军阵中鼓声大作，葛从周、孟楷等人率兵杀向官军。此一战，官军大败，黄巢的义军一举攻下郓州城。

论功行赏，新兵蛋子朱温被破格提拔为小队长。

谁能料到，毁灭当时世界上第一大帝国几百年基业的人，居然就是这个无赖。

攻陷长安

朱温哥儿俩投奔黄巢，跟着起义军东征西讨。在这期间，朱存居然真的抢了几个女人做老婆，算是完成了当初从萧县出来的时候抢几个女人做老婆的计划。朱温却是独来独往——虽然他也不缺女人，但却一直没有正式娶妻，成了义军中有名的光棍汉。

究其原因，是他心里一直惦记着宋州刺史张蕤的女儿。

郓州之战以后，朱温有了一点儿知名度，有机会在黄巢身边晃荡，乘机怂恿黄巢去攻打宋州。

朱温建议攻打宋州是醉翁之意不在酒，他不是从军事角度考虑问题，而是惦记着宋州刺史张蕤的女儿。他以为，只要拿下宋州，就等于得到了张蕤的女儿。

可惜人算不如天算，朱温的如意算盘落空了。因为张蕤早已卸任，继任的宋州刺史却又是一个颇能打仗的人。当朱温奉命率数千农民军围攻宋州城时，却遭到宋州守军的顽强抵抗，久攻不下。后来，听说官军的援军将至，只得率军撤回。

乾符五年（878），王仙芝在黄梅战死，副将尚让率余众到亳州，投奔到黄巢旗下，推举黄巢为黄王，称冲天将军。

黄巢成为起义军的最高统帅，尚让为军师。

两支义军会合后，势力更大，黄巢率军沿黄河南岸西进，准备攻打唐朝的东都洛阳。

唐朝廷紧急调兵遣将，支援东都。黄巢知难而退，改变作战计划，引军南下，向广东一带发展。

朱存随军南行，朱温则奉命留守山东郓州，兄弟俩就此分开了。

乾符六年（879），黄巢率军转战于浙江、福建一带。

黄巢部队的将士大多是“北人”，在岭南水土不服，军中又流传疫病，数日之间“死者十三四”，再加上官军四处围剿，黄巢在转战途中也差点儿丧命。部下将领多“劝请北归，以图大利”。

黄巢也认为农民军在南方难以持久，于是改变计划，实行战略大转移，决定率部队杀回中原地区。他们从桂林出发，乘大筏沿湘江顺流而下，经永州、衡州，攻占了潭州。

朱存在这次战略转移中战死。

黄巢率军从湘南渡过长江，直扑襄阳，在荆门（今湖北境内）丛林地带钻进了山南东道刘巨容的埋伏圈，大败而逃，一直跑到江陵。原先的人马只剩下十之一二，只得与尚让一起率军渡江东逃。

刘巨容手下将士建议痛打落水狗，刘巨容却说了一句很有意思的话：“国家辜负人，有急则抚存将士，事宁则弃之，或更得罪，不若留贼以为富贵之资。”

刘巨容的意思是说，朝廷让他们围剿反贼，却又不拨付军费。打仗是一件很耗钱的事情，只要部队一动，人员、装备、粮草，那就是像水一样流，想控制也无法控制。他不愿干这种“自费剿贼”的傻事。

刘巨容说的是一句大实话，在黑暗政治下，要求忠臣力挺社稷，既要马儿拉满套，又要马儿不吃草，这确实有些强人所难。

假如说刘巨容有足够的军费，或者说有那么点儿为国尽忠的精神，率军穷追猛打，黄巢能否逃过一劫，真的很难说。

黄巢过江之后，获得了喘息的机会，攻下鄂州（今湖北武昌）外城，并转掠饶、信、宣、杭等十五州，势力又逐渐壮大起来。一路高歌猛进，攻占东都洛阳，越过天险潼关，剑指京师长安。

这并不是说起义军特别能打，而是官军的表现太糟糕，使得黄巢大功告成。

起义军进入河南后，黄巢担心朝廷重兵都驻扎在河南，如果枪口一致对准起义军，起义军不说攻洛阳、陷长安，想全身而退都很困难。

军师尚让献计，说只需要一篇牒文，就可以搞定朝廷的各路兵马。

“什么？”黄巢大吃一惊，“一篇牒文？”

“对，一篇牒文。”尚让分析说，大将军发一篇牒文，诏告四方，声称大将军将率六十万天兵入东都，顺道到京师，此行的目的，只向皇帝老儿问罪，不与各镇兵马为敌，各镇兵马只要不阻挡天兵的去路，天兵将不会用兵，井水不犯河水。

“能行吗？”黄巢有些不放心。

“唐廷的君臣，本来就已经离心离德，各镇节度使也是互相猜疑，听说天兵有如此多的兵力，为了保存实力，谁还敢铤而走险，此招叫险中求胜。”

黄巢依计而行，命书吏拟了一篇通稿，发往各州郡。

数日后，黄巢大军进抵洛阳城下，唐将齐克让退守潼关，东都留守刘允章率众出城迎接起义军进城，东都不攻自破。

黄巢进城后，出榜安民，约法三章以取民心，在洛阳休整两天之后，便兵发潼关，并命驻扎在营州的朱温率兵进入河南攻打同州，借以策应大军西进。

潼关守将齐克让稍作抵抗后，弃关而去。黄巢攻占了潼关，留将镇守的同时，率军直逼长安。

潼关失守，震动了长安城，唐僖宗紧急召开御前会议，商议应对之策。满朝文武面面相觑，束手无策。尚书右丞王铎建议封黄巢为节度使，以示招安，先稳住他，然后召各镇兵马进京勤王。

唐僖宗依计行事，派人给黄巢送去了委任状。

黄巢视节度使如粪土，将委任状撕得粉碎，弃之于地，赶走了信使。

侍中田令孜听说黄巢拒不受诏，料知长安难守，建议圣驾撤出长安，前往兴元以避其锋。

唐僖宗到了这个时候，已经毫无主张，只得带着嫔妃、宗族及左右近臣数百人，由五百神策军护送，连夜逃往四川避难去了。

黄巢进驻长安以后，登基太极殿，自己做起了皇帝，定国号为“齐”，改元金统，组建了自己的领导班子。

按理说，黄巢虽是一个私盐贩子出身，但好歹也是一个落第秀才，算是一个文化人，他应试科举名落孙山之后，曾满怀激情地写了一首《不第后赋菊》：

待到秋来九月八，
我花开后百花杀。
冲天香阵透长安，
满城尽带黄金甲。

可惜的是，黄巢空有满腹经纶，却没有高瞻远瞩的眼光、远大的志向。进驻长安之后，便迷失了方向，不知道下一步棋该怎么走，既没有派大军追击逃往四川的大唐皇帝君臣，彻底摧毁大唐王朝的中枢机构，也没有出兵歼灭镇守关中的各地唐朝禁军，消灭大唐王朝的有生力量，给大唐王朝的卷土重来留下了机会。

黄巢没有把握住进一步扩大战果的良机，注定了大齐政权在历史上如同流星一样，昙花一现，只是一个匆匆的过客。

梦中女神

黄巢攻占长安，自己当了大齐金统皇帝，手下的兄弟，宰相、大臣封了一大串。朱温也水涨船高，被提拔为防守城外东渭桥的将领——别看官不大，可朱温就是从东渭桥开始拥有自己的一干人马。

后来，黄巢又命朱温为东南面行营先锋，率军攻打南阳。

朱温率军到南阳走一趟，没有遇到抵抗，在南阳城头插上起义军的大旗后凯旋。

黄巢亲自到灞上迎接朱温，慰劳他的部队。

随后一段时间，朱温先后迎战邠州、岐州、鄜州、夏州的官军，屡战屡胜，立下不少战功。

还是那一句老话，并不是朱温能打，而是官军的表现太糟糕，各路节度使为了保存自己的实力，谁也没有真打。

接下来发生一件事，让黄巢和朱温之间出现了裂隙。

有功就得行赏，黄巢打算向东扩张，于是封朱温为同州刺史。当时的同州，还在唐军的控制之下。

朱温有些不高兴，说同州又不是咱大齐的国土，我怎么能到人家的地盘去当官呢？

黄巢回答说："你攻下同州，不就得了吗？"

原来，黄巢给朱温开了一张"期货支票"，朱温如果想当同州刺史，只能到唐军手里去抢，抢到了，支票也就兑现了。

朱温尽管很不舒服，但也只能如此了，好在这些年明抢暗招，手下也聚了不少人马，抢就抢吧！

中和二年（882）二月，朱温率军从丹州出发，所过之处，连战连捷。唐朝同州刺史米诚不敢同大齐的部队硬碰硬，朱温的兵马还没有到，他便弃城出走，逃往河中（今山西永济）去了。

朱温顺利攻占了同州，正式就任同州刺史。

原本不显山、不露水的无赖、大老粗朱温，在不长的时间内，从一个小队长混到了地方大员的高位，这种速度是相当惊人的。要知道，同州虽然不大，刺史的级别也不是很高，但考虑到黄巢进驻长安后所能控制的范围，也就只有周围二三个州、巴掌大的地盘，朱温居然能拥有其中的一座，还统率了万余人的部队，实在不可等闲视之。黄巢对他实在不薄。

朱温是一个好色之徒，每次攻城夺关，都要放任将士们大肆抢掠：强抢民财，掳掠妇女。他的部下也知道他有这个爱好，投其所好，每次掳到女人，都是先将漂亮的挑出来送给他。

可怜这些女人，犹如羊落虎口，除了任人蹂躏外，别无选择。

朱温虽然是一个纵淫无度的好色之徒，却也是一个“多情种子”。这些年来，他玩女人就像穿衣服一样，无以计数，玩过了就扔，从来不给这些女人一个名分，更不用说娶为妻室。尽管他不缺女人，但却是一个快乐的单身汉。之所以这样，是因为在他的心里，一直惦记着一个女人，这就是前宋州刺史张蕤的女儿。

冥冥之中，朱温的痴情，仿佛感动了上天，梦中女神居然真的来到他的身边。

朱温攻占同州之后，他的部下照例要将掳到的漂亮女人先送给他挑选。

这一天，朱温坐在大堂上，重复着每次攻城夺关后都要做的一件事——选美。

朱温睁着色眯眯的眼睛，贼溜溜地来回转。突然，他眼前一亮，人丛中一个女人的身影进入他的视线。眼前这个女人，虽然头发散乱，衣着粗陋，一脸倦容，但却似曾相识，掩盖不住倾城倾国的容颜，仿佛梦里见过千百回。他突然起身离座，快步来到那个女子身边。

朱温的反常举动，让在场的所有人都大吃一惊，大家不知道朱温为何如此激动，也不知即将会发生什么事。

朱温可不管这些，走到女子身边，吃惊地问道：“你是前宋州刺史张蕤家的张小姐？”

“小女子张惠！”女子低声回答，“正是前宋州刺史张蕤的女儿。”

“下去，下去，下去。”朱温大手一挥，“把这些女人统统带走。”

朱温处于极度的亢奋之中，挥手赶走了所有人。

偌大的一个屋子，只剩下朱温和张惠两个人。张惠睁大眼睛，胆怯地看着朱温，不知发生了什么事。

朱温将张惠扶到椅子上坐下，安慰道："别害怕，别害怕，我们是同乡，在宋州的时候，你到寺院去上香，我们见过面。"

"真的？"张惠睁大了眼睛。

朱温关心地问："你父亲呢？母亲呢？怎么沦落到这个地步？"

张惠见问，突然大哭起来，说她的父亲早已去世，母亲在逃难中走散，她跟着一班乡民流落到此，哭求朱温看在同乡的分儿上救救她。

朱温见张惠伤心的样子，更觉楚楚可怜，多年的思念，一朝相见，让他激动得有些不知所措。

朱温是风月场中老手，向女子倾吐爱慕、思念之情，应该是他的拿手好戏。可是今天，他的舌头似乎不听使唤，两眼盯着张惠，想说什么，却又说不出来。

张惠看出朱温有话要说，满面含羞地说："将军想说什么，请讲，小女子听着呢！"

"自从宋州郊外见过小姐一面，在下对小姐倾慕已久。这些年来，到处打探小姐的下落，一直杳无音信。前次义军到宋州，才知令尊已经卸任。我私下立誓，若不能娶到你，情愿终身不娶。直到如今，我还是光棍一个。今天得与小姐重逢，算是天缘作合。若蒙小姐不弃，在下愿与小姐结为秦晋之好，不知小姐意下如何？"朱温眼巴巴地看着张惠，等待着她的回答。

如今，张惠已经不是千金小姐，四处流浪，连落脚的地方都没有。尽管她从心里瞧不起朱温这样粗俗的下流坯子，然而，此时的她，除了点头答应，恐怕没有其他更好的选择。

朱温见张惠半天不说话，以为她不同意，扑通一声跪下，哀求道："小姐，你就答应在下吧！"

张惠见朱温对自己如此真情，心里一阵激动，脸上顿现红晕，双手掩面，含羞地说："快起来吧！叫人看见多不好。"

朱温一下子从地上蹦起来，忘情地抱住了张惠。

许久，朱温放下张惠，立即唤来婢女，将张惠带去洗浴更衣。他要选择良辰吉日，与张惠正式拜堂成亲。

朱温虽是一个草莽粗俗之人，却是真心爱慕张惠，终身大事，却也不肯草草成事。

到了良辰吉日，朱温穿着官服，张惠珠围翠绕，打扮得如同天仙一般，与朱温并排站在红毡上，行过交拜礼，然后洞房花烛，曲尽绸缪。

背叛革命

唐僖宗带领后宫嫔妃和近臣逃出长安后，西走兴元，进入四川境内，然后向天下发布檄文，号召各镇将士，配合朝廷，合力讨伐黄巢乱贼，收复长安。

黄巢听说僖宗在四川发布檄文，大吃一惊：这是那个惶惶如丧家之犬、匆匆让出长安城逃到四川去苟延残喘的落魄皇帝吗？他竟然还有胆量同我叫板？当初，怎么没有发扬痛打落水狗的精神，将他赶尽杀绝、让他永世不得翻身呢？

世界上什么药都有，就是没有后悔药。如梦方醒的黄巢，不想再犯第二次错误，准备来个先下手为强，亲征汉中。

人马未到，粮草先行，黄巢立即命中尉孟楷给河间府写信，让河间府的王重荣赶快筹集西征军粮草。

王重荣原本是大唐河中节度使，黄巢西进的时候，屈于黄巢的军事压力，投降了黄巢。黄巢攻陷长安之后，今天催要军饷，明天索要粮草，王重荣疲于应命，不胜烦扰。

这一次，前来催讨粮草的有百来号人，他们来到河间府后，住下了，看架势，不交足索要的粮草，他们是不打算走了。

王重荣火了，也烦了，他一个堂堂的节度使，什么事也不能做，成了黄巢的供需官。河间府虽然是个富庶之地，但粮食的出产毕竟也有限，加之连年战祸，百姓也都是吃了上餐愁下顿，仓促之间，哪能筹得如此多的粮草。他找几个亲信商量，大家都觉得黄巢这个主子难侍候，长此下去，不死在战场上，也要被他活活地折腾死。

一番商讨之后，大家一致决定：响应唐僖宗的号召，回归唐朝。

后来的结果是，王重荣下令杀了黄巢派来的催粮使者，高举大唐旗号，联合四方镇帅，喊出了声讨黄巢、复兴唐室的口号。

黄巢得知后院起火，立即传令同州的朱温，命他出兵河中，讨伐王重荣。

朱温正在新婚燕尔之际，夫妻恩爱，享尽了鱼水之欢，本不愿发兵，无奈黄巢一催再催，才派人筹备粮草，调派兵马，别了新婚妻子，带了人马向河中进发。

王重荣见朱温出兵河中，知道朱温是一个有勇无谋的角色，命人在半途设伏，打了一场漂亮的伏击战，劫掠了朱温的运粮船队。四十余船粮草，成了王重荣军的补给。朱温跑得快，才侥幸保全性命。

王重荣会合义武节度使王存处，进军渭北，同朱温相持。

朱温抵达渭河后，见北岸官军的军营绵延数十余里，军威正盛，自知不敌，派人到长安告急，请求支援。

黄巢正要调兵攻打凤翔（今陕西凤翔），说暂时调不出兵，让他自己先应付一阵子再说。朱温实在是不想铤而走险，连续派出十余批人赶赴长安请求支援。

朱温的求援报告，被他的顶头上司、那个曾遭到朱温讥笑的孟楷扣压了，理由是：越级上访，犯了大忌。

孟楷终于让这个曾经讥笑自己的人付出了代价。

朱温没有等到援军，非常恼火，后来一打听，才知道是孟楷从中捣鬼，气得大骂孟楷不是东西，甚至连黄巢也捎带上了。

援兵不到，凭着自己这点儿老本，想吞下王重荣，立功受奖，简直就是痴人说梦。朱温看看河中，又看看长安，心里有说不出的郁闷。

朱温的几个亲信，似乎嗅出了些名堂，起初是战战兢兢，后来便肆无忌惮地向他猛灌反对大唐的理念，破坏安定团结的大道理。

幕僚谢瞳说得更透彻："黄巢起自草莽，乘唐衰乱之时，伺隙入关，并非是因为功德过人而称王天下，只是捡了一个便宜，这江山来得容易，败亡起来也一定很快。如今，唐天子在四川发文天下，诸镇兵马都愿为唐天子效命，云集影从，共谋复兴，这说明唐朝气数未尽。将军在外浴血奋战，小人却在朝中谗言钳制，这样还能成大事吗？章邯当年背秦归楚，不失为智，请将军三思。”

谢瞳向朱温发出了强烈信号——背弃黄巢，投奔唐朝。

朱温心下正恨黄巢，看谢瞳说得句句在理，不禁点头称善。为了生存，为了自己的前途，他决定背弃黄巢，投奔李唐。他给妻子张惠写了一封信，向她说了“弃巢投唐”的想法，并征求她的意见。

张惠的父亲张蕤原本就是唐朝的宋州刺史，她从小受正统的教育，当然不愿意自己的丈夫做乱臣贼子，打心眼里就不赞成朱温同朝廷作对，当初之所以做了强盗朱温的妻子，那也是无奈之举。收到朱温的信后，她立即回书，赞成朱温背巢降唐。

后来的事情就简单了。

九月十七日，朱温先在帐外埋伏下刀斧手，然后请黄巢派来的监军严实议事。严实刚进大帐，刀斧手就一拥而出，砍下严实的头颅。

朱温将严实的首级号令军前，声称即日归唐。并给王重荣写了一封信，请他代奏唐廷皇帝，说朱温愿意弃暗投明，归顺大唐。

朱温，这个投奔黄巢起义军的革命者，违背了初衷，背叛了革命。

王重荣这几个月被朱温折腾得精疲力竭、穷于应付。如今朱温化敌为友，同州城又归入自己囊中，自然喜出望外，当即签发一张空头支票，假借皇帝名义，任命朱温为节度使，并连夜向远在四川的唐僖宗报捷邀功。

宰相王铎听说朱温愿意投降，也是喜出望外，一同上表保奏。

唐僖宗在成都跟大熊猫做了好几年的邻居，眼见黄巢在长安就像生了根一样，赶都赶不走，又烦又闷，猛听得朱温弃暗投明、同州和平解放的消息，高兴得大叫：“上天赐给朕一员勇将啊！”

唐僖宗正式任命朱温为左金吾大将军，兼任河中行营副招讨使，成了王重荣的副将。还给朱温赐一个名字——朱全忠。

正史中，此后称朱温为朱全忠。为了方便，这里仍称朱温而不称朱全忠。

“反贼”投降了政府军，不但没杀没贬，官反倒做得更大，朱温这一宝押得又稳又准，也因此创造了“中国投降史”一个杰出范例。

朱温出道之前，就很欣赏汉光武帝“为官当做执金吾，娶妻当得阴丽华”这句话。此前他已经娶到了貌如阴丽华的张惠，现在，又被大唐皇帝授予左金吾大将军之职，朱温算得上是志得意满了。

有人说，朱温降唐，是因为他看清了天下局势的变化，其实，这是高看了朱温。朱温并没有这样的政治眼光，如果他真想投降，就没有必要和王重荣激战十几个来回之后才投降了。

朱温投唐，是被逼上梁山。因为他在黄巢手底下已经丧失了生存的条件，如果不另寻出路，继续在黄巢手底下混，可能连命也要混丢了。

朱温不傻，他知道命只有一条，丢了就没了。所以，弃黄巢而降李唐，从最初的革命者到背叛革命，是当时最明智的选择。即使是这样，还是幕僚谢瞳指点迷津的结果。

黄巢刚愎自用，听信谗言，逼走了一个盟友，也给自己制造了一个强劲的敌人。

唐僖宗有理由高兴，因为在他日暮途穷的时候，得到了一个得力的帮手。让他万万没有想到的是，他在收服一员猛将的同时，也引来了一位大唐王朝的掘墓人。

第三章
暴发户

谁是最大功臣

朱温降唐的最初几个月，正史、野史很少看到“朱全忠”这三个字。不过河中军却屡次与沙陀军配合，打了几个胜仗。作为王重荣副手的朱全忠显然出力不小，没有记载的原因，大概是按照中国人的惯例，功劳都自动归于一把手的英明领导，作为二把手的朱温，只好忍气吞声地退居二线，当个光荣的幕后英雄。

朱温销声匿迹的时间并不长，中和三年（883）三月，大唐皇帝唐僖宗根据王重荣等人的举荐，加封朱温为汴州刺史，兼宣武军节度使。

这也从侧面证明，在这几个月里，朱温并没有白混：从投降到加封节度使，短短半年时间，没有显赫的功劳恐怕是不行的。

宣武军管辖的地盘，在今河南东部，拥有汴州（今河南开封）、宋州，首府在汴州，也就是开封。这座历史上繁华的大都市，经朱温之手，拉开了数百年辉煌的序幕。

朱温虽然这么快就有了自己的地盘，可以独立门户而不仰人鼻息，但这个节度使仍然是一张期货支票——打下长安，即刻上任。

朱温在黄巢那里就曾收到过同州刺史的期货支票，在唐僖宗这里再收一张，也没有什么怨言——期货就期货，反正是要兑现的，况且，主动权还掌握在自己手里。

命运再次惠顾了朱温，就在他受封后不到一个月时间的四月初八，李克用等人率兵从光泰门攻进了长安城。黄巢自知不敌，放火焚烧了长安城皇宫，然后乘乱逃出长安城，从蓝田进入商山。他沿途扔下许多金银珠宝，让官军去捡。官军争抢这些东西，就延缓了追敌的时间，黄巢逃脱了。

唐朝廷赶走黄巢，收复长安之后，论功行赏，以雁门节度使李克用的功劳最大，被加封为同平章事。

李克用当时年仅二十八岁，是最年轻的将帅，军队的实力也最强大。他所率的部队都是沙陀人，衣服一律为黑色，人称乌鸦军。无论是敌人还是朋友，对这支乌鸦军都畏惧三分。李克用有一只眼睛略微小些，所以，人们都叫他“独眼龙”。

从长安回到雁门后，李克用又被任命为河东节度使。

收复长安之后，朝廷开给朱温的期货支票到期了，换一般人，一定会乐得找不到北，猴急地赶往汴州上任。朱温却不这样，他并没有急着赴任，而是不动声色地跟着李克用、王重荣一同进了长安城。

从这个细节可以看出，朱温的政治敏感度异于常人，收复长安，是多么大的政治资本，与此相比，一个小小的汴州又算得了什么？

黄巢逃出长安后，以骁将孟楷率一万人马为先锋，一路扑向河南，进攻蔡州，逼降了蔡州节度使秦宗权，然后攻打陈州。

陈州刺史赵犨对黄巢早有提防。早在黄巢攻占长安时，他就对左右说，黄巢如果没有战死长安，必定东逃，陈州首当其冲。于是，他在陈州深挖壕、广积粮，将六十里之内有资财、有粮食的百姓，全都迁入陈州城中，并招募很多勇猛的士兵，准备抵御黄巢的进攻。

黄巢的骁将孟楷攻占蔡州之后，果然调兵攻打陈州，率军驻扎在项城。

赵犨采用骄兵之计，向孟楷施了一招障眼法——示弱。然后乘其不备，突然发动袭击，一举击溃孟楷的部队。孟楷的部队几乎全军覆没，本人也被活捉后处死。

黄巢听说孟楷战败被杀，非常恐慌，将全部兵马调集到溵水一带驻守，然后同秦宗权合兵一处，围攻陈州。赵犨几次带领精锐人马出城袭击，挫败了黄巢的进攻。

黄巢更加震怒，在陈州北面建立行营，设立宫室百官，准备打持久战。

当时，河南正在闹饥荒，陈州辖区之内有粮的百姓都迁进城内，一下子来了这么多人马，吃饭成了大问题。黄巢的部队找不到粮食，竟然以人为食，他们抓掠到百姓后，就扔到石磨活活地磨碎，连同骨头一起吃掉。

黄巢还放纵士兵到处抢掠，河南地区的许州、汝州、唐州、邓州、孟州、郑州、汴州、曹州、濮州、徐州、兖州等几十个州，都受到黄巢部队的抢掠。

孝道也能炫耀

中和三年（883）七月，朱温顶着大唐功臣的光环，带上妻子张惠，率所部数百人离开长安，到汴州上任。

当年的无赖朱阿三，如今当了节度使，成了宣武军的司令。朱温在得意之余，忽然想起，该是让家里人跟着享享清福的时候了。

朱温在汴州安顿下来之后，立即派部将马仲平带领仆役百余人，套上马车，前往萧县迎接母亲王氏和刘母。临行前，他特别嘱咐马仲平，到了萧县刘家庄，一定要弄出一点儿声响，让母亲大人露露脸，风风光光地到汴州来。

朱温兄弟俩出走以后，一别五年，从来没有给家里去信报平安。朱温的母亲一直不知两个儿子的下落。可怜的老人，时刻惦记着两个儿子，四处托人打听。有人说，朱温和朱存做了强盗；也有人说，兄弟俩已经死在岭南。但终究没有个准信儿。

此时，朱温的大哥朱全昱已经娶妻生子，一家人仍然住在刘崇的家里。

马仲平带着一队人马，从汴州来到萧县，再到刘家村，队伍刚走进刘家村，马仲平便让大家吆喝起来。

刘家村的百姓从未见过如此阵势，以为不是强盗进村，就是过路的乱兵抢劫。干活儿的人丢下手里的活计，纷纷朝家里跑；在家的人，纷纷搬动家具等物，抵住大门。他们以为，这样强盗就进不了门。

当马仲平的人马停在刘崇家门前的时候，刘家上下更是惊恐万状，以为大难临头了。

马仲平走进刘家大院，对刘家的人说，他们是奉宣武军节度使的命令，前来迎接朱太夫人、刘太夫人。

朱母心里害怕，误会了来人的意思，以为是两个儿子在外面做了强盗，官府的人前来捉拿家属，吓得跑到厨房的灶台下躲起来，不敢出来见人。

总算刘崇还有点儿见识，询问马仲平到底是怎么回事，这才弄清，朱温在外面做了大官，派人来接太夫人前往汴州享福。

刘崇便去找朱母禀报，却不见朱母的人影，最后，总算在厨房的灶下找到她。

朱母吓得浑身颤抖，结结巴巴地说："朱……朱三，放荡不羁，不知在哪里做了贼，送掉了性命！哪里来的荣华富贵？汴州镇帅，恐怕不是我的儿子，想必是弄错了。"

刘崇的母亲观看了半天，觉得这些人不像是来抓人的。官府来抓人，不会这么客气，更不会如此礼貌谦恭，说不定真是那个朱阿三在外面发迹了。左想来，右想去，越想越像，她颤悠悠地走到朱母身边，从容地说："我早就说过，朱三不是常人，现在都做了大官，还有什么怀疑的呢？朱母呀！以后我就要称你太夫人了！一人有福，得挈千人，我刘氏一门，还要仰仗太夫人照顾呢！"说到这里，居然真的向朱母行礼祝贺。

"老姐姐，不要折杀老奴！"朱母慌忙答礼。

刘崇的母亲上前拉住朱母的手，要她到厅堂去亲自问个明白。朱母只好硬着头皮走出灶堂，来到厅堂。

刘崇的母亲冲汴州来的人说："太夫人出来了！"

马仲平带着大家，立即向朱母下拜，并询问刘崇母亲的身份。知道刘母身份后，也向她行跪拜之礼，搞得刘老夫人不好意思起来。

彼此礼过之后，马仲平向朱母简单介绍了朱温的情况。

朱母使劲儿掐了一下大腿，感觉到了痛，这才相信不是做梦——一切都是真的，她不禁喜极而泣。

刘母上前拉住朱母的手，安慰地说："老姐姐，娃儿现在做官了，你是苦尽甘来，应该高兴才是呀！"

"我这不是高兴吗？"朱母破涕为笑。现场的气氛顿时活跃起来。

马仲平呈上两套华丽的衣服，请两位太夫人更衣，然后一同起程去汴州。

朱母突然想起一件事，向马仲平问道："我的大儿子朱全昱和刘崇一家子，阿三难道就没有提起过吗？"

老太太倒是一个感恩的人，不但关心自己的儿子，也不忘在他们最困难的时候收留他们一家的刘崇。

"阿三？"马仲平不解地问，"阿三是谁？"

刘母笑道："就是你们的节度使！"

马仲平有些不好意思，立即请老太太放心，说节度使大人早有安排。朱母这才放心地去换衣服。

萧县离汴州城不远，两天的路程就到了。朱老夫人一行走到距汴州十里的地方，朱温早带着全副仪仗，等候在城外十里的大道上。他见车队走近了，立即下马上前，向两位太夫人问安，然后亲自驾车回城，从汴州城最热闹的大街上，一路驶回官邸。

汴州城的百姓对这个来路不明的节度使并不怎么看得上眼。朱温当众扮演孝子，着实感动了不少人，加上此前有收复长安的功劳，朱温在军民心中增加了不少印象分。

车队到达官邸后，朱温亲自扶两位老人下车，妻子张惠上前拜过婆婆和刘母后，迎入大厅。稍坐片刻后，便大开宴席，替太夫人接风。夫妻二人一左一右，与两位老人把酒言欢。

酒过数巡，朱母突然问道："阿三，你二哥呢？"

"母亲有了我，还问他干啥？"朱温不以为然地说。

"什么？"朱母不悦地说，"你们都是娘身上掉下来的肉，娘怎能不问呢？"

"二哥早就死在岭南了，听说他有两个儿子，也不知在哪里，母亲就不要惦记他了。"朱温似乎不想再提朱存之事。

朱母听了，心里特别不受用，见朱温略带醉意，也没有再责备，接着说道："还有你大哥全昱，仍然待在刘家庄。他已娶妻生子，家里一贫如洗，你发达了，不能丢下他不管。"

"知道了！"朱温似乎有些不耐烦。

朱母没有注意到朱温的态度，继续嘀咕道："还有刘家主人，也养了你好几年，刘太夫人怎样对待你，你也应该记得。现在，你也该报恩了。"

朱温笑道："这个不劳母亲嘱咐，这不是将刘老夫人也接来了吗？"

朱母这才没有再说话。

朱温迎接母亲、刘母来汴州，应该是尽孝和报恩。

为人子，尽孝道，当设身处地为老人着想，老人关心的事，做儿子的应该想到。筵席间，朱母问及朱存的情况，朱温竟然有些漠不关心，甚至不耐烦。这就让人摸不透朱温的真实想法，再加上对马仲平要搞出一点儿声音的嘱咐，是否可以想象，朱温大张旗鼓地到萧县刘家庄迎母，有那么一点儿"我胡汉三又回来了"的炫耀呢？

尽管他让母亲和刘母住在汴州，过着锦衣玉食的日子，过后还派人给大哥朱全昱、刘家庄的刘崇各送去黄金千两，但仍使人怀疑他是否是真孝。

此时的朱温，完全是一个暴发户，挥霍的钱财，都是搜刮来的民脂民膏。得来容易，花得也不心痛，若以挥金如土来衡量其孝道，这个孝道，就要大打折扣。更何况，他离家多年，中途没有给家里报过一次平安，这就让人更难相信他是一个大孝之人。

朱温迎母，孝乎？炫耀乎？恐怕两者皆有之。

向“独眼龙”开刀

朱温到汴州上任不久，唐僖宗颁发诏令，说黄巢未灭，仍在作乱，加封他为“东北面招讨使”。

随后不久，回到雁门的李克用，也被任命为河东节度使，不久便移居太原，并以太原为根据地，逐鹿中原。

陈州被围，赵犨兄弟与黄巢历时三百多天，大小数百战，黄巢攻不进去，赵氏兄弟也突不出来，双方形成了僵局。城中的粮食虽然将要耗尽，但军民抗敌的决心并没有动摇。

朱温虽然奈何不了黄巢，但他身为东北面招讨使，徐州的时溥，郓州、兖州的朱瑾、朱瑄兄弟，许昌的周岌的兵马，他都可以调遣。自己干不了的事，可以指派别人来干。为了打有把握之仗，他还低声下气向不归他调遣的河东节度使、“独眼龙”李克用求援。

李克用也是一个见了血腥就兴奋的主子，接到朱温的求援信，也没有考虑这个统一战线是否靠得住，就兴冲冲地带着五万兵马，奔赴陈州战场。

李克用这支生力军出现在陈州战场上，让唐军的士气陡增。朱温的胆子也壮了起来，立即摆出东北面招讨使的架子，指挥众军同他的老领导干了起来，先后击败了黄巢的太尉尚让、侄子黄邺，夺取了太康、西华。

黄巢得知两处战败的消息，非常恐惧，退军故阳里，长达三百多天的陈州之围自解。

赵犨死里逃生，对朱温感激涕零，亲自出城迎接，谁知欢迎会尚未开完，城外传来黄巢并未走远、随时会再来围城的消息。

朱温不露声色地说了几句漂亮话，领着本部人马匆匆回了汴州。

朱温之所以匆匆忙忙地返回汴州，是担心自己陷入黄巢的包围。真是人算不如天算，这时，天忽然普降暴雨，平地水深三尺，黄巢的军营被水淹没，连帐篷都支不起来。黄巢原本打算攻打陈州，又听说李克用要来，于是改变作战计划，挥师东北，向汴州杀去。

唐中和四年（884）五月，黄巢攻占了朱温的尉氏县城。尚让率领五千骑兵到达离汴州近在咫尺的繁台。

朱温聪明反被聪明误，突见大兵压境，一面动员城中军民严防死守，一面再次低声下气地向“独眼龙”李克用求救。

李克用挺实在，接到朱温的求援信后，立即从许州（今河南许昌）出发，在中牟（今河南汴州西部）北渡黄河，追击黄巢，乘贼军半渡的时候，一举击溃了尚让的部队，杀敌一万多人，史书记载为“贼众溃”。

尚让率部投降了时溥。其他将领临晋人李谠、曲周人霍存、甄城人葛从周、冤句人张归霸以及他的堂弟张归厚都带领自己的人马，投奔了朱温。

黄巢经过汴河向北逃窜，李克用紧追不舍，最后，黄巢率残部千余人向东奔兖州。

李克用统领的骑兵也只有数百人，一天一夜行程二百余里，士兵和马匹疲惫不堪，粮食也断绝了，于是回到汴州，想搞些粮食后再去追击黄巢。

十四日，李克用到达汴州，在城外安营扎寨。

朱温热情地邀请大恩人李克用进城，并在上源驿以最高的规格接待这位沙陀将军。

当天晚上，朱温大摆筵席，宴请李克用、监军及亲随数百人，“礼貌甚恭”。

两人都不曾预料到，这一次酒会，竟是一次历史性的相会。

按理说，这是一个答谢宴，宾主之间把酒言欢，说一些客套话，气氛应该相当融洽。然而，这次历史之会，双方却擦出了火花，发出了不和谐的声音。

开始，大家还挺客气，气氛也很热烈，酒过三巡，河东集团军首领李克用的酒话就上来了，史书记载是“乘酒使气”。估计沙陀人心高气傲，打心眼里就看不起朱温这位昔日黄巢贼军的降将，故而态度傲慢，言语轻蔑，骂骂咧咧，让朱温很不受用。

强盗出身的朱温，哪里容得下这些，宴席上虽然隐而不露，心里却动了杀机。

当天晚上，朱温和宣武军将军杨彦洪密谋，把马车连起来，用树木做成栅栏，堵塞住交通要道，然后派军队包围上源驿，采用火攻，欲烧死李克用和他的三百余名士兵。也是李克用命不该绝，天上突然下起了暴雨，浇灭了大火，李克用翻墙逃脱。但他的监军陈景思和三百余名河东兵士，却全都被朱温的军队杀害了。

这场大雨大概是雷阵雨，历史上常将这些自然现象附会某人，说有神人相助。其实，当时正值夏日多雷雨季节，朱温乘乌云压城的黑夜动手，乌云虽然能遮住月亮，却也能带来雷雨和大风，这才救了李克用一命。

细想一下，朱温也太阴险、太不地道了，李克用长途奔波前来替他解围，有恩于他，虽然乘着酒性说了几句不礼貌的话，也用不着要他的命吧！

朱温知恩不报，反欲置救命恩人于死地，即使在流氓队伍中，这种行为也被视为下作，为同行所不齿。

朱温欲杀李克用不成，却给自己制造了一个最大、也是最强劲的敌人。从此以后，朱温和李克用打打杀杀几十年，朱温虽然将李克用压得喘不过气，但也没能消灭他。倒是两人的后代——李克用的儿子李存勖灭掉朱温的儿子朱友贞，推翻了朱温创立的“后梁”，这是后话。

李克用的妻子刘氏是一位足智多谋的巾帼须眉。当她从大梁逃回来的人口中得知城中发生的事情后，不动声色，下令杀了逃回来的人，暗中召集各位大将军，密谋撤退。天亮以后，李克用竟活着回来了，暴跳如雷，准备率军攻打朱温。

刘氏认为，河东军正在为国讨贼，解救东路军的燃眉之急，朱温一伙人不仁道，竟然暗下毒手，应当向朝廷申诉。如果擅自带兵去攻打他，天下人不辨别是非曲直，反而会说河东军想攻占他的地盘。

李克用听从妻子的劝告，咽下了这口恶气，只是写信责备朱温。

朱温耍起了无赖，说前天晚上的变乱，他根本就不知道，都是杨彦洪干的，且杨彦洪也在变乱中丧生。请李克用息雷霆之怒，不要再追究这件事了。

李克用击溃了黄巢，黄巢的旧部却让朱温收编了，不但没有捞到一点儿好处，反而遭了朱温的暗算，虽然满腔怒火，却也难以发泄，只得率兵北渡黄河，返回太原。

朱温投降大唐不到两年，且李克用刚刚救了汴州全城人的性命，反过来他却要救命恩人的命，做人做到这个地步，古今少有。后人骂他是“白眼狼”。

仅用白眼狼来解释这件事，恐怕不足以说明问题。中国有句古话：无毒不丈夫。如果用这句话来解释朱温当时的心态，恐怕更为恰当。

朱温身为东北面招讨使，能调动几镇兵马，却对付不了黄巢，打仗时投机取巧，让李克用冲在前面，甚至还要他救命，无论怎么说，这都不是一件光彩的事。如今，黄巢已灭，打仗耍滑的事迟早得穿帮，如果不找机会树立威信，别说自己的地盘会丢，脑袋是否能保得住都是个问题。

自从安史之乱以后，地方上谁有实力，谁的嗓门儿就大，连皇帝也可以不放在眼里。在各地诸侯和老百姓眼里，皇帝最怕的人是黄巢，黄巢最怕的是“独眼龙”。以此类推，如果自己能干掉“独眼龙”，就可以成为江湖老大。

朱温手里兵将虽然不少，但成分复杂，大部分都是黄巢旧部，他特别需要在这些人面前树立威信。于是，他选择人见人怕、人见人恨的李克用开刀，既可以树威，也可以提升队伍的凝聚力。

朱温和李克用反目之后，两人的奏章一道一道地往四川飞，都要皇帝为自己做主。

唐僖宗躲在成都，连长安都不敢回，哪有心思管这些闲事。况且，李克用和朱温，公说公有理，婆说理应当，又怎么能分辨得清楚？即使能断出个是非，又能怎么样？两个人都是难剃的头，谁他都不敢得罪，只好做和事佬——让他们以对话取代对抗，搁置争议，共同发展。

朝廷和稀泥，这是朱温意料之中的事情。他心里明白得很，“独眼龙”虽然活着跑出了汴州，自己还是胜利者，从这一刻起，他朱阿三成了朝廷、诸侯和天下人都不敢小视的人。

中和四年（884）六月，黄巢和他的残部被官军追进狼虎谷（今山东莱芜西南），全军覆没。

关于黄巢的死，历史上有不同的说法。

野史记载，黄巢并没有死，兵败狼虎谷后，随残兵逃了出来，然后遁入空门，潜心修习佛法，成为一代高僧。

《旧唐书·黄巢传》说黄巢在狼虎谷被他的外甥林言所杀。

《新唐书·黄巢传》则说，黄巢兵败狼虎谷，知道自己的生命走到了尽头，于是对外甥林言说，你拿上我的首级去献给唐朝，那么你还可以求得富贵！林言不忍心杀黄巢，黄巢于是自刎。

《资治通鉴》则说，黄巢的外甥林言斩下黄巢和黄巢的兄弟、妻子的首级，正要拿去献给唐将时溥，途中遇上了沙陀人的博野军，夺走了黄巢等人的头颅，并且砍下了林言的脑袋，一同献给了时溥。

自杀也好，他杀也罢，抑或遁入空门，总之，狼虎谷兵败之后，尘世间再也没有了黄巢这个人。从他揭竿而起到兵败而消失，历时十年之久的唐末农民起义宣告结束。

黄巢如魂归九泉，他的阴魂也会看到，二十三年后，大唐王朝的命运也走到了尽头。

黄巢如真如传说中侥幸逃生，遁入空门，可以想象如下场景：一个老僧，独倚栏杆，细细品味着风云岁月，冷眼旁观着纷乱的天下，等待着唐朝吐出最后一口气，然后落日一般融入东去江水的尽头。

黄巢虽然死了，蔡州节度使秦宗权还在兴风作浪，放纵士兵四处出击。

朱温也受到秦宗权的进攻，以他的实力，还难以同秦宗权抗衡。于是向与他在征剿黄巢时有过合作关系的天平节度使朱瑄求援。

朱瑄驻郓州，有三万兵马，他的堂弟朱瑾在兖州，也是一条勇猛过人的汉子。朱瑄接到朱温的求援信，派朱瑾带领军队前往救援，在合乡打败了秦宗权。朱温很感激他，与朱家兄弟结为兄弟。

七月二十四日，时溥派人将黄巢和他家人的头颅以及他的众妾送往成都。

僖宗亲自到大玄楼接受进献，他得意地问黄巢的众妾："你们都是显贵人家的子女，世受国恩，为何要从贼呢？"

站在前面的一位女子回答道："贼寇凶逆，国家有百万军队，为何不能守住祖庙，流落到巴蜀一带呢？陛下责备咱们这些女人不能抗拒贼寇，那朝中的王公、大臣、将军、统帅又怎么说呢！"

僖宗无言以对，下令将她们全部在集市杀掉。

城中的百姓纷纷给黄巢的众妾送酒，大家悲痛、恐惧，喝得昏昏沉沉，唯独对僖宗回话的那名女子既不饮酒，也不哭泣，行刑之时，脸不变色，慨然赴死。

史书没有留下这名女子的姓名——这名女子，也算得上是一位巾帼须眉。

名门望族

中和五年（885）三月十二日，在四川躲避了整整四年的唐僖宗，终于返回了长安。当他看到长安城内"荆棘满城，狐兔纵横"的时候，犹如迎头被浇了一盆冷水，从头凉到脚，闷闷不乐。

两天之后，改用光启年号，大封功臣。当时，唐中央政府所控制的不过河西、山南、剑南、岭南数十州，对各藩镇中完全失去了控制能力。河南道、河北道、江南道、淮南道等收取的田租赋税，都是自收自用，根本就不上交朝廷进贡纳赋，朝廷的财政收入，只是靠京畿、同州、华州和凤翔等几个州收取的田租赋税来维持，根本就不够开支。僖宗面临的是一个烂摊子。

朱温因追剿黄巢有功，被加封了一大堆头衔：代理司徒、同平章事，沛郡侯，一举跃居使相之位。

使相是一种合称：使，指的是节度使；相，指的是宰相。唐朝没有设宰相这一官名，同中书门下平章事的职权就相当于宰相，所以朱温此时称为使相。

暴发户朱温是一人得道，鸡犬升天，他的母亲被封为晋国太夫人，大哥朱全昱也被封了官，就连刘崇和他的母亲也都得到封赏。

朱温从一个破落户的子弟，一跃而成为王侯，自然就流露出一些骄态。他捧着酒向母亲祝贺，自豪地说："我父亲读了半辈子书，连一个芝麻官都没捞到！如今，你儿子做了节度使，晋升相位，受封侯爵，总算是光耀门楣，不辱先人了！父亲在九泉之下，肯定会笑得合不拢嘴了。"

说罢，一饮而尽，狂笑不已。

朱母见朱温志得意满的样子，忍不住说道："你发迹了，确实算得上是光宗耀祖，然而，你的所作所为，恐怕未必比得上你的先人。"

朱温大吃一惊，问他的母亲："这是为什么？"

朱母凄然地说："其他的事，娘就不说了，你二哥战死在岭南，连尸骨都不知在哪里。他的儿子还流落在异乡，穷困潦倒，无依无靠。你如今富贵了，却将他们忘得一干二净，你的良心哪里去了？"

朱温立即哭着向母亲谢罪。

朱温派人到岭南去寻找朱存的两个儿子。时隔不久，派往岭南的人居然将两个孩子找到并带回了汴州。朱温给他们取名朱友宁、朱友伦。

朱全昱此时也到了汴州，见过母亲和弟弟。受封后，他带着家眷重新回到午沟老家，修建府第，安安静静地过日子。他也有三个儿子，长子朱友谅，次子朱友能，三子朱友诲。

至此，朱家从一个连日子都混不下去的破落户，一跃而成为名门望族。

第四章
野　心

击败假皇帝

朱温虽然成了暴发户，但也没有时间让他过多地高兴，因为在近在咫尺的蔡州又冒出来一个皇帝。

这个皇帝，就是那个投降了黄巢的蔡州节度使秦宗权。

秦宗权本来只是一个牙将，趁乱夺权，爬上了节度使的宝座。当时天下大乱，大唐皇帝也顾不上管他，甚至他投降了黄巢，朝廷还没有撤销他节度使的职位。黄巢死后，他决心继承大齐金统皇帝的遗志，也来过一把皇帝瘾。

当皇帝是要本钱的，秦宗权的本钱就是骁勇善战的蔡州兵。

蔡州从安史之乱以后，一代一代地造反，胆子越来越大，兵越练越精，历代皇帝对他们都很头疼。他们活跃在两淮平原地带，却以骑兵著称，这里的马少，他们便骑骡子冲锋，这就是当时著名的“骡子骑兵”。这些骑兵都是穿黑衣服，远远望去，如同乌云压顶一般，故而号称“黑云都”。独眼龙李克用的沙陀兵也穿黑色的衣服，人称“乌鸦军”。两支黑色的军队，都是很能打仗的部队。

新皇帝秦宗权撒开他的骡子军在河南到处打家劫舍，又烧房子又抓兵，黄淮之间西起陕西、东到大海的广大地区，都给他骚扰个遍，州、县官打又打不赢，守又守不住，好多人都弃地而逃。

汴州与蔡州相邻，朱温也吃了不少苦头，他不但没有上火，反而还暗自高兴，凭敏锐的观察力，他觉得自己的运气来了。

臣子之功莫大于勤王，消灭“假皇帝”，更是功劳中的功劳。黄巢死了，首级意外地被时溥得了去。其实，即使黄巢不死，凭自己这两下子，也不一定奈何得了他。如今，在自己的身边又出了一位假皇帝，这是上天给他送来的一块大肥肉。

凭他的观察，秦宗权的兵虽强，内政却一塌糊涂，如果不到处抢粮食，他的那些兵根本就无法生存。而他手下的那些大将只懂得打打杀杀，都是没什么政治头脑的老粗，秦宗权想要驾驭他们，也不是一件容易的事。这个对手同黄巢比起来，那就是小菜一碟。

朱温不愧为一代枭雄，他既洞察到敌人的弱点，也认识到自己的不足。此前，秦宗权的那些弱点，还没有转化为弱势，凭宣武军的实力，还真的不是他的对手。要打败秦宗权，还得借助援军。

“独眼龙”李克用同自己反目成仇，太原兵是没指望的了。

河南境内，陈州的赵犨感激自己上次救命之恩，一切行动听指挥，关系自没得说。

滑州义成节度使王铎是当过宰相的人，自己降唐，还是他和王重荣共同保荐，当初在关中还曾干爹长、干爹短地叫过，向他下命令，听不听还要打一个问号。

郓州的朱家兄弟有精兵三万，是自己的拜把子兄弟，请他们出手大概没问题，但两兄弟也都是有野心的人，不得不防着点儿。

于是，朱温打出了讨逆的旗号。讨逆，是替朝廷办事，不配合就是有政治问题。

王铎果然是当过宰相的人，有主见，他知道朱温不是善类，同这样的人合作，不死也得脱层皮，李克用就是前车之鉴。惹不起，咱躲得起，于是向朝廷写了一个请辞报告，自己把自己的官给撤了。

新到任的义成节度使安师儒是个酒囊饭袋，拢不住手下的人。

朱温一面派人挑拨离间，一面约朱瑄不断骚扰。两年工夫，把滑州城搞得一团糟，然后趁机派大将朱珍、李唐宾，在光启二年（886）十二月一个大雪天，夜袭滑州城，活捉了安师儒，换上一个叫胡真的部将代理节度使，控制了义成军。

朱温跨据两镇之地，实力开始凌驾于诸侯之上。

朱温的内部安定了，地盘扩大了，力量强大了，对秦宗权发起了一次又一次的进攻，虽然胜少负多，但却让秦宗权的弱点逐渐转化为弱势。

这时候的秦宗权，空有精兵强将，却没有能耐保障部队的供需。供给得不到保障，将士们就有了怨言，于是士气低落，出现厌战情绪，秦宗权纸老虎的面目便显露出来。

光启三年（887）五月，朱温汇集郓州的朱瑄、兖州的朱瑾，加上自己的宣武、义成两镇，共四镇大军，同秦宗权在汴州城北的边孝村展开决战。四镇联军击败“皇军”主力二万人。

朱温将从秦宗权那里夺取的东都、河阳（今河南孟县西）、许州、郑州等州县献给朝廷，偷偷留下郑州。真皇帝被冒牌天子吓得逃出长安，几年不敢回来。听说朱温大捷，高兴都来不及，哪会计较一个郑州呢？

边孝村之战，彻底伤了“秦皇帝”的元气。从此，再也没有缓过劲儿来。

中国有句古话叫“树倒猢狲散”，秦宗权部下的几员悍将见跟着他闹下去没多大前途，纷纷离他而去。

次年，假皇帝秦宗权遭部下暗算，被打断了双脚送给了朱温。朱温把这个假皇帝转送给长安的真皇帝。真皇帝下令杀了假皇帝秦宗权。

再次背信弃义

朱温打败了秦宗权，一下子“脱贫致富”，但他没有得意忘形。

朱温不是“独眼龙”，因为李克用是一个只懂得打打杀杀的莽汉；朱温不是假皇帝，因为秦宗权是一个不知自己有多少斤两的二愣子。朱温对当时形势有足够的认识：自己人有了，枪有了，地盘也有了，可辖区不依山、不靠海，物产并不丰富。更要命的是，一马平川，易攻难守，四面都有强邻，这些邻居中除朱家两兄弟外，没有一个靠得住，都对自己的地盘虎视眈眈。一旦冤家对头“独眼龙”缓过神来，恐怕就要打得自己满地找牙了。

这时候，有人给他推荐了一个叫敬翔的读书人。

敬翔，字子振，同州冯翊（今陕西省大荔县）人，从小聪颖过人，反应灵敏，写得一手好文章，人称少年英才，可惜科举却屡试不中。榜上无名，脚下却有路，他到汴州投靠同乡王发。王发在朱温的宣武军任观察，敬翔想通过他的关系，寻找一份工作。王发位卑职微，找不到引见的机会。于是，敬翔便留在军中发挥自己的特长，为军营中的将士代写书信混口饭吃。

敬翔的信写得通俗易懂，很受官兵的喜爱，有时一两句话，竟然被当成警句在军营广泛流传。这给他带来了意外的机遇。

朱温也听到了这些警句，并且喜欢上了，他觉得写警句的人很有才。当他听说是部下王发一个叫敬翔的同乡写的，立即叫王发引敬翔来见他。

既然是有才的人，朱温也不耻下问，第一次见到敬翔，就直截了当地问：“听说先生精通《春秋》，我很想学习《春秋》之法以图大业，先生有什么好办法教我？”

“用兵之道，在于随机应变。”敬翔也不拐弯抹角，直截了当地说，“明公欲图大业，难免要同四邻发生冲突，与其严防死守，不如主动出击，让部下诈降邻州，再向朝廷请旨，声称捉拿叛徒而师出有名，达到消灭对手的目的。”

朱温从敬翔那里，找到了一条消灭对手的光明大道。

朱温选择第一个要消灭的对象，竟然是对他有恩的朱瑄、朱瑾两位盟兄弟。他先派人诈降朱家兄弟，接着诬陷朱家兄弟诱杀宣武军的士兵，然后发兵袭击朱家兄弟，夺取了朱家兄弟管辖的曹州、濮州。

朱温背信弃义，为了达到自己的目的，专干损人利己的缺德事，没道义可言，没良心可讲，仍然是强盗的行径。

文德元年（888）三月，唐僖宗在长安宫武德殿“暴疾”身亡。他的弟弟李晔继位，即唐昭宗。

唐昭宗即位之后，唐王朝的皇权进一步弱化，各藩镇趁平定农民起义军的机会，都在大张旗鼓地扩大自己的势力范围，朱温是其中最为活跃的一位。

朱温暗中贿赂宰相张瑄，唆使他出征河东。朱温的目的，是想借朝廷的力量削弱河东军的势力。

张瑄不知利害，出兵攻打河东，被李克用击败，张瑄也因此而被贬往远州。

朱温乘机浑水摸鱼，借发兵征讨河东的名义，欲借道魏州（今河北大名）去攻打河东军。

魏博军统帅罗弘信同河东军李克用一向相处得很好，当然不会为虎作伥，让朱温通过自己的地盘去攻打自己的朋友。

朱温于是有了借口，乘机向魏博军动家伙。

罗弘信虽然奋起反抗，无奈技不如人，只得向朱温行贿，向他求和。朱温得到丰厚的贿赂，也就停止了进攻。

朱温从魏博军那里捞到油水后，又转攻兖州、郓州，但他的前军却被朱瑾击败。

朱温在兖州没有占到便宜，便迁怒于徐州。

恰逢秦宗权的弟弟秦宗衡率兵侵犯淮扬，朝廷命朱温兼任“淮南节度使”，并命他出兵淮南，征剿秦宗衡。

朱温出兵淮南，必须借道徐州，但在借道这件事上又发生了意外。

徐州节度使时溥，就是拿到黄巢的人头的那个人，论资历、论威望，都在朱温之上，但职位却在朱温之下；论地理位置，徐州也比汴州距淮南近，就算排队，淮南节度使也轮不到朱温。由于这些原因，时溥拒绝了朱温借道的要求。

朱温恼羞成怒，以时溥不肯借道为由，发兵攻打徐州，并接连攻克了濠州、泗州。

时溥连战连败，只得退守彭城，但终究抵挡不住朱温的猛烈攻势，彭城沦陷。破城之日，时溥举族登燕子楼自焚而亡。

乾宁四年（897），朱温再次出兵攻打兖州、郓州。

兖州、郓州的朱瑾、朱瑄弟兄俩，由于连年征战，已经弄得师疲力竭，面对朱温的强大攻势，无力再战，只得向河东集团的李克用求援。

李克用对朱温的奸猾早就怀恨在心，答应出兵支援兖州、郓州。但他出兵东援，必须经过魏博军的防地。

魏博军罗弘信正同朱温打得火热，正所谓有了新欢忘旧爱，不同意李克用借道，并派部队切断河东军东进的道路。

李克用无法强行过境。

朱瑄、朱瑾兄弟俩久等援军不到，最终战败，朱瑄战死，朱瑾败走淮南。

朱温攻克兖、郓二州后，得知朱瑾的妻子是个大美人，立即派人将她弄来，色眯眯地对她说："既然朱瑾靠不上了，你就跟了我吧！"

朱瑾的妻子泪流满面，拒不答应。

朱温立即露出色狼的本性，来了个霸王硬上弓，强行将她留下来陪宿。女人到了这个时候，只是待宰的羔羊，没有任何反抗的力量。

朱温返回汴州后，带着朱瑾的妻子去见妻子张惠。

两个女人互拜之后，张惠流着泪说："我们的丈夫本是同姓，还是拜把子兄弟，为一点儿小事大动干戈，打胜仗则夺人妻子为妾，还是我们女人的命苦啊！假如不幸汴州失守，那时，我可能也会同你一样的下场。"

朱温知道妻子是在讽谏他，无奈之下，放了朱瑾的妻子，让她出家为尼。

张惠始终没有忘记这个有些不幸的女人，常让人送去些衣物食品，或许算是替朱温弥补一些罪过。

朱温的老母是一个善良的老人，对儿子的所作所为相当不满，经常告诫朱温，叫他不要滥杀无辜，不要淫乱作恶。

朱温虽然不爱听，但母命难违，还是装出恭顺的样子，行动上也有所收敛。当他的母亲回午沟里老家、不久病故之后，朱温犹如脱缰的野马，更加肆无忌惮。幸亏妻子张惠贤明谨慎，及时规劝，才使朱温不至泛滥。

朱温本来对张惠夫人就非常宠爱，加之她的话很在理，让人不得不服。久而久之，便对这位贤良的夫人有了敬畏之感，大事小事，都要向她求教。有时督兵在外，夫人带信让他回去，他也二话不说，立即拨马回军。平时的侍妾，只控制在三五人，不敢贪得太多。

张惠以她一颗温柔善良的心、博爱的襟怀，时刻督导、感化着泼皮无赖出身的朱温，让他少做了不少缺德事。

有妻如此，夫复何求？

如果说朱温对任何人都不是真心的话，对夫人张惠，却是唯一的例外。

朱温占据了兖州、郓州等地，兼任宣武、宣义、天平三镇节度使，后来又会同魏博军攻打李克用，占领了洺州、邢州、磁州（今河北磁县）。

当时的李唐朝廷，已经被朱温控制，就连唐昭宗李晔也要看朱温的脸色行事。

皇帝成了傀儡，朱温一人独大。

宫廷政变

光化三年（900），丧失了朝政控制权的唐昭宗郁郁寡欢，满腹的怨气无处发泄，只好借酒消愁。

酒是一把双刃剑，当你豪情满怀的时候，酒可以壮胆，让你豪气冲天；当你情绪低落的时候，酒会让你走向颓废。李白《宣州谢朓楼饯别校书叔云》一诗中的两句名言——“抽刀断水水更流，举杯销愁愁更愁”，说的就这么回事。

唐昭宗心里郁闷，真正是“举杯销愁愁更愁”，酗酒的直接后果，就是让他的脾气变得更加暴戾。一天，唐昭宗又喝得酩酊大醉，当天夜里，杀死宦官、侍女数人，引发了宦官们的恐惧。

宦官头目、左右神策军中尉刘季述、王仲光也感觉到危机，阴谋废掉唐昭宗。

十一月，刘季述断然发动政变，率兵闯进宫中。

当时，唐昭宗正在七巧楼，见乱兵闯入，大惊失色，吓得从床上滚落到地上，挣扎着爬起身，正欲逃走，刘季述等人已经冲入寝殿，把唐昭宗按在座位上，宣布以太子裕王李裕为帝。

唐昭宗还想分辩，倒是何皇后见势不妙，马上取来传国玉玺交给刘季述，扶着唐昭宗去了少阳院。

刘季述似乎还不解气，带着士兵随后赶到少阳院，喝令唐昭宗站着，大骂“数十罪”，然后将他软禁在少阳院，派人严加看管起来，不让他外出。史书记载当时的情形是：

> 凡兵器针刀皆不得入，上（昭宗）求钱帛俱不得，求纸笔亦不予。时大寒，嫔御公主无衣衾，号哭声闻于外。

刘季述政变成功后，大开杀戒，“每夜杀人，昼以十余车载尸出”。刘季述想借杀人“立威”。

刘季述很想借机杀掉宰相崔胤，但却没有这个胆量，因为崔胤有朱温做靠山，如果杀了崔胤，朱温绝不会放过他。

如果杀了别人，自己也得死，这个人还是不杀为好。

崔胤见刘季述如此猖狂，自己却又奈何不得，只好派人召朱温回京解救皇上。恰好刘季述也派义子刘希度到了汴州，向朱温“许以唐社稷输之”。

面对刘季述的诱惑，朱温却不敢轻举妄动。他知道，自己的势力，对内，还不足以铲除宦官；对外，也不足以号令诸侯。因此，他没有接受刘希度送来的厚礼，也没有听从崔胤的召唤，只是软禁了刘希度，派心腹蒋玄晖到长安去打探消息，自己则继续率兵攻打河中。

朱温不肯回京平乱，给了将领孙德昭一个露脸的机会。

崔胤见朱温无意回京，暗地联合孙德昭，在安福门设下伏兵，趁上朝之机，一举杀掉中尉大公公王仲光，然后派人到少阳院通知唐昭宗，说逆贼已诛，请皇上出来奖赏将士。

唐昭宗和何皇后不敢相信这是真的，直到王仲光那个没有胡须的脑袋从墙外抛过来，他们才敢打开大门。

天复元年（901）正月，唐昭宗被禁军救出之后，重新登上大位。刘季述等人被乱棒打死，弃尸于市。

皇太子李裕降为德王，改名李祐。

宰相崔胤希望借此机会削夺宦官的兵权，交由文臣掌兵。

唐昭宗征求意见的时候，遭到神策军的反对，只得任用宦官韩全海为神策军中尉，接替刘季述的职位。

韩全海比刘季述更狡猾，当得知唐昭宗和崔胤有诛除宦官的意图之后，常在唐昭宗面前哭求。唐昭宗妇人之仁，不忍下手，让崔胤诛除宦官的计划搁浅。

当时，朱温与李茂贞都有“挟天子以令诸侯”之意，朱温想拥皇上到洛阳，李茂贞想劫皇上去凤翔。

崔胤知道时间拖得越长，对自己越不利，秘密派人给驻扎于定州行营的朱温告急，要他火速入关，带兵迎驾，并称：“今不速来，必成罪人！”

关中地区是唐朝廷的政治中心，入据关中，可占据政治优势。刘季述叛乱的时候，崔胤请朱温进京，朱温没有来，丧失了一次入关的机会，后来颇有悔意。这一次，他没有再犹豫，迅速兵发汴州。时为天复元年（901）十一月。

韩全海听说朱温发兵，暗通凤翔节度使李茂贞，将唐昭宗挟持到凤翔去了，临离开长安的时候，他让士兵在宫内宫外到处纵火，长安城变成了一片火海。

唐昭宗本不想外逃，但皇宫已经成了一片火海，加之遭韩全海挟持，由不得他不走。

崔胤一班朝官不肯同行，仍然留在长安。

朱温率军进据长安后，只在城内待了一天，立即率兵赶往凤翔。在凤翔城东扎下大营之后，一连数日，只是在城外摇旗呐喊，并不攻城。

李茂贞亲自上城道歉，唐昭宗又给朱温下诏，让朱温回到自己的防区去，不要在凤翔惹是生非。

朱温本就无心迎驾，皇帝老儿竟然发话让他归镇，他乐得借坡下驴，带兵回到河中。他继续派兵攻打河东，攻占了慈州、隰州、汾州，直逼太原，围攻数日，却被河东军杀败，最后撤军回汴州去了。

崔胤又亲自赶到河中，力劝朱温前往凤翔，他几乎是哭着对朱温说："朱公再不发兵，李茂贞有可能劫圣驾至蜀地，如果那样，时势大异！"

崔胤为了请动朱温出兵，甚至放下架子，亲自拿起乐板，乐颠颠地唱着赞美朱温的歌词以助酒兴——"亲执板，为全忠（朱温）歌以侑酒"，给足了朱温的面子。

朱温不再犹豫了，亲率五万兵马，风风火火地赶到凤翔，将凤翔围得水泄不通。

李茂贞孤城无援，粮草耗尽，城中军民多饿死，加之连战失利，知道撑不下去了，一旦城破，性命难保，于是杀死了韩全海，放出唐昭宗，同朱温议和。

朱温击败了李茂贞，让部下带唐昭宗回长安，自己在半路上迎接。见了唐昭宗，他痛哭流涕，伏地不起。然后亲自将唐昭宗扶上坐骑，为他牵马，一路走，一路哭。

朱温的这番举动，明显是在演戏，但他这种蹩脚的表演，居然骗过了当时的君臣，他们真以为朱温是一位匡护社稷的忠臣良将。

宰相崔胤为朱温的壮举兴奋不已，当朱温率大军进长安时，亲率百官到东渭桥迎接，再次拿起乐板，为朱温唱赞歌："谒于渭桥，捧卮上寿，持板为全忠（朱温）唱歌词，赞其功业。"

朱温早存虎狼之心，欲插手朝廷权力中枢，只是苦于没有机会、没有理由。这一次，崔胤为他进入朝廷庙堂打开了大门，让他堂而皇之地进入长安。

唐昭宗回到长安、拜谒太庙后，立即召见朱温，对他说，自己能够活着回来，全凭朱温之力，自古以来，救君于危难之中者，没有人比得上朱温。并说朱温之德，让他无以为报。说罢，情不自禁地流下了热泪。

唐昭宗对朱温的报答是封他为“回天再造竭忠守正大功臣”，晋爵梁王，兼各路兵马副元帅。

唐昭宗和崔胤万万没有料到，他们驱走的不过是几只豺狼，迎来的却是一只张着血盆大口的斑斓猛虎。

朱温摄取唐朝大权之后，立即就有了动作，先是大杀宦官。据载，这次被杀的太监有七百多人。

朱温大开杀戒，彻底摧毁了自唐代中期以来长期干政的宦官势力，有人说朱温有功于历史。其实，朱温的本意是为自己立威，打击宦官势力而有功于历史，只是歪打正着罢了。接下来，他把宫廷内外的禁卫军全部换成自己的子侄和心腹将士，将唐昭宗完全控制在自己手里，这才是他的真正目的。

正当朱温紧锣密鼓地密谋篡位之时，突然从汴州传来消息，夫人张惠病危，他只得暂时放下计划，迅速赶回汴州探望妻子。

朱温返回汴州，夫人张惠已经是奄奄一息。看着病床上骨瘦如柴的爱妻，朱温忍不住失声痛哭。

张惠被朱温的哭声惊醒，勉强睁开眼睛，见朱温正站在床前痛哭流泪，强打精神，凄声问道：“大王回来了？”

朱温连声说是。

张惠轻声说道：“妾身病危，不久将与大王永别。”

朱温泣不成声，拉着妻子的手，伤心地说：“自从与夫人结为夫妻，已有二十多年，不但内事由夫人打理，就是外事，也靠夫人帮忙，如今，眼看大功告成，为夫也快要做皇帝了，满指望同你共享荣华富贵，再做几十年夫妻，谁知夫人竟病成这样，叫我如何是好？”

张惠流着眼泪说："人生总有一死，况且我已做了王妃，很满足了，还想什么其他的富贵？就是为大王自己打算，也是备受唐朝厚恩，还应该再辅佐唐天子几年，不能马上废帝夺位。想想看，从古到今，能有几个太平天子？皇帝也不好当啊！"

张惠虽是女流之辈，见识却不输男儿。

"时势逼人，不得不这样做啊！"朱温似乎有些不以为然。

张惠叹了一口气说："既然你有这种建霸业的大志，我也没法阻止你了。但是上台容易下台难，你还是应该三思而后行。如果真能登基实现大志，我最后还有一言，请你记下。"

"有什么尽管说，我一定听从。"

张惠停了半天，喘了口气说："你英武超群，别的事我都放心，但有时冤杀部下、贪恋酒色让人时常担心。所以'戒杀远色'这四个字，千万要记住！如果你答应，那我也就放心去了。"

张惠说完这句话，再也没有出声。当天晚上，永远闭上了眼睛。

张惠死后，不仅朱温失声痛哭，就连众将士也都哭声震野。

由于朱温多疑，常滥杀属下，杀人时没有人敢出来求情，只有张惠得知后时常来解救，几句温柔在理的话就使朱温暴怒平息，因此，许多被救的将士都对张惠感激不尽，其他将士对张惠这种爱护将士之情也充满了敬仰。所以，她死了以后，将士们为她而哭。

张惠为人和善，对朱温的两个妾也是如此，没有丝毫嫉妒，更不用说加害她们。朱温因为张惠的贤惠，也没有像其他人那样娶三妻四妾。

史学家称张惠以柔婉之德制豺狼之心，是五代时期第一贤妇。

张惠被朝廷封为魏国夫人，她生的儿子朱友贞，是朱温的第四个儿子。朱温篡位做皇帝后，追封张惠为元贞皇后，这里一笔带过。

野心勃勃的朱温，办完了夫人的丧事，便将谋夺唐朝江山的事摆上了议事日程。

第五章
恶人当国

司马昭之心

司马昭之心，路人皆知，说的是三国时期魏国的司马昭总揽大权，欲取代曹髦的故事。六百多年后的朱温，成为司马昭的翻版，他欲将唐朝的皇帝拽下龙椅，取而代之的阴谋也显露无遗。

朱温的野心，引来诸侯的不满，第一个公开站出来叫板的，是平卢军节度使王师范。

王师范这个人从小就是一个好学生，聪明好学，而且还博得个忠孝的好名声。

凤翔节度使李茂贞是朱温的手下败将，他知道朱温有野心，想阻止却又无能为力，于是给王师范写了一封信，说朱温威逼天子，包藏祸心，大唐江山，眼看就要改姓朱了。

王师范忠孝的好名声，果然不是浪得虚名，接信后，立即发兵讨伐朱温：派行军司马刘鄩攻克了兖州，自己亲自率兵攻打齐州（今山东济南）。

朱温立即派朱友宁带兵去支援齐州，派大将葛从周去支援兖州。朱友宁就是从岭南寻找回来的朱存的儿子。

朱友宁率兵在齐州击退了王师范，乘胜攻占了博昌、临淄等城，直抵青州城下。

王师范得到淮南军的支援，在青州击败了朱温的汴军，朱友宁在这一战中阵亡。

朱温得知亲侄子战死青州，气得暴跳如雷，亲率十万精兵赶往青州。到达青州后，仅用一天时间，就击败了王师范，出了一口恶气后，留下部将杨师厚继续攻打青州，自己则返回汴州。

杨师厚继续同青州军交战，连败王师范，并活捉了王师范的弟弟王师克。

王师范见弟弟被捉，投鼠忌器，只得开城投降。

葛从周赶到兖州后，向兖州城发起了猛烈的攻击，刘鄩抵挡一阵后，自知不敌，开城投降了葛从周。

朱温准备让归降的王师范担任河阳节度使。

朱友宁的妻子大吵大闹，说王师范杀了她的丈夫朱友宁，要朱温杀掉王师范，替她死去的丈夫报仇。

朱温竟然听了这个女人的话，不但下令杀了王师范，连他的族人二百余口也一并杀掉。

朱温又听说李茂贞和他的养子李继徽带兵向京都逼近，于是回军河中驻守。并建议唐昭宗将都城迁到洛阳。唐昭宗没有同意。

崔胤从朱温的举动中觉察到他有野心，募召六千人，组成一支京城禁卫军，名义上是防御李茂贞，实际上暗防朱温。他还和长安城行政长官、京兆尹郑元规等整顿兵马。

朱温意识到崔胤募兵是冲着自己来的，想制止却又找不出理由。于是，他暗地派部下装扮成平民前往应募。崔胤新招的六千禁军，有一千多人是朱温的卧底。

崔胤将这支禁卫军视为心腹部队，日夜操练，以为这样一来，朱温会对他有所忌惮，不敢贸然向自己动手。

这一天，朱温奏请唐昭宗，说崔胤专权乱国，离间君臣关系，欲倾覆朝廷，建议杀掉他。唐昭宗不答应。

唐昭宗不理睬没关系，朱温可以自己动手，只是，他还缺少一个借口。正在这时候，发生了一个意外事故，给他提供了找借口的机会。

朱温的侄子、禁军统领朱友伦在一次玩鞠时坠马身亡。

朱温硬将这件事栽到崔胤身上，说朱友伦是被崔胤等人害死的，于是上表唐昭宗，要求将罪犯绳之以法，不要让他们专权乱政。

唐昭宗看完奏章后，大为震惊，尽管对这件事情有怀疑，但迫于朱温的压力，还是将崔胤等人免了职。

朱温不满意这个结果，派大哥的儿子朱友谅带兵进京，出任护驾都指挥使，名义上是保护皇上，实际上是要干掉崔胤，并胁迫唐昭宗迁都洛阳。

天复三年（903）十二月，朱友谅进京之后，领兵杀向宰相府。

崔胤也在调兵遣将，做好了迎战准备。当朱友谅率兵杀向宰相府，他下令禁军防御，谁知这些禁军突然倒戈相向，同朱友谅里应外合。崔胤在稀里糊涂之中，成了朱友谅的俘虏。

京兆尹郑元规等人带着卫士前来助阵，也被朱友谅擒拿。崔胤、郑元规及其亲信等人都被杀死，其族人不分老幼，全都押赴刑场斩首示众。

天祐元年（904）正月，朱温胁迫唐昭宗迁都洛阳。临行前，他下令拆毁了长安城的宫殿、衙署以及民房，将房梁木料编成木筏，沿着渭河一路漂到汴州。

长安城自秦汉以来作为帝都辉煌了一千多年，经过这一场浩劫，变成了一片废墟。从此以后，唐长安城，只是在史书中出现了。

唐昭宗心里明白，一旦到了洛阳，自己就成了案板上的一块肉，别人想怎么剁就怎么剁，他一路上走走停停，并不急着赶路。走到华州的时候，百姓夹道迎接，“万岁”之声喊得震天响。唐昭宗预感到末日来临，伤心地说："不要再喊万岁了，我不再是你们的皇帝了。"

唐昭宗到了陕州，朱温从河中赶来拜见他，唐昭宗特地将他带进内室，亲手赐给他衣物和酒器。何皇后流着眼泪，可怜巴巴地说："以后我们夫妻，就全靠你了。"

唐昭宗命朱温兼管左右神策军。

神策军是朝廷的御林军，唐昭宗让朱温掌管神策军，等于将身家性命全都交给了朱温。

朝廷迁都后，侍卫六军逃亡散尽，唐昭宗身边只剩下小黄门、陪皇上打球的供奉、园内小儿，满打满算，也不到三百人。

尽管人很少，朱温还是不放心，决定在向唐昭宗动手之前，先除掉这些人。他先挑选了二百多名年龄、相貌相近的人，然后将那二百多名小黄门、小供奉全部秘密杀掉，掩埋了尸体，再悄悄地换上挑选来的二百多人。

史书记载，唐昭宗经常喝得烂醉如泥，好长时间后才发觉身边的人被调了包。想必唐昭宗还没有糊涂到如此地步，真实的情况应该是：知道了也没办法，索性就装糊涂，借酒消愁。因为此时的唐昭宗，名义上是皇帝，实际上却成了朱温的囚犯，除了有吃有住之外，一言一行都在朱温的控制之下，完全失去了自由。

朱温表面上对唐昭宗还是十分恭顺，先到洛阳去修建宫殿，然后再将圣驾迎到洛阳。

六月，唐昭宗正式入住洛阳新宫。

唐昭宗也有除掉朱温之心。据说，在一次宴会上，他佯装鞋带松脱，要朱温替他系鞋带，目的是要趁朱温低头之际，让手下卫士上前，一举将朱温击毙。可叹的是，唐昭宗身边的卫士对朱温畏之如虎，没有一个人敢站出来。

朱温发觉唐昭宗对自己有所防备，也起了疑心，将一切安排就绪之后，返回汴州，加快了篡位的步伐。

唐昭宗已入牢笼，知道自己危在旦夕，于是颁发诏书，告急四方。

朱温挟天子以令诸侯，早就引起各方镇的不满，李克用、李茂贞、王建、杨行密、赵匡凝等雄霸一方的节度使接到诏书后，纷纷打出兴复唐室的旗号，起兵讨伐朱温。

朱温索性一不做，二不休，命令养子朱友恭和部将氏叔琮、蒋玄晖等人设谋除掉昭宗，另立幼君。

八月十二日夜晚，蒋玄晖挑选龙武牙官史太等一百人闯入，乘着夜色前去敲击宫门，说前线有急事奏报，要面见皇上。

唐昭宗的夫人裴贞一开门，见这么多带刀士兵，大惊道："你们想干什么？"

史太不由分说，上前一刀将她杀死。

嫔妃李浙荣冲着内宫的窗户大叫道："你们杀了我吧！但不要伤了皇上。"

唐昭宗刚醉卧，听到呼喊，酒被惊醒，翻身下床，穿着单衣绕柱逃跑，史太追上去把他杀了，时年三十九岁。

李浙荣用身体遮挡昭宗，史太也将她杀死了。

何皇后吓得浑身发抖，痛哭流涕，跪在蒋玄晖面前，哀求饶命。野史中说，何皇后求蒋玄晖饶她不死，她愿意以身相许。看着脚下梨花带雨的美人，蒋玄晖起了淫念，刀下留情，免何皇后不死。

第二天，蒋玄晖假造诏令，称李浙荣、裴贞一谋杀昭宗，立唐昭宗的第九子辉王李祚为皇太子，更名李柷，代理军国政事，然后又假传皇后令，太子于灵前即位。

宫中一片恐慌，但没有人敢哭出声。

十五日，李柷即帝位，他就是大唐王朝末代皇帝——唐哀宗。

李柷是何皇后所生，年仅十三岁。

朱温为了制造一个唐昭宗被杀、自己不在现场的假象，事先带兵离开洛阳，到河中前线去讨伐新附于李茂贞的杨崇本去了。昭宗被杀后，他风尘仆仆地赶回洛阳，又演了一出戏："朱全忠闻朱友恭等弑昭宗，阳惊号哭，自投于地曰：‘奴辈负我，令我受恶名于万代！’癸巳，至东都，伏梓宫恸哭流涕。又见帝自陈非己志。”

朱温是一个大恶人——恶人什么事都做得出来，为了让唐昭宗被弑这件事对天下有个交代，同时也为了杀人灭口，竟然来了一招卸磨杀驴，将一切罪责推到朱友恭、氏叔琮身上。他奏请小皇帝先把二人贬官，然后又赐他们自尽。

朱友恭是朱温的义子，直到此时才知道自己被干爹当枪使了，临死前大喊："拿我的人头蒙蔽天下人，骗得了人，骗不过天，天看着呢！"

朱温的手段虽然很卑鄙，但朱友恭、氏叔琮也是该死，只不过他们替朱温背了黑锅。

白马之祸

李柷年仅十三岁，虽然当了皇帝，却不懂国事，连年号都不敢换。何皇后名义上被尊为皇太后，一个女流之辈，没有什么能力，自知母子性命难保，却又毫无办法，只是坐在后宫以泪洗面。朝中大权，完全落在朱温手中。

朱温杀了唐昭宗，已经决意篡唐。十月，他特地派蒋玄晖请唐昭宗的九个儿子到九曲池赴宴。这九个人包括德王李裕、棣王李祤、虔王李禊、沂王李禋、遂王李祎、景王李祕、祁王李祺、雅王李禛、琼王李祥。

宴席上，朱温殷勤劝酒，这些亲王不得不喝，等到将他们灌得酩酊大醉之后，武士们一拥而上，将九个少年全部活活勒死在九曲池，然后将他们的尸体扔到池塘里。

小皇帝不敢过问，只是把昭宗安葬到和陵，算是尽了人子送终的义务。

天祐二年（905）二月，唐朝掌管国家礼仪大典的太常卿之位空出，朱温打算让亲信张廷范出任太常卿。宰相裴枢拒绝了他的提议，理由是：按照惯例，太常卿该由清流人士来充当，而张廷范是“胥吏”，身份卑贱。

清流，指的是进士出身的官员，也就是知识分子。裴枢认为，张廷范是个大老粗，斗大的字不识一筐，不能担任这个职务。

朱温为此事恨上了裴枢，恨上了清流。因为裴枢说张廷范是个大老粗，等于说他也是大老粗，不是清流，难登大雅之堂。

到了秋天，西北方的天空出现彗星，星光划破长空。占星家认为，彗星出现，预示着君臣有杀身大祸临头。

新任宰相柳璨不是清流，不是他不想入清流，而是他出身贫贱，没有资格入清流，为了巴结朱温，就把平时忌恨的人列成一张表，密送给朱温，传话说:“这些人都诽谤过你，可以全部杀掉，以应星象之变。”

朱温一看名单，就知道柳璨在玩借刀杀人的游戏，因为名单上的这些人，都是平时和他作对的清流人士。朱温尽管不想给柳璨当枪使，但他心里也很讨厌清流，因为这些人成天拿那些清流规矩来搪塞自己。正在他犹豫不决之时，判官李振站出来火上浇油了。

李振也是一个文人，但却是一个落第秀才，科举屡试不中，是一个不入流的文人。在进士及第的文人眼里，落第秀才没有地位。这位走科举之路屡屡碰壁的在野知识分子，不怪自己学艺不精，反而嫉恨那些进士及第的清流人士。在他看来，自己之所以屡试不中，就是这些人挡住了自己的道，垄断了科举名额。他从心底对清流人士就有一种嫉恨的心理。

李振对朱温说:“朝廷之所以纲纪紊乱不治，都是这些衣冠浮薄之徒所致，况且大王还要图谋天下，这些人都是朝中难以驯服之徒，不杀这些人，恐怕难以得志。”

朱温正要图谋大事，觉得李振说得有理，“笑而从之”，欣然同意贬斥朝官要员。

此后的数天之内，小皇帝下了两道圣旨，一是任命张廷范为太常卿；二是将裴枢、独孤损、崔远三个宰相级人物贬为刺史。

张廷范是大老粗，三位宰相是清流，大老粗上位，清流人士遭贬，自然引起了清流人士的不满，甚至愤怒。

朱温对付的办法很简单——继续贬。吏部尚书陆扆、工部尚书王溥同一天遭贬，太子太保赵崇、兵部侍郎王赞也都被逐出朝廷。

朝廷中但凡有所谓清流之士头衔的人，都被朱温以小皇帝的名义逐出京城，下放到地方去了。这次清除异己运动，被贬的朝廷重臣有三十多人。

朱温似乎觉得还不过瘾，索性来个一不做，二不休，以小皇帝的名义，将裴枢、独孤损、崔远、陆扆、王溥等一班被贬的朝官三十多人，同时邀请到白马驿赴宴。

众人不知道发生了什么事，但却不敢不来，等到大家到齐之后，一大群士兵包围了白马驿，应邀赴宴的三十多人，惨遭屠杀。

李振看着满地的尸体，对朱温建议说："此辈常自谓清流，宜投之黄河，使为浊流。"

正是李振的这句话，惨死在白马驿的三十多具清流人士的尸首，全都被抛进黄河，转眼便被黄河水带走了。

历史上称这次事件为"白马之祸"。

几天之后，朱温再次对朝官进行大清洗，对凡不依附于自己，又自认门第高贵，或科举出身而身居要职者，都诬告为朋党，因此被贬逐而死的，有数百人之多，朝廷大夫为之一空。

"白马之祸"是中国士大夫的灾难，也是中国历史的灾难，但却为朱温篡夺唐朝政权扫清了障碍。

朱温开国

"白马之祸"以后，朱温觉得时机已到，没必要再侍候傀儡小皇帝了，于是从幕后走向前台，公开给各镇发出通告，说自己要做皇帝。

朱温的通告，引起了强烈地震。那些雄霸一方的节度使，谁也不愿意让朱温坐大，河东晋王李克用、凤翔岐王李茂贞、两川蜀王王建、江淮吴王杨行密，无不拍案而起，扯开嗓子骂娘，但公开站出来同朱温叫板的，却只有山南东道节度使赵匡凝和他的弟弟、荆南留后赵匡明，他们大骂朱温是乱臣贼子，人人得而诛之。

朱温早就预料到他的通告会引起强烈反响，会同谋士们制订了几套应急预案，其中一项就是枪打出头鸟。当他得知赵氏兄弟公开叫板，一刻也没有犹豫，立即派大将杨师厚率大兵杀向襄州。

赵匡凝虽然有向朱温叫板的勇气，但却没有同朱温对抗的军事实力，杨师厚率兵南下，赶走了赵匡凝，攻占了襄州，接着再进兵江陵，赶走了赵匡明，荆州、襄州立即换了主人。

宰相柳璨以朱温南征有功，上表奏请唐哀宗封朱温为相国，兼任二十一道节度使。

朱温的目的是坐上金銮殿那把龙椅，相国、二十一道节度使在他的眼里如同粪土，他直接嘱咐柳璨、蒋玄晖想办法，叫小皇帝让位。

蒋玄晖与柳璨等人商议：由于魏、晋以来，都是先封大国、加锡九礼、享受特殊的礼遇，然后接受禅让，应当依次序进行。于是，他们先授朱温为各道兵马大元帅。

朱温勃然大怒，说他对这些虚名毫无兴趣，赶快叫小皇帝让位。

宣诏使王殷、赵殷衡嫉妒蒋玄晖专权受宠，想要得到他的位置，趁机挑拨说，蒋玄晖、柳璨是想要延续唐室的宗脉，故意拖延禅让的时间，等待事变。

蒋玄晖听说后，非常害怕，亲自去向朱温解释。

朱温大骂道："你们两人多管闲事，阻拦我的好事，即使我不受九锡，难道就不能当天子吗？"

蒋玄晖解释说："唐朝的气数已尽，天命已经归属大王，天下就是再愚蠢的人，也知道这件事。我与柳璨等不敢违背恩德，但晋、燕、岐、蜀都是我们的劲敌，大王突然接受禅让帝位，他们心里不服，我们不能不设法尽理尽义，然后取得帝位，这也是为大王创建万代基业着想啊！"

"奴才果然反了！"朱温大声责骂。

蒋玄晖惊恐万状，立即返回洛阳，同柳璨、张廷范商议禅位之事。

何太后得知消息后，号啕大哭，派宫人阿虔、阿秋向蒋玄晖转达意愿，说他日禅让帝位之后，请求保全他们母子性命。

王殷、赵殷衡派人到汴州向朱温密报，诬告柳璨、蒋玄晖、张廷范在积善宫夜宴，对着何太后焚香发誓，约定兴复唐室帝位。

朱温本来就是一个性情暴戾之人，听了密报，不论真假，立即命赵殷衡等人抓捕柳璨、蒋玄晖、张廷范，将三人全都杀了。

蒋玄晖死了，王殷、赵殷衡又诬陷蒋玄晖与何太后私通，让宫人阿秋、阿虔传递消息。

朱温又密令王殷、赵殷衡在积善宫勒死何太后，并追废何太后为平民，阿秋、阿虔也都被乱杖打死。

朱温正要赴洛阳篡夺帝位，魏博军帅罗绍威传来密信，说他手下有一批悍将图谋暴乱，自己无力控制，请求朱温派兵支援。

原来，魏博军雄踞六州，节度使为了护身自保，招募了不少牙兵，也就是贴身亲兵。这些亲兵锦衣玉食，待遇丰厚，年久日远，"父子相袭，姻党胶固，变易主师如儿戏"。亲兵如果对魏博军节度使不满，说废就废，仿佛成了魏博军的主人。

罗绍威虽为节度使，却非常痛恨这些亲兵。由于这些人盘根错节，势力庞大，他奈何不了这些人，于是便向朱温求援。

朱温接信后，率十万精兵，以讨伐沧州（今河北沧县）刘仁恭父子为名，驻扎在深州。然后派人装扮成贩夫走卒、江湖艺人，混进魏州。

魏博牙军没有料到朱温是冲着他们来的，更没有料到突然拥进魏州的"贩夫走卒"是他们的追命使者。

接下来发生的事情就很简单了，罗绍威与混进魏博军的"贩夫走卒"同城外的朱温内应外合，一举屠杀了魏州牙军八千余人。

罗绍威消除了心头之患，但也付出了沉重的代价。因为朱温是不做赔本买卖的，出兵的军费全部要罗绍威负担。罗绍威为了供养朱温的军队，"所杀牛羊近七十万，资粮称是，所赂遗又近百万"。等到朱温退兵的时候，魏博军多年的蓄积，被朱温又吃又拿，基本耗尽了。

朱温到魏州这么来回一折腾，前后有年余时间，日薄西山的唐朝，又苟延了一年。

天祐四年（907）四月十八日，朱温结束了唐朝三百年的统治，装模作样地上演了一幕大臣劝进、接受唐朝皇帝唐哀宗的禅位仪式后，正式在汴州称帝，改元开平，立国号大梁，史称后梁。

朱温又将自己的名字改为“晃”，即阳光普照的意思。不过，这个名字，后世很少有人提起，为了方便，本书仍沿用朱温这个名字。

这一天，刚刚建成的大梁皇宫，金碧辉煌，鼓乐齐鸣，朱温头戴通天冕，身着衮龙黄袍，大摇大摆地从殿后走出来。

按安排好的程序，册礼使当殿宣读唐哀宗的禅位诏书，押传国宝使献上传国玉玺。

朱温一一受过，坐在龙椅上。看着文武百官黑压压地跪下一大片，有些晕眩了。恍惚中，他觉得只要自己一跺脚，汴州城就要为之震动、颤抖。想到这些，他突然发出一阵狂笑，大吼道：“哈！哈！我朱三当皇帝了！”

群臣一片愕然，但谁也不敢出声。

登基仪式结束后，朱温大宴群臣，他举起酒杯，假惺惺地说：“朕执政不久，区区功德，不能遍及百姓，今天能位登九五，全靠各位大力相助。”

朱温的这番话，可以说是对大臣们的试探，观察一下大家对自己的态度。不料，宴会上气氛十分冷淡，很多人沉默不语，宰相张文蔚等大臣如同做了亏心事，低着头，一声不吭，史书记载，张文蔚当时的表现是“惭惧，俯伏不能对”。

朱温的脸顿时就拉下来了。

苏循等几个马屁精连忙站起来呼应说：“陛下的功德巍巍，当上皇帝完全是顺应了天意民心。”

朱温的脸上这才有了笑意，于是开怀畅饮，尽醉而归。

朱温登基后，废唐哀帝为济阴王；改汴州为汴州府，定为东都。原唐朝东都洛阳，改称西都；废除京兆府，改称大安府，长安县改为大安县；然后大赦天下，大封群臣。

设置佑国军节度使，命前镇国军节度使韩建担任；授张文蔚、杨涉为门下侍郎；薛贻矩为中书侍郎及同平章事。

改枢密院为崇政院，命太府卿敬翔为崇政院知事。

敬翔是朱温的第一功臣，朱温篡唐，都是他在策划。做了皇帝后，派他掌管机要，也是顺理成章之事。此后，军国大事，必须经崇政院裁定，然后上报宰相，宰相没有及时表奏，就由崇政院代奏。

朱温还专设建昌院，管理国家财政，并让养子朱友文为建昌院的负责人。

朱友文本姓康，名勤，朱温特别喜欢他，视同己出，赐他姓名，把他纳入亲子之列。

朱温有七个儿子，长子朱友裕，次为朱友珪、朱友璋、朱友贞、朱友雍、朱友徽、朱友孜，连同朱友文，共八儿。

朱友裕已经去世，追封郴王，朱友珪为郢王，朱友璋为福王，朱友贞为均王，朱友雍为贺王，朱友徽为建王，朱友文也封为博王；朱友孜还小，没有封王。

封完了儿子，再封祖先，追尊朱氏四代庙号：

高祖朱黯为肃祖皇帝，妣范氏为宣僖皇后；曾祖朱茂琳为敬祖皇帝，妣杨氏为光孝皇后；祖朱信为宪祖皇帝，妣刘氏为昭懿皇后；父朱诚为烈祖皇帝，母王氏为文惠皇后。

封长兄朱全昱为广王，追封次兄朱存为朗王。

朱全昱的儿子朱友谅为衡王，朱友能为惠王，朱友诲为邵王。

朱存的儿子朱友宁、朱友伦已死，亦得追封，朱友宁为安王，朱友伦为密王。

朱温做皇帝了，特地开家宴庆贺，将各位皇子、皇侄召集在一起。筵席间，朱温完全没有了做皇帝的架子，露出痞子流氓的本色，猜拳行令，吆五喝六，喝到酩酊大醉。趁着酒兴，竟然抓起五色骰子，豪赌起来。

此时的朱温，完全就是砀山那个无赖。

朱温的子侄们为了讨得他的欢心，个个赤膊上阵，什么皇帝、亲王的身份，全抛到爪哇国去了。

朱温如此胡闹，让一个人看不下去了，出面指责朱温，这个人是他的亲哥朱全昱。

朱全昱本无心贪恋富贵，已经回到老家砀山，过着逍遥自在的日子，唐朝时曾经授他岭南西道节度使，治理桂州，他不愿赴任，辞官回了老家。听说朱温篡唐做了皇帝，不得已才来到汴州，见朱温的第一句话就是："阿三，你这么做，能行吗？"

朱全昱的言辞，并没有阻挡朱温篡唐的计划。朱温即位后，朱全昱得封王爵，他也不过是随遇而安罢了，也没怎么特别高兴。他见朱温喝酒狂赌，闹得太不像话了，上前抓起骰子，狠狠砸到掷骰用的金盆里，大叫道："阿三，你本砀山的一个贱民，因天下饥荒，跟随黄巢为盗。降唐之后，唐天子封你为四镇节度使，位极人臣，富贵已极，也算没有辜负你的大志，你为何起了歹心，竟然篡夺了唐家三百年社稷！如此忘恩背义，恐怕鬼神也不会保佑你，现在高兴还太早了点儿。你这样做是要遭天谴的，我们朱家迟早要毁在你的手里！"

平时杀人如麻的朱温，霍地一下站起来，冲着朱全昱怒吼道："换了第二个人说出这样的话，就是有一百颗脑袋，我也要剁下来。"

"你剁剁看？"朱全昱并不避让。

朱温冲上去就要动手，幸亏子侄们一齐上前劝阻，哥儿俩才没有打起来。

第二天，朱全昱不辞而别，离开京城，回乡下老家，"竹杖芒鞋，杳然自去"，过自己的清闲生活去了。

日后，后梁灭亡，老朱家果然举族都被诛戮，唯独这位叫骂朱三的朱全昱在后梁灭亡之前就病死了，得了个善终，算是摊上一个好死，也算是老天对他存有一点儿善良之心的回报。

朱温是项羽"彼可取而代之"、刘邦"大丈夫当如是也"和陈胜"王侯将相宁有种乎"的成功实践者，他用行动告诉世人：世界上只有想不到的事，没有做不到的事。他为后人开辟了一条"只要你想干，就一定能成功"的光明大道。

从唐末的历史来看，自从安史之乱以后，藩镇的兴起，朝中大权逐渐被手握重兵的将帅们把持，皇权日渐衰落。这些拥兵自重的将帅，尽管还承认大唐的皇权，但心态却发生了根本的变化，皇权在他们眼里，不再是至高无上、神圣不可侵犯，只要老子高兴，说不定也能在龙椅上坐坐。从这时起，唐朝就已经埋下了灭亡的种子。

当一个国家可能用武力让他的子民屈服的时候，它还没有灭亡，但当它已经没有武力可以使用而又不能以礼仪教化天下的时候，灭亡就是早晚之事。

唐朝末年，皇帝昏庸无道，宦官专权，党争不断。孔夫子曾经说过，其身不正，虽令不从。这样的朝廷，如何能用礼仪去教化天下呢？更不用说教化那些桀骜不驯的藩镇主。藩镇之主们高兴犹可，不高兴，就会对朝廷指手画脚，甚至还想将皇帝从龙椅上拽下来，自己上去坐坐，仁义道德，在这些武夫的眼里，狗屁也不是。

天下易主，已经成了历史的必然。

朱温灭唐，取而代之，遭到后人的诟骂，究其原因，可能有如下几方面：

唐朝灭亡，已经是历史的必然，朱温根本就不用搞什么禅位，他之所以要这样做，是既想当婊子，又想立牌坊。当时天下能和他抗衡的藩镇之主已经所剩无几，唐昭宗也完全在他的掌控之中，完全没有杀掉昭宗的必要。他却这样做了，落下了一个弑君的千古恶名。他戎马一生，更多的是以谋取胜，但是，谋略在君子那里是智慧，在他那里却是阴谋诡计。当皇帝之后，荒淫、乱伦、不讲仁义、不顾廉耻，干的都是一些十恶不赦的大恶人才能干的事。反唐投黄巢，从革命者变成了革命阵营的叛徒，弃黄巢降唐，降唐后又再反唐，是一个不折不扣、反复无常的小人。

名人不能犯错误，哪怕一点点小错，因为这可以使名人名声大噪，也可以使名人声名狼藉。君子一定不能做坏事，一旦发现你做了一件坏事，无论是有意还是无意，都会有人帮你挖掘出来。

这大概就是朱温被后世人称为“天下恶人”的原因。

朱温篡唐，自立为帝，历史正式进入五代时期。

第六章
谁怕谁

五国纷争

朱温篡唐称帝以后，向天下发布诏书，命天下各镇不准再沿用唐朝年号，都得向大梁称臣。事实证明，这只是朱温的一厢情愿，有人并不买他的账。

当时天下的形势是：李克用据河东；罗绍威据魏博；王镕据镇州（今河北正定）、冀州；刘仁恭据卢龙；李茂贞据凤翔；王建据西川；钱镠据镇海；杨行密据淮南；马殷据武安（湖南）；王审知据武威（福建）；刘隐据岭南。

势力弱小的方镇，迫于朱温的淫威或其他原因不敢抗命，但有四个人，却不屈于朱温的淫威，仍然尊唐朝为正统，拒不承认朱温这个伪皇帝，甚至公开声称——讨伐梁朝，复兴唐室。这四镇是晋、岐、吴、蜀。

晋，即河东，这是沙陀人李克用的根据地。

李克用本名朱耶，他的先人是陇右金城（今甘肃兰州西北）人，沙陀族贵族。

沙陀部落有一支骑兵，总数有一万多人。这支骑兵队伍骁勇善骑射，号称“沙陀军”，李克用的父亲朱耶赤心，是这支沙陀军的首领。

唐懿宗咸通十年（869），神策大将军康承训统领十八将讨伐庞勋于徐州，以朱耶赤心为太原行营招讨沙陀三部落军使。朱耶赤心因攻打庞勋有功，被朝廷授予单于大都护、振武节度使之职，并赐姓李，改名国昌。

李克用十五岁时，就随同父亲征战沙场，讨伐庞勋时，冲锋陷阵，所向披靡，军中称其为“飞虎子”，平定庞勋后，被朝廷任命为云中牙将。

乾符三年（876），朝廷任命段文楚为大同防御使，占据云州（今山西大同）。当时正是灾荒之年，粮食供应不足，段文楚削减军粮，引起将士们的怨恨，部将程怀素、李存璋等人拥李克用进入云州，杀了段文楚。李克用自称云州留后。

朝廷并没有认可李克用，而且还曾发兵讨伐他。

乾符五年（878），黄巢渡过长江，势头凶猛，唐僖宗这才任命李克用为大同军节度使，代理工部尚书。

后来，李克用的父亲李国昌出兵讨伐党项，吐浑赫连铎乘虚攻陷了振武，李国昌失去了根据地。

李克用从云州出发迎接李国昌。当李克用出城之后，云州守将乘机关闭了城门，拒绝李克用再进云州城。无奈之下，李克用父子只得逃往鞑靼。

黄巢起义，唐僖宗下诏召用李克用，任命他为代州刺史、雁门以北行营节度使。后来因为李克用征讨黄巢有功，被授为河东节度使，加封晋王。从此，李克用有了自己的地盘，并以此为根据地，正式开始了逐鹿中原的旅程。

唐朝之所以要起用李克用，主要是因为李克用统辖的沙陀军战斗力强大，而且在当时的历史条件下，只有李克用才有能力统领沙陀军这支少数民族军队。

李克用的叔父李友金的一番话，表达了这一层含义。他说：“兴大众，成大事，当威名素著。今军虽数万，苟无善帅，进亦无功。吾兄李司徒父子（李昌国、李克用），去岁获罪于国家，今寄北部，雄武之略，为众所推。若骠骑急奏召还，伐北之人一麾响应，则妖贼不足平也。”

朱温作为一个军阀集团的首领，早就是野心勃勃，李克用军事集团的兴起，成为扎入他心中的一根刺，让他坐卧不安。

中和四年（883），黄巢的部队攻打汴州，朱温自知不敌，于是卑词厚礼，向河东节度使李克用求援。李克用也有扩张根据地的野心，亲自率部队驰援朱温，击溃了黄巢军。

朱温对这个救命恩人，不但没有丝毫感激之情，反而还恩将仇报，火烧上源驿，欲置李克用于死地。

李克用大难不死，翻墙逃脱，留得一命，而他的监军陈景思、大将史敬史以及三百余名士兵，全部葬身火海。

李克用逃回大营后，和妻子刘氏抱头大哭，准备第二天发兵攻打朱温。经刘氏劝阻，才改向朝廷上表，申诉朱温之罪，请求朝廷发兵讨伐朱温。

朝廷中不乏同朱温勾结的人，他们都替朱温说情，唐僖宗的日子也不好过，不想多管闲事，听信了这些人的劝谏，下诏让双方和解，并加封李克用为同平章事、陇西郡王，以示抚慰，才算将上源驿事件摆平。

从此以后，李克用同朱温就结下梁子。

朱温称帝后，向天下发布禁用唐朝年号的诏令，李克用第一个站出来反对，不承认朱温这个伪皇帝，更不服从他的命令，仍称天祐四年。

岐，即凤翔，为深州人李茂贞占据。

李茂贞本名宋文通，因征讨黄巢有功，被皇上改赐姓名，官至凤翔节度使，封为岐王。

李茂贞也同朱温有过节。

天复元年（901）十一月，宦官韩全海将唐昭宗挟持到凤翔。朱温一路紧追不舍，追到凤翔后，将凤翔围得个水泄不通，这一围就是一年多。李茂贞守得粮草用尽，从冬到春，雨雪又多，城里每天饿死和冻死的就有一千多人，宫人每天也有三四人死亡，百姓更惨，吃人的现象很普遍。李茂贞没法再守下去了，和唐昭宗商量，杀韩全海等二十多名宦官，将他们的首级送给城外的朱温，同时将唐昭宗也交给朱温，朱温才带着皇帝撤兵东去。

李茂贞和朱温的意外碰撞，损失惨重，元气大伤，不但被朱温夺走了大片领土，四川的王建也趁火打劫，掠走了陕西和湖北的大片土地。李茂贞的兵力几乎耗尽，骄横的翅膀再也振动不起来了。他怕朱温再借故讨伐他，便将自己尚书令的职衔也请求去掉了。

朱温称帝后，李茂贞心记旧仇，当然不愿臣服，联合王建和李克用写了一篇讨伐朱温的檄文，声称要兴师问罪。

因此，他不服从朱温的命令，仍称天祐四年。

吴，即淮南，这是庐州人杨行密的根据地。

杨行密年轻的时候作乱，后来投军，乘乱占据了庐州，因征讨黄巢有功，被封为淮南节度使，晋封吴王。唐哀帝天祐二年（905），杨行密去世，儿子杨渥继承爵位。

杨渥并不是一个很有主张的人，他见晋王李克用、岐王李茂贞拒不接受朱温的命令，也跟着起哄，奉唐朝为正统，称天祐四年。

蜀，即四川，这是许州人王建的根据地。

王建年轻的时候，是一个地地道道的乡间二流子。他维持生计的办法，不是像父辈们那样埋头于黄土，而是给人杀牛——有时顺手做一些偷鸡摸狗的事。同时，他还冒着杀头的危险，兼做贩卖私盐的买卖。乡亲们瞧不起他，称他为“贼王八”。后来，他果然犯了罪，被官府抓获，但却买通狱卒逃走了。

有个武当道士见他“骨法甚贵”，劝他从戎。

为了混口饭吃，也为了混一个光宗耀祖的前程，“贼王八”王建加入了当地的地方武装。不久，秦宗权重金招募勇士，他又投奔了秦宗权，很快因作战勇敢，混上了一个小头目。

黄巢起义进逼长安，唐僖宗仓皇逃往四川。

当时，王建隶属于秦宗权部将杨光复。杨光复将其统率的部队分成八都，每都一千人，王建就是其中一个都的首领，称为都头。

王建比他的领导杨光复更有政治头脑。他意识到，尽管唐僖宗逃到成都，唐朝的中央政权已经分崩瓦解，但要想混出名堂来，还是需要得到唐僖宗所代表的朝廷的赏识，当杨光复等人忙于扩充地盘的时候，王建却带领八都中的四个都头，千里迢迢地跑到四川护驾。

对于落难的唐僖宗来说，王建给他带来的不仅仅是区区的几千军队，更是一种不可多得的政治宣传。大喜过望的唐僖宗，重赏了五个都头，封他们为随军五都。

黄巢起义平定后，唐僖宗的流亡政府重返首都长安，王建投奔唐僖宗的投资有了初次回报：被任命为神策军的主要将领，负责宫廷警卫。后来，王建遭到军容使杨复恭的排挤，被派往壁州做刺史。

壁州在今天的通江，当时，那里是一个多民族杂居地。杨复恭的本意，是想将王建困死在壁州那种偏远的化外之地，不让他有更大的作为。谁知人算不如天算，王建到壁州后，收编了当地一个叫溪洞的部落。溪洞的部落，是一个英勇善战的部落，王建将这个部落中的青壮年召集在一起，拉起了一支八千人的队伍。他以这八千子弟兵为资本，攻占了附近的阆州（今阆中）和利川（今广元），很快占据了川北的大部分土地，挖到了他事业的第一桶金。

当时，四川节度使由西川节度使陈敬瑄和东川节度使顾彦朗二人掌控。陈敬瑄对王建在川北的崛起很不放心，便召王建来成都。

王建一直想到成都，只是苦无机会，接到信后，立即带上一支两千人的精锐队伍，风尘仆仆地往成都赶。

陈敬瑄手下有一位谋士劝告他，说王建是一个有虎狼之心的奸雄，一心想夺取他人的土地，召他来成都，无异于引狼入室，后患无穷。

陈敬瑄听后害怕了，赶忙派人前去拦住正在日夜兼程向成都赶的王建，让他回转壁州，不必来成都。

王建对陈敬瑄的反悔非常恼火，率兵攻占了成都北面的门户汉州（今四川广汉），紧接着又攻打成都。无奈成都城高墙厚，储粮充足，久攻不下，只得放弃成都，带领部众在西川其他地区攻城略地，先后攻占了成都周围的资州（今资阳）、简州（今简阳）、嘉州（今乐山）等地。扫清了外围之后，王建再率兵攻打已成孤城的成都。

陈敬瑄见成都孤城无援，再顽抗下去，只有死路一条，只得开城投降。

王建并不满足于仅仅拥有四川这片土地，他决心要把蛋糕做得更大。当时，北方的朱温和李茂贞长期对峙，相互间为争夺对唐昭宗的控制而征战不休。凭王建的势力，难以同朱温、李茂贞相抗衡。

王建又一次以其流氓嘴脸，大耍两面派手段：对朱温大骂李茂贞，表示忠诚地站在朱温一边；对李茂贞则表示，必要的时候，也会出兵讨伐朱温。

事实上，王建趁朱温和李茂贞混战的时候，浑水摸鱼，夺得了李茂贞的陕西、湖北的大片土地。

天复三年（903），唐昭宗下令封王建为蜀王，承认了王建在东川和西川的合法地位。

朱温自立为帝，派使者前往成都，宣布禁用唐朝年号，要求王建拥戴他。

王建雄踞四川，根本就不把朱温放在眼里，不服从朱温的命令。于是，仍称天复七年。

如此一来，四镇就变成了四国，与梁国分庭抗礼，对峙中原。四国中，晋国最强，依次为吴、蜀、岐。四国都扬言声讨梁国，大梁也传檄声讨四国，形成了五国纷争、中原逐鹿之势。

天下大乱

晋王李克用，岐王李茂贞，吴王杨渥，蜀王王建，都有志抗梁，传檄四方，力图兴复唐室。

当时四方各镇，最大的是吴越、湖南、荆南、福建、岭南五区。五个地区的领导人见了四镇的檄文，并没有什么强烈的响应。

李克用等人见五区反应平平，也不敢贸然发难。

这些地方势力成为中国历史的重要组成部分，也就是后世常说的十国。因此，有必要对这五股地方势力的首领加以说明。

吴越是钱镠的根据地。

钱镠是杭州临安人。他出生的时候，据说窗外传来兵马声，他的父亲以为此乃不祥之兆，准备将他丢到井里淹死，由于他的婆婆阻拦，才得留下，故此小名叫“婆留”。

钱镠贩过私盐，做过强盗，后来投奔石镜守将董昌的麾下，因屡立军功，逐渐由偏将升掌一州之兵。

光启三年（887），董昌为越州观察使，自杭州移兵浙东。同年，钱镠升任杭州刺史，从此独据一方。

景福二年（893），又升任镇海军节度使，驻杭州。

唐昭宗乾宁二年（895），董昌叛唐称帝。钱镠从杭州发兵讨伐董昌，击败了董昌的部队，并斩下董昌首级。

唐朝廷封钱镠为镇海、镇东两军节度使，辖区在杭州。后又封他为越王。两年后改封吴王。

湖南是马殷的根据地。

马殷原籍许州鄢陵，少年时为木匠，曾经是秦宗权手下大将孙儒的部将。孙儒战死后，马殷与同党刘建锋逃到洪州。刘建锋占据湖南，被部下所杀，众人推举马殷为首领，唐朝廷封他为淮南节度使。

荆南是高季昌的根据地。

高季昌是陕州人，年轻的时候，是汴州富人李让的家僮。朱温坐守汴州，李让经常带一些珍宝去奉承他，朱温乐得受用。为了表示亲昵，朱温收李让做义子，让他改名朱友让。高季昌被朱友让认为义子，因此也改姓朱。后来，高季昌跟随朱温攻打凤翔有功，被封为宋州刺史，仍改复高姓。朱温赶走赵匡凝兄弟之后，保奏高季昌做了荆南留后。

福建是王审知的根据地。

王审知是光州人，他的哥哥王潮进曾做过县吏，后来因乱从军，平定了闽邑，由福建观察使陈岩举荐，升任泉州刺史。陈岩死后，王潮进继任陈岩之职，王审知也因此做了福建观察副使。王潮进死后，王审知继节度使，加封琅琊王。

岭南是刘隐的根据地。

刘隐是闽人，他的祖父刘安仁在南海经商，父亲刘谦做过封州刺史，兼贺江镇遏使。刘谦死后，刘隐得以继位。岭南节度使徐彦若举荐刘隐任节度副使。徐彦若死后，刘隐贿赂朱温，做了节度使。

五股地方势力中，荆南的高季昌是朱温提拔起来的，当然唯朱温的马首是瞻；岭南的刘隐也得了朱温的好处，不会背叛大梁；吴越的钱镠、湖南的马殷、福建的王审知，同朱温没有什么过节，乐得采取一种袖手旁观的态度。而且，朱温篡位做皇帝后，对这几个人也是格外笼络，加封钱镠为吴越王，马殷为楚王，王审知为闽王，高季昌为节度使兼同平章事职衔，刘隐为代理校尉兼侍中，封为平南王。

这些人并不在乎谁做中原的皇帝，只要他承认自己在本地区的统治权就行，这叫作“有奶便是娘”。朱温正好给了他们“奶”，对朱温投赞成票也就顺理成章了。

晋、岐、吴、蜀四国所谓的檄文，他们根本就不当回事，而那个事实上已经不存在的大唐王朝，谁爱光复，谁光复去，与他们无关。

这里之所以要将五镇的情况说得详细一些，是因为他们是后来十国的前身。

此外，河北还有几处大镇，一直称雄割据，不听朝廷号令。唐室衰亡后，各镇的势力也渐渐被削弱。

成德军节度使王镕辖地在镇州，他是唐朝老臣，年龄不大，资历最老，一直与河东联合。朱温得势后，会同魏博军攻河东，占领了邢州、洺州、磁州，并写信给王镕，让他同晋王李克用绝交，同自己结盟。王镕当时犹豫不决。朱温便率军进逼镇州城下，焚毁了南关，从军事上给王镕施加压力。王镕慑于朱温的淫威，只得向朱温求和，并将儿子王昭祚交给朱温做人质，表示永远效忠于梁。

朱温将王昭祚带回汴州后，把自己的女儿嫁给了他，同王镕结为儿女亲家。开平元年（907），封王镕为赵王。成德军同朱温成了一家人。

魏博军节度使罗绍威，一直与朱温的关系很好，长子罗廷规，娶朱温的女儿为妻，两人结成了亲家。更重要的是，朱温曾替罗绍威排除了内患，将数百名不服管的悍将送进了阴司地府，为罗绍威彻底解除了后顾之忧。虽然说罗绍威为此掏空了魏博军的家底，且每每想到此还心痛不已，但利害相较，还是德多怨少。朱温即帝位后，罗绍威向他进贡魏州木材，作为建造宫殿的材料，朱温也没有忘了给他一点儿甜头，赐他宝带名马，两人你来我往，相处得甚为欢洽。魏博军的罗绍威不会背叛朱温。

卢龙军节度使刘仁恭治理幽州（今北京）、沧州，与魏博素来不和。

朱温曾经替魏博军去攻打过刘仁恭，因刘仁恭有河东的李克用声援，朱温无功而返。刘仁恭同晋王李克用交好，同梁王朱温为仇，击败梁兵之后，便觉得自己不可一世，更加穷奢极欲，恣情淫逸。幽州有座大安山，四面是悬崖绝壁，刘仁恭在山上修筑豪华宫殿，又从民间挑选大批美女送上大安山，安置在宫中，供他淫乐。

刘仁恭还招来道士给他炼长生不老之药，其实就是壮阳药。这样，他就能长乐不衰。

有其父，必有其子，刘仁恭纵淫无度，次子刘守光也不亚乃父，他虽然有点儿笨，但愚蠢中却又很狡猾、奸诈，而且色胆包天。刘仁恭的爱妾罗氏，生得杏脸桃腮、千娇百媚。刘守光趁父亲不在家的时候，霸占了罗氏。天下没有不透风的墙，时间一长，刘仁恭知道儿子给自己戴了一顶绿帽子，一怒之下，命人把这个不肖之子抓起来，乱棍教训一顿后，将他调到外地驻防。

刘仁恭赶走儿子之后，继续待在大安山逍遥快活，极少过问幽州城内的事务。

朱温早就有意征服幽州，趁刘仁恭在大安山享受的时候，出其不意地派大将李思安攻到幽州城下。

刘守光听到消息后，赶忙率兵驰援幽州，抢在后梁军队的前面进入幽州，率领幽州守军赶走了李思安，立下一功。

刘守光回到幽州后，不想走了，他以为自己守城有功，便自封卢龙节度使，不声不响地罢了父亲的职务。然后派部将李小喜、元行钦领兵包围了大安山。

刘仁恭做了儿子的俘虏。

刘守光将贪图享乐、不务正业的父亲押回幽州囚禁起来。然后，将父亲的爱妾罗氏以及大安山所有的女人统统霸占，让这些女人轮流陪宿。可怜的女人们，先侍候老的，再来侍候小的，成了刘家父子两代的玩偶。

刘守光的哥哥刘守文，是义昌军节度使，驻扎在沧州。听到父亲被弟弟囚禁的消息，将众将召集在一起，哭着说："没想到我家出了个混账，让我羞于见人，我发誓，一定要发兵讨伐他。"

刘守文带兵来到芦台，要同刘守光拼命。两军激战了半天，互有死伤，形成不胜不败之局，各自鸣金收军。

第二天在蓝田再战，刘守光击败了刘守文。

刘守文只得带领残军，垂头丧气地返回沧州。为了能击败刘守光，他竟派人向契丹部首领耶律阿保机求援。

这个契丹，就是后来同宋朝争斗了近百年的契丹大辽国的前身。

刘守光虽然击败了刘守文，但仍然担心他会再来，同时，他还担心梁兵也会乘虚而入，于是向朱温献媚，投进了朱温的怀抱。

朱温正要扩充自己的势力，欣然接纳了刘守光，并正式授予他卢龙节度使一职。

此外，还有义武军节度使王处直、夏州节度使李思谏、朔方节度使韩逊、匡国军节度使冯行袭等，都已臣服于大梁。

所以，晋、岐、吴、蜀的檄文发出去后，无论远近，响应者寥寥。

第七章
生子当如李亚子

三支箭的遗嘱

蜀王王建见发出的檄文无人响应，干脆就给晋王李克用去信，建议各自称帝，他说，我的地盘我做主，朱温能做皇帝，我们照样能登基。

李克用的回答是:“此生誓不失节！”

李克用一生有功也有过，唯有这句话，似乎显示出他对唐朝的忠诚。

王建传檄宣布讨伐朱温，恢复唐朝，实际上是做给天下人看的，骨子里，是想在天府之国称帝。李克用的退出，并没有影响他做皇帝的决心。在朱温称帝五个月之后，他也在成都称帝，建国号大蜀，改元武成，史称前蜀。

从乡间的牛贩子到割据的皇帝，王建用了将近四十年的时间，到他如愿以偿地坐上皇帝的龙椅时，已经是一个六十岁的白发老人了。

王建称帝后，改元武成，任用王宗佶、韦庄为宰相，唐道袭为内枢密使，立子王宗懿为皇太子。接着又自封尊号，称英武睿圣皇帝。

岐王李茂贞见王建在四川称帝，也想过一把皇帝瘾，但他又担心自己的地盘小，兵力少，害怕树大招风，不敢大张旗鼓地那样干。于是，便在自己的地盘内设置府衙和官吏，并给所有的宫殿取名字，名义上虽然没有公开称帝，实际上已经是称孤道寡。

朱温最怕的是晋王李克用，篡位后，派大将康怀贞率兵数万进攻潞州。

晋王在潞州的守将叫李嗣昭，他见梁兵来犯，紧闭城门，坚守不出。

康怀贞不分昼夜，向潞州城发起一波又一波的进攻，终因城池坚固，防守严密，难以越雷池一步。无奈之下，命令士兵在潞州四面筑垒，修成蚰蜒堑，分兵驻守，准备打持久战。

李嗣昭向李克用告急。

李克用派周德威为行营都指挥使，率李嗣本、史建瑭、安元信、李嗣源、安金全等驰援潞州。

晋王的增援部队走到高河，遭到梁将秦武的阻击。周德威率兵迎战，一举击败秦武。

康怀贞立即向朝廷告急，请求派兵支援。

朱温恨他无能，派亳州刺史李思安担任潞州行营都统，降康怀贞为行营都虞侯。

周德威知道潞州城内缺粮，选择精壮骑兵一万五千人，每人身上绑带十斤干粮，从潞州城北闯营送粮。史建瑭、李嗣源率步兵五千护卫骑兵为左右策应。

梁军北营守将寇彦卿见晋军闯营送粮，率北营兵马劫杀晋兵。寇彦卿横刀挡住晋军的去路，一口气劫杀晋兵百余人，晋军无人能敌。

周德威见敌将勇猛，亲自拍马上前接战。他冲上去也不搭话，举枪就杀，来往七八回合，终究姜还是老的辣，寇彦卿渐渐不敌，已露怯相，躲闪不及，被周德威刺伤了臂膀，大败而逃。晋军乘势跃马踏寨，冲破梁军的北寨。

李嗣源、安金全身先士卒，冲在最前面，率骑射手伏在马背上射杀土堡上的弓弩手。

晋军骑兵的射手，是从沙陀兵中挑选出来的精兵，都是百步穿杨的神箭手，远非中原弓弩手可比，梁军土堡上的弓箭手见晋军箭法神准，抱头伏地，吓得不敢抬头。

晋兵铁骑在梁营中厮杀开一道口子，逼近潞州城下。

城上的李嗣昭见援军已到，命士兵开城接粮。晋军骑兵卸下粮食，返身冲入敌阵，二番蹚营。

梁军的援兵虽然也赶到了，无奈彪悍凶猛的沙陀兵放下粮食后，已经是轻装上阵，加之他们的目的不在杀敌，只在突围，来去如风，势不可当——梁军想挡也挡不住，眼睁睁地看着晋军突出重围，呼啸而去。

李思安为了防止这样的事情再次发生，在潞州城下修筑重城，内防城中冲突，外拒晋军援军，他将这个工事取名为夹寨。他还召集山东百姓运送军粮。俨然有一种垒高粮足、虎视眈眈的形势。

晋将周德威给潞州城送进粮食之后，没有再和梁军正面交锋，而是同他们玩起了捉迷藏的把戏，每天派出小股骑兵同梁军周旋，梁兵一旦出击，晋军立即收兵，梁兵收兵，晋军又重新出击。

周德威的意图很明确，不让梁军安宁，疲劳梁军。

李思安担心自己的粮车被劫，又从东南出口处修筑一条通道与夹寨相边，以防疏漏。

周德威的部队频频出击，轮番骚扰，梁军吃不安、睡不宁，一刻也不得安宁，最后干脆来个聋哑战术，无论晋军来也好，去也好，他们都不闻不问，坚守不出，同晋军相持。

李克用为了配合潞州战场，又命李存璋等人分别进攻晋州、洺州。

朱温派陕州将士驰援行营，以增强兵力。两军旗鼓相当。从梁开平元年（907）秋季开战，直到开平二年（908）正月，仍然是一个不胜不败之局。

李克用因军务繁忙，忧劳交集，竟然导致背部长疽，病倒在床。数日之后，病情竟一天一天地加重。他自知大限将至，命弟弟振武军节度使李克宁、监军张承业及大将李存璋、吴珙，掌书记吴质等人，立长子李存勖为继承人。

李存勖是李克用的第二个老婆曹氏所生，年幼的时候就擅长骑射，胆力过人，李克用一开始便视他为奇儿。十一岁时，跟随李克用征战，得胜后随父亲到长安向唐朝廷报功。当时的唐昭宗见到这个小将，就深深地喜欢上了他，先赏赐他翡翠盘等珍宝，后又抚摩着他的背说："这孩子真是长相出奇，日后必定是国家栋梁之材，到时可千万不要忘了为我大唐尽忠啊！"

时隔不久，唐昭宗看着李存勖，对别人说："此子可亚其父！"

李克用急忙跪拜，谢皇帝赐儿子大名。

从此以后，李存勖又被人称为李亚子。

李克用让李存勖继承自己的职位，并对李克宁等人说："此儿志气远大，必能成我遗志，请你们善为教导，我死而无憾了！"

李克用又将李存勖召到病榻前，嘱咐说："李嗣昭困守潞州，被梁兵围困，我恨不能亲自前去救援，只是老天不给我时间，即将要与他永别了。我死之后，办完了丧事，你一定要迅速与周德威等人竭尽全力去解救他。"

李克用同朱温势同水火，两人斗了几十年，没有分出胜负，终李克用一世，朱温总是死死地压制住河东，让李克用一辈子也没有翻过身来，这是李克用一生的憾事。

李克用觉得窝囊，心有不甘，然而，他的生命已经走到了尽头，即使想再和朱温斗，老天也不给他机会。临死之前，他把希望寄托在儿子的身上，叫人取来箭袋，拔出三支箭交给李存勖，咬牙切齿地说："这三支箭，一支箭扫燕，一支箭驱逐契丹，一支箭灭梁。"

燕指的是燕王刘守光，刘守光叛晋降梁，占据了幽州，想要消灭朱温，必须先消灭幽州；契丹酋长耶律阿保机，曾经是李克用的好兄弟，朱温篡唐称帝后，阿保机立即投进了朱温的怀抱，李克用也以此为恨事；晋、梁是世仇，李克用生不能灭梁，是他一生的恨事。

如果说李克用是忠君爱国，那么这三支箭就是要后人复兴大唐。但是，这三支箭似乎还有别的一层意思。前两支箭其实都是为最后一支箭而射：灭燕，因为幽州阻挡了射朱温的路；灭契丹，因为它是朱温的好伙伴。

李存勖为了让他老人家走得安心，不管这任务多艰巨，还是哭着接受了，并发誓要完成老人家的遗愿。

李克用转眼看着李克宁说："亚子交给你了，你不要辜负我啊！"说罢，大叫一声而亡。享年五十三岁。

幸好李克用的后代很争气，朱温的后代太窝囊，使李克用的遗愿得以实现，可以让李克用在九泉之下冲着朱温大吼：老子没有干掉你，老子的儿子替老子报仇了！

正因为如此，史家们才将李克用临死时交出的三支箭拿出来说事。

李克宁、李存勖等人忙碌了几天，办完了李克用的丧事。

后来发生的事，让河东出现了动荡。

晋阳内乱

李克用病逝的时候，李存勖年仅二十四岁，此时外有强敌，内有隐患，局势非常严峻。

从外部来看，后梁兵强马壮，且占据了绝大多数北方的土地，随时都有吞并晋的可能。且后梁军队围困潞州已近一年，梁军在城外筑垒挖壕，隔断了潞州同外界的联系，李嗣昭在城内死守，苦苦支撑。周德威率众支援，却又突不破梁军的重围。潞州危在旦夕，李克用在临死之时，也放不下潞州，因此就有了速援潞州的遗嘱。

从内部的情况看，局势也很不乐观。

李克用生前收了不少义子。这种认义子的风气在当时各军镇中很普遍，有的甚至由义子来继承自己的位置。李克用为了笼络这些义子，不吝对他们的赏赐、待遇，同嫡子一样对待。所以，这些同李存勖年龄相当的七八个义子，也都盯着晋王的宝座，希望李克用能将晋王的继承权传给自己。结果，李存勖继承了李克用的晋王职位，这些人的希望都落空了。

这些义子都是手握兵权的人，心里当然不服气，他们有的称有事，有的说有病，以种种理由和借口不来觐见李存勖，而且还四处散布谣言，图谋作乱。

李存勖的叔叔李克宁掌管着兵马大权，而且深受士兵们的拥戴。李存勖怀疑他就是幕后策划者。

内忧外患，对李存勖是一个极大的挑战。

此时的李存勖，对严峻的形势还缺乏足够的认识，仍然守在庐屋里为李克用守孝，对政事不闻不问。

监军张承业，是一个带有传奇色彩的人。

张承业是唐朝皇帝按晚唐惯例派到河东来监军的太监。宦官监军，是晚唐一大弊政，太监们干涉军政，收受贿赂，挑拨离间，干了不少坏事。可张承业却是个例外。他不但对唐朝忠心耿耿，对“独眼龙”李克用也没有二心，而且作风正派，善于理财。沙陀军纵横驰骋，后勤保障得益于他。他经常给李克用提一些正确的意见，李克用也不拿他当太监使唤，两人的关系相处得很好。后来，朱温挟持唐昭宗进京，同韩胤大杀宦官时，曾命令各镇诛杀监军。李克用采用偷梁换柱的手法，杀了一名罪犯冒充张承业，救了张承业一命。张承业感激李克用的救命之恩，对李克用感恩戴德。

李克用病逝时，张承业也是遗嘱的见证人。

李存勖一心居丧，不理政事，张承业心里着急，及时提醒说，让祖上的基业不衰落才是大孝。如今，大梁欲乘我大孝之期，大举来犯，而我们的内政又没有处理好，谣言四起，这样很容易发生祸乱，节哀听政，挽救时局，这才是当务之急，这才是大孝。

李存勖见张承业言辞恳切，也推心置腹地说：“不是我不理政事，而是不知道从何处着手啊！”

“此话怎讲？”张承业反问道。

“父王归天，兄弟多有十几人，或掌内政，或握重兵，内势不明，怎好发号施令？”

张承业献计说：“王叔李克宁辈长位尊，地位显赫，少主人只要搞定了王叔，其余人就不足为虑了。”

“外面谣言四起，你能说与他无关吗？”

张承业附在李存勖的耳边，悄悄地说了几句，李存勖不住地点头，然后，二人走出了庐屋。

李存勖在军营中四处察看，见军中谣言四起，议论纷纷，非常担心，连夜召见李克宁，凄然地说："侄儿还年轻，不通政务，恐怕不能完成父亲的遗命。叔父德高望重，大家都很信服你，我想请叔父即位，我一切听你的。"

李存勖用的是张承业教给他的办法：以退为进。因为他们怀疑，军中的谣言，说不定就是眼前这位叔叔幕后操纵，表面上是让位，实际上是试探。

李克宁似有警觉，连忙说："你是王兄嗣子，且有王令相托，谁人胆敢妄言。"

"树欲静而风不止啊！"李存勖看了一眼李克宁，叹了口气说，"有人要兴风作浪，我有什么办法？"

"走！"李克宁起身说道，"亚子随我去太原大营，我让三军拜王！"

李克宁请李存勖前往太原大营，击鼓三声，号令三军，召文武官员前来议事。

李克宁站在点将台上，大声训道："少主人李存勖是晋王托孤之主，我李克宁位居首辅，今天在这里表态，拥戴李存勖袭晋王爵位，立誓永不相负！"说罢，撩袍跪倒，叩首而拜。

众将士见李克宁如此，谁也不敢再有异议，接二连三地上前拜贺。唯李克用的养子李存颢等人，仍然托词有病，没有前来拜贺。

李存颢连夜前去拜见李克宁，挑拨地说："自古兄终弟及，世人皆知，论资排辈，也轮不到亚子继承王位，你怎么能以叔拜侄呢？"

"亡兄尸骨未寒，我奉家兄王命，扶保亚子为王，号令河东，怎么可以乱了体统？"

"叔拜侄，又成何体统？"屏后传出一个女人的笑声，"如今叔拜侄，将来恐怕侄杀叔，叔叔也只好引颈受刃了！"

李克宁知是妻子孟氏，呵斥道：“闭住你的臭嘴，别胡说八道！”

“上天赐给你机会，你抓不住，将来必定遭殃。你以为李存勖是个好人呀？”孟氏并不想闭嘴。

李存颢随声说道：“婶婶所言极是，前朝杨广即位，陷害忠良，残戮兄弟，暴虐至极。我料李存勖日后也是个歹毒之人。”

李存颢见李克宁有些犹豫，继续说道：“当年伍子胥辅佐吴王夫差，反遭其害，前车之鉴，不可不察。叔父威名显赫三军，兄终弟及，并不为过。”

面对李存颢与孟氏的轮番攻击，李克宁有些心动了，犹豫地问：“名位已定，我又能怎么办？”

“这有何难？”李存颢献计说，“只要杀了张承业、李存璋，事情就成功了。”

李克宁终于动心了，吩咐李存颢去找同党商量一下，然后再行定夺。

李存颢找同党商量，决定拥立李克宁为节度使，然后将李存勖母子献给朱温，举晋降梁，做梁国的藩属。

李存质也是李克用的养子，他为人耿直，平时同李克宁就有矛盾，见李存颢想拥立李克宁，厉声说道：“父王尸骨未寒，存质尚不敢有悖父命！”说罢，拂袖而去。

李存颢找到李克宁，报称李存质反对，建议杀掉他。

李克宁立即向李存勖建议，让李存质出任云中节度使，并割蔚州、应州、朔州为属郡。

李存勖虽然心中起疑，表面上还是含糊其词地答应了。

文吏史敬镕也参加了李存颢召开的会议，他的身份是记录员，会上并没有发言。事后，他越想越觉得不对劲儿，这样闹下去，一定会出大乱子，自己的命说不定也要搭上去。于是，连夜拜见太夫人曹氏，将李克宁及李存颢等人的阴谋详细地告诉了曹氏。

曹氏听后，急忙召见李存勖，告诉他李克宁等人谋变的消息。

李存勖立即召见张承业、李存璋，哭着对他们说：“叔叔欲谋害我们母子，一点儿也不顾念叔侄之情，但骨肉不能自相残杀，我怎么忍心除掉他呢？你们说，这件事情怎么办？”

李存勖年纪虽小，心机却颇深，他内心想除掉李克宁，却又不想自己说出来，使了一招欲擒故纵之法。

张承业果然勃然大怒：“先王说的话还在耳边回响，李存颢等人却要举晋降贼，大逆不道。大王如果不大义灭亲，要不了多久，晋就要亡了。”

李存勖要的就是这样的话，他立即同张承业、李存璋定下计谋，在府中布下伏兵，然后请李克宁、李存颢等人前来赴宴。

李克宁、李存颢等人刚刚入座，伏兵一拥而出，将他们拿下。

李存勖流着眼泪对李克宁说：“我曾让位给叔父，叔父不肯接受，如今我已继位，你却又要谋害我，还要将我们母子送给敌人，你于心何忍呀？”

李克宁无话可说。

“成者为王，败者寇，要杀要剐，悉听尊便，废话少说。”李存璋似乎有一股好汉做事好汉当的气派。

李存勖让人取出祖宗牌位，摆上香案，拜过祖先，命人将李克宁、李存颢等人斩首，并让李克宁的妻子孟氏自尽。

李存勖杀了李克宁、李存颢，起到了杀一儆百的作用，其他有异心的人见李克宁、李存颢等人都做了断头鬼，知道胳膊扭不过大腿，都放弃了谋变的念头，死心塌地地跟着李存勖干。

一场内乱，就这样平息了。

潞州之战

李存勖平息了内乱，正准备发兵驰援潞州，忽然听到唐废帝济阴王暴死的消息，知道这是朱温所为。于是，命全军将士缟素举哀，声讨朱温。

有人认为，大帅周德威拥兵在外，还不知这位情况如何，万一他有异心，那就麻烦了。

李存勖征求张承业的意见。张承业建议召周德威回太原奔丧，如果托词不回，说明他有不忠之心；如果立即返回，见千岁行君臣之礼，就可以委以重任。

李存勖依计而行，立即草信一封，以六百里快马，日夜兼程送往潞州，召周德威回师太原奔丧。

周德威接信后，命令三军拔营回师。有人建议说，潞州尚在梁兵的围困之中，此时撤兵，恐怕于潞州不利。

“晋王待我有知遇之恩，少主即位，来信报丧，理当回师奔丧，吊唁先王。”周德威叹了口气说，“少主刚即位，我如果不回师，便是抗命不尊，大将拥兵在外，抗命不尊，这可是取祸之道，本帅也是身不由己啊！”

周德威不愧为老将，深谙为将之道，知道大将拥兵在外，不遵君命是取祸之道，立即拔营回师太原。

李克用的死讯传到汴州，朱温不太相信，他担心“独眼龙”在耍把戏，打算亲自到前线去看看，于是赶到泽州。由于李思安屡战不胜，便调刘知俊前往潞州，代替李思安为前线总指挥，另派范君实、刘重霸为先锋，牛存节为抚遏使，驻兵长子。

朱温还派人到潞州招李嗣昭归降。李嗣昭倒有骨气，不但烧了招降书，而且还杀了来使，督兵死守。

朱温一怒之下，对潞州发起了猛烈的进攻。

李嗣昭率军防守，乱战之中，一支流箭射中他的大腿，他毫不动容，悄悄拔去箭，继续指挥士兵抵御梁军的进攻。

朱温听说潞州久攻不下，有意撤兵。

众将献计说，李克用已经死了，周德威又被召回，潞州孤城无援，指日可下，只要再坚持半个月，就可攻破潞州城。

朱温勉强再坚持了几天，他担心凤翔的李茂贞乘虚来攻，截断他的后路，决定从泽州还师，只留下刘知俊继续围攻潞州。

周德威从潞州回到晋阳后，将兵马留在城外，只身一人徒步进城，来到李克用的灵前，哭祭一番，然后执臣子之礼拜见新任晋王。

李存勖非常高兴，同他商量军情，并说，先王留下遗命，要迅速救援潞州。周德威很是感动，请求再次前往潞州。

在朱温的眼里，李存勖还是一个吃奶的娃娃，可惜这个娃娃却是一个狠角色。

李存勖年少气盛，也想出出风头，他要让朱温看看，李克用的儿子不是孬种。

开平二年（908）四月，李存勖召集众将开会，商量潞州的战事。他对众将说："潞州是河东的屏障，失去潞州，等于失去了河东，所以，先王临终之时，嘱咐我一定要支援潞州。从前，朱温只忌惮先王一人，如今，先王已逝，朱温欺我年少，肯定认为我不懂军事，不会用兵，如果精兵简从，快马兼行，打朱温一个措手不及，一定能解潞州之围。"

李存勖的发言，出乎大家的意料，没有人想到，年轻的李存勖竟有如此的谋略。

张承业第一个站出来表示赞同。众将也一致认可了李存勖的作战计划。

李存勖于是校场点兵，命丁会为都招讨使，与周德威等人先行。他亲率众将和大部队随后跟进。

晋军走到三垂冈这个地方，距离潞州还有十余里路程。这时，天色已晚，李存勖命士兵停止前进，埋锅造饭，饱食一顿。等到黎明时分，人衔枚，马勒口，偃旗息鼓，悄悄地向潞州城推进。当时，正值大雾天气，咫尺之内，不能视物，李存勖驱军疾进，逼近潞州城外夹寨的时候，梁军还躺在被窝里睡大觉。

梁军统帅刘知俊在睡梦中被晋军的喊杀声惊醒，当他慌忙穿上衣服，整甲上马，召集将士出寨抵御的时候，晋军已从西北、东北两面杀来。

从西北杀来的是李嗣源，从东北杀来的是周德威。

两路晋军，手执火把，边杀边放火，走到哪儿，哪里火光一片，尸横一片，锐不可当。梁军犹如一群没头的苍蝇，被杀得东逃西窜。

刘知俊见夹寨已破，知道再也撑不下去了，丢下部队，带领数百亲兵，拨马逃命去了。

梁朝招讨使符道昭见大势已去，只得拍马逃命，谁知一阵乱鞭，竟让马受惊了。惊马左蹦右跳，把符道昭掀下马背。周德威正好赶到，手起刀落，将符道昭剁成两段。

梁军的两员主将，一个逃跑了，一个被杀了，失去了统帅的军队，顿时成了散兵游勇、任人宰杀的绵羊。

潞州城外一战，晋军大获全胜，梁军以死亡万余将士，丢下堆积如山的粮草、兵器为代价而告终。

周德威攻破了夹寨，带兵来到潞州城下，冲着城楼大喊："先王已逝，如今新晋王亲自来援，攻破了夹寨，击败了梁兵，快开门！"

李嗣昭素来与周德威不和，他不相信这是真的，以为是周德威投降了敌人，故意来骗开城门，拔出箭，打算射杀周德威。

左右劝阻，说等事情问清楚了再做决定。

李嗣昭恼怒地说;"一定是这厮被贼兵击败，贼兵派他来欺骗我的。"

左右说："既然说大王来了，将军何不先见大王。"

李嗣昭冲着城下喊道："大王既然到了，能让我见一见吗？"

周德威退下，告诉李存勖，说李嗣昭怀疑有诈，要见到大王后再开城门。

李存勖身穿孝服，亲自来到城下，大呼李嗣昭开门。李嗣昭见状，知道李克用果然去世，不禁大哭起来，军士们也纷纷落泪。他快步冲下城墙，亲自打开城门，迎接李存勖进城。

李存勖将他好言抚慰一番，对他说了李克用的遗言。说自己同周德威率兵援助潞州，就是遵从先王的遗嘱。

李嗣昭立即上前同周德威相见，彼此前嫌尽释，和好如初。

河东军想趁势去取泽州，但梁朝大将牛存节率援军已经进入泽州。河东军开始攻城，在城边挖地道，准备"神兵地降"，但牛存节严防死守，河东军攻了十多天，泽州城仍然是固若金汤，加上刘知俊准备驰援泽州，李存勖知难而退。他认为，晋军已经在三垂冈占了大便宜，量朱温以后再也不敢轻视自己，于是撤军回了太原。

潞州一战，李存勖击退了梁兵，巩固了河东的屏障，同时也使他的威望大增，逐渐扭转了在梁、晋争霸中的不利地位。

朱温听到潞州战败的消息，发出一声惊叹："生子当如李亚子，克用为不亡矣！至于吾儿，豚犬耳！"

八百多年后，清朝有一位叫严遂成的诗人，写了一首著名的咏史诗《三垂冈》：

英雄立马起沙陀，奈此朱梁跋扈何。
只手难扶唐社稷，连城犹拥晋山河。
风云帐下奇儿在，鼓角灯前老泪多。
萧瑟三垂冈下路，至今人唱百年歌。

又过了二百多年，毛泽东手书了这首《三垂冈》，让李存勖的名声大振。

李存勖解了潞州之围返回晋阳后，休整军队，论功行赏。任命周德威为振武军节度使，还重赏了张承业，并以兄事张承业，每次到张承业的家里，都要向他的母亲执晚辈之礼，赠予也特别丰厚。

外患解除之后，李存勖便着手整顿州县："命州县举贤才，黜贪钱，宽租赋，抚孤寡，伸冤滥，禁奸盗。""每出于路，遇饥寒者，必驻马而问之，由是人情大悦。"

他又任命李存璋为河东马步都虞候兼军城使，负责整顿军纪。李存璋上任后，严明军纪，诛杀了几个扰民的首领，使晋军军纪大振，百姓拍手称快。

李存勖又抓紧训练军队，规定骑兵不见敌人不准上马，违反军令者一律斩首，从而将散漫的沙陀兵训练成一支精锐严整的劲旅。

李嗣昭在潞州，也是劝课农桑，宽租缓刑，经数年经营，潞州的城防也逐渐稳固，成为河东一道坚固的屏障。

李存勖的这些举措，不但稳定和巩固了其晋王的地位，而且也为他日后消灭后梁、建立后唐政权，打下了坚实的基础。

第八章
扭曲的人性

朱温弑君

朱温是一个杀人魔头，他见那些反对者打着唐朝的旗号同自己作对，陡起杀心，决定干掉唐废帝哀宗李柷，让那些人绝了“邪念”。

开平二年（908）春，济阴王李柷死于曹州，年仅十七岁。据说死的时候，七窍流血，全身发紫，是中毒而亡的迹象。很显然，这是朱温的杰作。

朱温谋杀了唐废帝李柷，又拿唐朝的旧臣开刀，因为这些人都向他提出了一个相同的要求——升职，提高待遇。

我的地盘我做主，容不得其他人指手画脚；顺我者昌，逆我者亡，这就是朱温的哲学。于是，一纸诏令，让这些人集体退休。据说，这次集体退休的大臣一共有十五个。

在朱温登基时连恭维话也不说的宰相张文蔚，却彻底休息了。

史书记载，张文蔚“暴卒于位”。“暴卒于位”从字面上来理解，就是张文蔚在猝死之前，身体状况良好，没有任何不良反应，临死之前还在正常工作，是倒在自己宰相岗位上。

无论是正史还是野史，对张文蔚死因的说法都十分简单，令后世之人读这段史料时一头雾水。

“暴卒于位”这四个字，给后人留下了联想的空间。中国历史上谜团、悬案甚多，张文蔚之死也可算是其中的一个。

张文蔚死了，杨涉也免了官，朱温改用吏部侍郎于兢、礼部侍郎张策为同平章事。不久，韩建也加为同平章事职衔。

开平三年（909）春，朱温下令迁都洛阳。不过，仍以汴州为东都，地位不变，并命养子朱友文留守汴州。

此时，岐、蜀、晋三国联合攻打雍州，被后梁大将刘知俊击退，无奈之下，三国只好陆续撤军，决定再联合淮南的势力，一起进攻后梁。而淮南此时却发生了内乱，闹出了杀君谋反的大事来，打乱了三国的计划。

张颢弑主

淮南节度使、吴王杨渥，年少继位，是少年得志。

杨渥有“三好”——好酒、好玩、好色，尤其善于击球，甚至在为父亲守丧期间，命人点着蜡烛围成圈，击球为乐。

有时候，他独自一人骑马外出，一玩就是几天，连帐前亲兵也不知他的去向。

左牙指挥使张颢、右牙指挥使徐温是杨行密的旧臣，曾受杨行密遗命辅佐杨渥。

杨渥曾袭取洪州，掳回镇南节度使钟匡时，拥有了江西的地盘，于是更加骄纵，日夜荒淫行乐。

张颢和徐温哭着进谏，杨渥耍起了无赖，怒斥道：“你们两个如果说我无才，怎么不杀了我，你们自己继位，这样不就省心了吗？”

张颢、徐温大惊失色，再也不敢说什么了。

杨渥见张颢、徐温不再说教，心里反而有些不安，他担心两人背叛他，于是召来心腹将领陈璠、范遇，让他们掌东院马军，做自己的卫队。

张颢、徐温已经看穿了杨渥的意图，乘杨渥不防备的时候，突然带领数百人闯进宫里。

杨渥惊恐地问道："你们真的要杀我吗？"

"这倒不是。"张颢、徐温齐声说，"我们听说有人谗言媚君，扰乱政事，是来清君侧的，必须杀了他们，国家才能安定。"

杨渥听说不是杀自己，松了一口气，正要问杀谁，众人已将陈璠、范遇二人围起来，不由分说，将二人乱刀砍杀了。

杨渥知道阻止也没用，呆若木鸡站在一旁，一言不发。

张颢、徐温杀了陈璠、范遇，双双上前认罪，说这是兵谏遗风，不是有意无理。

杨渥虽然窝了一肚子火，但却不敢发泄出来。他担心这些人杀红了眼，说不定会将他自己也杀了，只得强装笑脸，赦免二人无罪。

从此以后，淮南的军政大权全归张颢、徐温二人掌管。

经过陈璠、范遇事件之后，杨渥一直想除掉张颢、徐温。

张颢、徐温也是吃不安、睡不宁，担心杨渥会要了自己的命。君臣之间各怀鬼胎，弦都绷得紧紧的，不敢松懈。

一个漆黑的夜晚，张颢的心腹纪祥受张颢指使，潜入杨渥的帐中，当时杨渥未睡，见有人闯进来，惊问干什么。纪祥直言不讳地说："杀你！"

"张颢、徐温让你干的吗？"杨渥大声说，"你放过我，我提拔你为刺史。"

"下辈子吧！"纪祥冷笑一声，举刀将杨渥砍翻在地。

纪祥见杨渥还没有断气，拿来一根绳子套在他的脖子上，活活地将他勒死了。

纪祥得手后，派人通知张颢。

张颢立即带兵进宫，让全副武装的士兵站立两旁，然后将众将召集在一起，厉声问道："大王暴死，军府谁人可举大局？"

张颢最想听到的一句话，就是大局由他主持。只是众人都吓傻了，不知该如何回答好。连问三声，竟然没人接茬儿，他不由暴躁起来。

幕僚严可求凑过来，悄声说道："军府这样大，四面都是敌军，除了你，恐怕没人能主持，但还是太仓促了。"

严可求言下之意，即使你想主持大局，恐怕别人也接受不了。

“为什么？”张颢没有醒悟过来。

“先王的旧属还有刘威、陶雅、李简、李遇等人，他们都拥兵在外，你想自立，他们能同意吗？”

“那该怎么办？”

“不如暂立幼主。”严可求建议道，“等刘威他们愿意顺从的时候，就水到渠成了。”

张颢觉得严可求说得有理，心中的怒火泄了九分，默然无言。

严可求知道张颢很失望，带着众人出去，到大堂等待。

众人莫名其妙，不知严可求葫芦里卖的什么药。只见严可求进入旁室，不一会儿又走了出来，冲着大家大声说：“太夫人有命令，请大家静听！”说着，从袖中取出一纸，跪下宣读，众将也依次跪下。严可求朗读道：

> 先王创业艰难，中道薨逝。嗣王又不幸早逝，次子隆演，依次当立，诸将多先王旧臣，应无负杨氏，善辅导之，予有厚望焉！

严可求读完后站起，众人全都站起来，都说既然是太夫人的命令，就得遵从，快迎请新王继位。

张颢此时出来了，也听到了严可求宣读的命令，见大家都说遵守，不敢再提出异议。于是，严可求就把杨隆演迎进来，奉为淮南留后。

杨行密的正室史氏，本是一个平庸的女人，并没有什么主见，只因她生了杨渥，而且是杨行密的正室，所以被奉为太夫人。

其实，这道所谓的太夫人命令，根本就不是史氏所发，而是严可求的创意。

严可求见张颢图谋篡位，现场没有人阻挡得了，急中生智，趁乱行权，到旁室写了一份假命令，谎称是太夫人的命令，众将被他欺瞒了，张颢也信以为真。

由于严可求临危不乱，力挽狂澜，才保住杨氏一族没有灭亡，张颢的阴谋没有得逞。

可求除逆

杨氏一脉虽然赖以不亡，但张颢仍然独掌朝中大权。

张颢篡位没有成功，恨上了徐温。

徐温本来是张颢的同谋，在严可求迎请杨隆演的时候，一点儿动静也没有，因此，他怀疑徐温有异心，奏请杨隆演，将徐温调往浙西任观察使。

严可求知道这个消息后，暗中对徐温说："张颢要调你出去，肯定会把杀君的大罪推在你的身上，你就大祸临头了。"

徐温听后大惊，问严可求该如何处理这件事。

严可求献计说："张颢有勇无谋，可以设计引诱他，如果你愿意听我的，我可以替你想办法。"

徐温非常感动，愿听从他的安排。

严可求又去找张颢，对他说："你与徐温同受遗命，如今，你要将徐温调走，别人会怎么看？"

"怎么看？"张颢疑惑地问。

"别人会说，你想夺徐温的兵权，企图加害于他。"

张颢的本意虽然是这样，但也不敢明显表露出来，立即分辩说："我并无此意。"

"人言可畏啊！"严可求看了张颢一眼，反问道，"如果徐温也这样想，召来外兵，你将怎么办？"

张颢本来就优柔寡断，经严可求一番游说，竟然改变了主意，奏请杨隆演继续任用徐温。

杨隆演也是一个没有主见的人，依张颢之见，收回了成命。

行军副使李承嗣知道严可求在暗中帮助徐温，将这个秘密悄悄地告诉了张颢。

张颢得知自己被严可求玩弄了，恨得咬牙切齿，派刺客去刺杀严可求。

在一个夜深人静的晚上，刺客潜入严宅行刺，严可求眼明手快，随手抓起砚台，挡开了刺客的刀，惊问刺客为何要杀他，受何人指使。

刺客直言不讳，说是受张颢指使。

严可求神色不变，对刺客说："我不怕死，临死前，答应我一个要求，行吗？"

刺客问是什么要求。

严可求说："让我写几个字，跟府主辞别，然后受死。"

刺客见这个要求也不过分，答应了，提刀站在一旁。

严可求提笔写字，义正词严，有理有节。刺客也是个识字之人，不禁为严可求的正气所折服，说道："你是长者，我不忍心杀你，请你给我一些钱财，让我拿回去交差吧！"

严可求叫他随便拿。

刺客随手拿了几件值钱的东西，回去向张颢复命，说严可求听到风声，不知躲到哪里去了。

"我要他的人头，要钱财何用？"张颢斥退了刺客。

严可求虽然逃过一劫，但他知道，张颢不会就此罢休，于是去找徐温商量，决定来个先下手为强，干掉张颢。他向徐温推荐了左监门卫将军钟泰章，说此人可以与谋。

徐温派心腹翟虔将钟泰章请来，一起策划诛杀张颢的行动。

钟泰章愿一力承担，回去召集三十名勇士，刺臂流血，沥酒共饮，发誓诛杀奸贼。

第二天早晨，钟泰章带上三十名全副武装的士兵，直接闯进左牙都堂。

张颢见钟泰章带人气势汹汹地闯进来，一脸惊骇，正要发问，钟泰章冲上前去，不由分说，一刀就砍下了张颢的头颅。三十名勇士一拥而上，将张颢的左右亲随杀得七零八落。

徐温率右牙都堂兵士亲自赶来接应。

左牙都堂没有了首领，谁也不敢乱动。

徐温当众宣布，张颢弑逆，杀了吴王杨渥，依法就该处死。今首恶已除，余党还在，无论是谁，只要能除掉张颢的余党，一律论功行赏。

左牙兵见有活命的机会，踊跃而出。不一会儿，便将刺杀吴王杨渥的凶手纪祥等人抓来。

徐温下令，将所有人犯推出市曹斩首。

徐温诛杀张颢之后，立即将事情经过向史太夫人做了汇报。

史太夫人是一个女流之辈，不懂政治，听到此报，吓得大哭起来，惶恐地说：“我儿年幼，不能担此重任，如今祸变至此，我愿意带全家回庐州原籍，你们放我们一条生路吧！”

徐温犹豫了一会儿，拜答道：“张颢大逆不道，不可不诛，我怎敢辜负先王厚恩，请太夫人放心，不要怀疑我们，更不用担心有人对你们不利。”

史氏这才收住了眼泪。徐温告退。

当时，淮南人都以为徐温是杨氏忠臣，根本就不知道徐温是张颢杀杨渥的同谋。只是徐温比张颢狡猾，张颢受了徐温的利用罢了。

张颢做了替死鬼，至死还不明白死在谁手里。

徐温干掉张颢之后，左、右牙都指挥使一肩挑，成了军府说一不二的大腕，大事小事都由他说了算，杨隆演只是一个傀儡。

“张颢事件”之后，严可求升为扬州司马，协助徐温治理军队。支计官骆知祥担任财政主管官员，两人齐心协力，纲举目张，有条不紊，将淮南治理得井井有条。淮南人称二人为“严、骆”，非常拥戴他们。

徐温原籍海州，年轻的时候，跟随杨行密当强盗。杨行密得势后，将他视为心腹。

徐温掌权后，在严可求、骆知祥二人的协助下，开始革除弊政，定立法度，随后又镇守扬州，治理水军，任命养子徐知诰为楼船副使，经营舟船水帅，在淮南搞得有声有色。

三个月后，抚州刺史危全讽联合抚州、信州、袁州、吉州将吏进攻洪州。

洪州节度使刘威派人到扬州告急。自己则率同僚登城宴饮，演了一曲洪州版的空城计。

危全讽见刘威同众人在城楼上悠闲自在，果然不敢贸然进兵，只是驻兵象牙潭，派人到湖南请求援兵。

楚王马殷派指挥使苑玫围攻高安，作为声援。

徐温接到刘威的告急，派大将周本率七千人支援洪州。援兵在象牙潭设下埋伏，一战击败了抚州军，活捉了危全讽。随即又攻克袁州，擒获刺史彭彦章。吉州刺史逃往湖南，信州刺史危倡逃往吴越。湖南方面，大将苑玫从高安撤军，被淮南大将米志诚杀败，逃得不知去向。

从此，江西平定，淮南也安然无事。

欺父杀兄

淮南无事了，河北却又闹翻了天。

义昌节度使刘守文，因为弟弟刘守光大逆不道，囚禁了父亲，于是派兵前去征讨，谁知征战多日，不但不能取胜，反而还损失了不少人马。无奈之下，他竟然向外族求援，花重金向契丹借兵。

契丹酋长阿保机派兵万人，和吐谷浑军队数千人，前来援助刘守文。

刘守文又从沧州、德州调来两万多兵马，然后同契丹、吐谷浑两军会合，合起来大概有四万兵力，驻扎在蓟州。

刘守光听说刘守文又来了，忙将幽州的全部兵力调来，准备在鸡苏和刘守文决一死战。刚刚扎下营寨，契丹、吐谷浑铁骑分两路杀到，来势汹汹，锐不可当，一战便击溃了刘守光的部队。

“不要伤了我的弟弟！不要伤了我的弟弟！”刘守文见契丹、吐谷浑兵一战而胜，慌忙快马出阵大喊。

刘守文发兵出战，临阵却又突发妇人之仁，实在是可笑。但他的妇人之仁，不但没有得到好报，反而给他引来了杀身之祸。因为他的喊音未落，一支飞箭就射向了他。当他听到弓弦之声，勒马回避之时，已是不及，来箭正中他的马头。

马轰然倒下，刘守文坠落在地。

敌阵中冲出一人一骑，快速来到刘守文的身边。马上之人躬身一抄，将刘守文抄起来夹在腋下，勒转马头，急驰而去。

惊慌未定的刘守文睁眼一看，见擒拿自己的人是刘守光的部将元行钦，心中暗暗叫苦，却又无可奈何。

刘守光见元行钦擒住刘守文，胆气大增，立即指挥士兵返身杀了回去。

沧州、德州的士兵见主帅被擒，无心恋战，霎时间溃不成军。

契丹、吐谷浑两路人马，也被沧州、德州的溃兵牵动，乘势也撤了兵，各自打道回府。

刘守光命部将押回刘守文，将他囚禁起来，然后又指挥部队进攻沧州。

沧州节度判官吕兖、孙鹤很能干，他们拥立刘守文的儿子刘延祚为首领，率领将士坚守沧州城。

刘守光连日攻城不下，改而切断了沧州的粮道，将沧州围得水泄不通。

两军相持百日之久，沧州城中粮食耗尽，斗米卖到三万钱还是有价无市。粮食吃尽了，城中出现了人吃人的惨状。军士吃人，百姓吃土，驴马相遇时，便互吃鬃尾。文弱的书生外出，常常被长得粗壮的人杀掉当粮食吃。

刘延祚知道沧州完了，只得出城投降。

刘守光进城之后，下令将沧州将士的家属全部带回幽州，连刘延祚也被带了去。留下儿子刘继威镇守义昌军，命大将张万进、周知裕辅佐他。然后高奏凯歌，班师回幽州。

刘守光回幽州后，立即派人向后梁朝廷报捷，还代父亲请求升官。

朱温批准了他的请求，封刘仁恭为太师，让他白拿薪俸，在幽州养老。并封刘守光为燕王，兼卢龙、义昌两军节度使。

刘继威留守义昌，后来被张万进杀了。

刘守光也无法制止，被别人欺侮了，便找自己人出气，残忍地派人将他的哥哥刘守文杀死了。随后，又大开杀戒，捕杀沧州将士。吕兖被灭族，仅留下孙鹤一命。

吕兖的儿子吕琦年仅十五岁，被押到市曹问斩。吕氏门客赵玉冒死上前，谎称是他的弟弟赵琦，才将他救下。

赵玉带上吕琦逃走，二人隐名埋姓，沿途乞讨，辗转到代州。吕琦牢记灭门之痛，刻苦求学，后来终于有了一番作为。

晋王李存勖听说吕琦之名，任命他为代州判官，并嘉奖赵玉的义举，赏给他许多钱财。

第九章
梁晋之战

自断臂膀

梁将刘知俊为西路行营都招讨使，奉命防御岐国和晋国。佑国军节度使王重师和他是好朋友，两人在幕谷会师，击败了岐兵。

朱温收到捷报后，命刘知俊乘胜进军。刘知俊率军出击，一举攻占了丹州、延州、鄜州和坊州。

朱温封牛存节为保大军节度使，镇守鄜州、坊州；封高万兴为保塞军节度使，镇守丹州、延州，命刘知俊再率兵攻打邠州。

邠州是岐王李茂贞养子李继徽的地盘。

刘知俊的部队连续作战，士兵已略显疲态，他担心拿不下邠州，但又不敢明着违抗朱温的命令，只好托词说粮草不够，待筹足了粮草之后再行进兵。

刘知俊这种考虑其实也不过分，部队连续作战，得不到休整，出现疲态是一种很正常的情况。朱温却是一个疑心很重的人，他见刘知俊不出兵，怀疑他有异心，命他班师回洛阳。

刘知俊正准备率兵出发，突然听说好友王重师被捕，被处以斩刑，而且还株连九族，不由大吃一惊。

原来，佑国军节度使王重师镇守长安多年，在任期间，治军有方，深得军民拥戴。朱温却责怪他对朝廷的进奉不及时，怀疑他有异心，决定调他去洛阳任职，让左龙虎统军刘捍出任佑国军留后，接替王重师的职务。

王重师不想去洛阳，因为在长安，他就是爷，想怎么干就怎么干，自由自在，快乐逍遥；到了洛阳，则要受到朱温的制约，等于失去了自由。因此，当刘捍乐滋滋跑到长安请他让位的时候，王重师将他一顿臭骂后，赶走了。

刘捍窝了一肚子火，跑回洛阳，向朱温告王重师的刁状，说他暗通李茂贞，图谋不轨，说得有鼻子有眼。

说王重师有些居功自傲不过分，但说他有反心，那就是天大的冤枉。

朱温治军极其严酷，待将也很刻薄，发现有人对他稍有不满，轻则痛骂一顿，重则砍下头颅，绝无情面可讲。王重师是否真的有异心，他没有核实，但有一点可以肯定，王重师身上的剩余价值已经被他榨干了，没有多少利用价值了。尽管不能断定他是真的有异心，但留下总是个隐患，既然是个隐患，干脆就废掉，一了百了。于是，朱温下令，贬王重师为溪州刺史，不久又赐死，并诛灭九族。

刘知俊本就对赴洛阳心存犹豫，突闻王重师被诛，有一种兔死狐悲的感觉。同时，这也让他认识到鸟尽弓藏、卸磨杀驴是怎么一回事儿。因此，他更加犹豫了，不知是去还是不去。正在此时，他的弟弟刘知浣从洛阳派人给他送来密信，叫他千万不要去洛阳，信中说:“入必死。”

刘知浣曾任指挥使，他从内部得到消息，说朱温对哥哥刘知俊起了疑心，才让他来洛阳的。王重师就是前车之鉴，于是派人给哥哥送信，叫他不要来洛阳。这样一来，就是抗命不遵，身为弟弟的他，就会受到株连。于是，他向朱温请命，去迎接兄长刘知俊回朝。

朱温不知是计，竟然批准了。

刘知浣带着家人，连夜离开洛阳，逃到刘知俊的军营。

刘知俊见家人逃离了魔掌，没有了后顾之忧，迅速带队伍占领了同州，投奔了凤翔的岐王李茂贞。并暗中重金贿赂长安的将领，捉拿刘捍，替好友王重师报仇。

重赏之下，必有勇夫，果然有人抓捕了刘捍，送往凤翔领赏。

刘知俊占领同州以后，接着率兵攻占了潼关。

由于朱温的猜疑，将一员虎将硬生生地逼成了敌人。

朱温此时还蒙在鼓里，他见刘知俊迟迟未来洛阳，再次派人去催。直到派出去的人回来报告，才知道刘知俊背叛了他。

朱温立即给刘知俊写信，质问说："你是我的老臣啊！我待你也不薄，为何要背叛我？"

刘知俊回答道："王重师也是你的忠臣啊！为何说杀就杀？而且还株连九族？兔死狐悲，鸟尽弓藏，我心里很害怕啊！害怕有一天像王重师那样，不小心把脑袋给弄丢了。"

朱温被刘知俊兜心一拳，打得哑口无言，只好派人去劝慰刘知俊，说是刘捍进谗言，诬陷王重师勾结李茂贞，是我一时不察，才中了他的奸计，冤死了王重师。直到现在，我还追悔不及呢！听说刘捍已经被人送到岐州去了，王重师的仇也报了。你回来吧，我不会辜负你。

刘知俊跟了朱温这么多年，对朱温的脾性非常了解。他知道朱温阴狠毒辣，什么绝户的事都干得出来，因此，他根本不相信他的鬼话，甚至连信也没有再回。

朱温折了面子，自然大怒，下诏削夺了刘知俊的官爵，并派山南东道节度使杨师厚率同马步军都指挥使刘鄩，前去讨伐刘知俊。

刘鄩带部队来到潼关以东，抓获了刘知俊的伏兵蔺如海等三十多人，胁迫他们在前面带路，靠近潼关后，逼他们前去叩关。守关的士兵见是蔺如海等人，不疑有他，大开关门。

刘鄩率兵躲在暗处，见关门大开，从黑暗中冲出来，一拥而入，拥进了潼关。

刘知俊被刘鄩军打了个措手不及，仓促之间，组织不起有效的抵抗，只得弃关西走，逃往凤翔，找李茂贞喝茶去了。

李茂贞下令杀死刘捍，按约重赏了捉拿刘捍的人。他正准备发兵接应刘知俊，不料刘知俊突然狼狈逃来，好言抚慰一番，特授刘知俊为中书令，让他率兵攻取灵州，并承诺，一旦攻下灵州，便封他为一方镇帅。

刘知俊率领数千岐州兵直奔灵州，把灵州城围得水泄不通。梁国朔方节度使韩逊飞骑向洛阳告急。

朱温接报后，立即派镇国军节度使康怀贞和感化军节度使寇彦卿，率兵前去支援韩逊，同时攻打邠州、宁州。

康怀贞等人率军日夜兼程前进，连克宁州、衍州，进入泾州（今甘肃省泾川县）境内。

刘知俊知敌人援兵已到，立即回兵解围。康怀贞也退兵三水。

刘知俊料敌在先，绕到康怀贞的前面，在一段峡谷中设下埋伏，待康怀贞和他的部队进入峡谷后，伏兵突然冲出，将康怀贞的队伍切割成数段。

康怀贞惊慌失措，不知所为，幸亏左龙骧军使王彦章抖擞精神，奋发神威，凭手中两杆铁枪，当先开路，左挑右拨，杀死岐兵数百人，蹚出一条血路，带着康怀贞冲出重围。偏将李德遇、许从实、王审权等人都被杀散了，不知下落。

康怀贞狼狈地逃到升平，突见一座大山挡道，两面尽是悬崖峭壁，中间只有一条狭窄的小路可通人马。正在惊疑之际，猛听一声呼哨，大队岐兵从山谷中杀出来，堵住了山口，为首一员大将正是刘知俊。

刘知俊大呼道："康怀贞，快来受死！"

康怀贞见岐兵挡路，吓得魂不附体，颤抖地对王彦章说："这……这可怎么办？"

"别怕，跟着我。"王彦章大叫一声，舞动双枪，率先杀进谷口。

刘知俊拍马上前迎敌，谁知王彦章天生神力，一杆枪足有百来斤重。双枪轮番劈杀，刘知俊根本就不是对手，仅三五回合，就已经汗流浃背、气喘吁吁。他自知不敌，只得勒马退下。

王彦章且战且走，杀开一条血路，康怀贞紧随其后，一番血战，才冲出山谷。手下的士兵却没有那么幸运，全都做了岐州兵的刀下之鬼，全军覆没，无一生还。

寇彦卿得知康怀贞战败的消息，急忙收兵，总算没有吃大亏。

刘知俊向岐王报捷，李茂贞封他为彰义节度使，管辖泾州。

朱温见康怀贞打了败仗，懊恼不已，好长时间精神萎靡，对政事懒得处理，对外镇的军报也无心批驳，敷衍了事。

夏州节度使李思谏病亡，李仁福继位，朱温封李仁福为夏州节度使，这就是后来西夏国的前身。

魏博节度使罗绍威病亡，次子罗周翰袭位，朱温也是照发公文。

楚王马殷请求赐号为天策上将军，朱温居然无心深究，也同意了。马殷大喜过望，借天策上将军的名义，开府设官，任命弟弟为左、右相，在那里独霸一方。

柏乡之战

刘知俊叛变的事情刚过去不久，镇州又出了情况。成德军节度使赵王王镕的祖母去世，朱温派使臣前去吊丧。派去的人回来说，晋国也派使臣前去吊丧。

朱温疑心大起，便想吞并河北，以免到时王镕投靠了晋国。

开平四年（910）十一月，朱温借口燕王刘守光有南下攻打镇州、定州的意图，派供奉官杜廷隐、丁延徽前往镇州，协助王镕守城。与此同时，朱温还调拨魏博兵数千人，驻扎在深州和冀州。他的意图很明显，就是要在王镕的身上插进一根刺，只要发现王镕有不轨行为，立即就可以干掉他。

王镕虽然知道梁军此来没安好心，但也不好公然拒绝。朱温是个什么样的人，他非常清楚，如果真的撕破脸皮，凭自己的这点儿实力，根本就不是他的对手。

王镕手下的大将石公立当时驻扎在深州，得到消息后，立即派人告诉王镕，让他拒绝杜廷隐、丁延徽。王镕不但不听，反而命石公立回守镇州。

石公立走出城门时哭着说：“姓朱的灭了大唐，三岁的小儿都知道他居心叵测，赵王反而让他在自己身边驻兵，这是开门揖盗啊！深州完了，深州的百姓也完了。”

石公立离开后，杜廷隐率魏博兵进城，深州的百姓非常害怕，都跑到城外去了。

杜廷隐命魏博军关上城门，将城中的守兵斩尽杀绝。然后又发兵攻占了冀州，血洗了冀州城。

石公立回到镇州，再次告诫王镕，说朱温是一个不讲信用的小人，一定要提防他。

王镕还是半信半疑，等到深州、冀州先后遭劫的消息传到镇州，这才知道朱温对自己起了杀心，于是决定跳出朱温的贼船。命令石公立率兵去夺回深州、冀州。

丢城容易，夺城难，杜廷隐等人紧闭城门，严防死守，凭石公立手下的那点军队，还真的奈何不了。

成德军的管辖范围只有镇州、赵州、深州、冀州四州，失去深州、冀州，就是失去一半的地盘，王镕心里作慌，派人四处求援。

他先是派人到定州，使用金钱外交，买通了义武节度使王处直，请他一起抗击梁国。接着再派人到燕国、晋国告急，请求他们派兵支援。

燕王刘守光不久前才从朱温那里得到了好处，他不想得罪朱温这个魔头，将王镕派去的人拒之门外，理都不理。

李存勖却认为这是一个千载难逢的好机会。他认为，控制了镇州、定州地区，不仅能威胁梁朝的东线，而且还可以对幽州实行三面合围。同时，晋、梁是不共戴天的死敌，帮助王镕，就是等于帮自己。

李存勖热情地接待了王镕派来的使臣，答应出兵驰援镇州。正在此时，定州的王处直也派来使臣，说愿意联合镇州，推举晋王为盟主，合兵攻打梁国。

李存勖答应两国的请求，立即派周德威率数万兵马前往赵州，助王镕一臂之力。

王镕见河东的援军到了，大觉放心。在他的眼里，天下也只有独眼龙的河东军才有实力同朱温的梁朝一拼。

朱温听说晋军援赵，也知道来了一个劲敌，命王景仁、韩勍、李思安等人率领十万兵马北伐，欲一举剪除北方的威胁。

梁军浩浩荡荡，进逼镇州，直达柏乡。

王镕见梁军来势汹汹，自知不敌，再次派人向晋国求援。

李存勖接到王镕的急报，决定亲率大军东征，命蕃汉副总管李存番等留守太原，会同定州王处直的五千兵马一同出征。

李存勖日夜兼程，赶到赵州同周德威会师，在野河安营扎寨。此地距离柏乡只有五里路程。

这样一来，形成了三方联盟共同抗梁的态势，柏乡之战，一触即发。

李存勖久经沙场，在没有摸清梁军的底细之前，不敢贸然用兵。他先派周德威率兵挑衅，梁军却固守不战。

挑战不成，就改为“骂阵”。

古代战争中，有一种战法叫骂战，交战的双方，当一方拒不出战，另一方又没有好办法攻打对方的时候，就采用这种战法。骂战的一方，挑选一些大嗓门儿来到敌军阵前破口大骂，什么话难听，就骂什么话，目的就是要骂恼对方，让对方忍受不了羞辱、站出来动手，只要被骂一方出战，目的就达到了。

周德威挑选一批大嗓门儿的骑兵逼近梁营，骑在马上破口大骂，有的人干脆跳下马，抛掉衣裳，赤膊上阵，冲着梁营，百般辱骂，手中还做一些下流的动作，将梁军的祖宗八代、七姑八奶骂了个遍。

晋军的疯狂、轻蔑之态，终于惹恼了梁军副使韩勍。一怒之下，他亲率三万兵马杀出营。

周德威见蛇出洞了，立即鸣金收兵。

韩勍已被撩得性起，哪里肯舍，将三万人马分成三队，分头追击晋军。

晋军将士见梁军盔甲鲜明，光耀夺目，不禁军心有些动摇，面露惊惧之色。

周德威瞧在眼里，冲着将士们大喊：“对方是汴州的天武军，大多出身于商贩、市井小民，别看他们衣铠鲜明，其实都是一帮酒囊饭袋，十个人也抵不住你们一个人，你们捉住一个，剥下他们身上的穿戴，就可以发一笔小财。这叫作奇货可居，机会难得，千万不要错失良机哟！”

将士受到鼓舞，果然来了精神，重新鼓起勇气，同敌人杀在一处。

周德威将兵马分成两路，专打梁兵的两头，左冲右突，出入数次，俘敌数百人。

晋军且战且走，回到野河大营，李存勖出兵接应，梁兵于是退回。

周德威返回大营之后，向李存勖建议，说敌军来势凶猛，势头正盛，晋军应暂时按兵不动，避其锋芒，挫其锐气，等他们疲惫了，再发动进攻。

李存勖却不同意他的看法，认为晋军远道而来，救人于危难之中，利在速战，按兵不动不是好办法。

周德威解释说，镇州、定州的士兵只能守城，不能野战，晋军都是久经沙场的骑兵，只有在旷野作战，才能发挥优势。更何况现在是敌众我寡，如果敌人一旦知道了我军的实情，联军就危险了。

周德威的分析，可谓知彼知己，李存勖却没有醒悟过来，默然不答，退回帐中。

周德威非常郁闷，出来后对张承业说:“大王不自量力，只想速战速决。如今我们和敌人只有一水之隔，如果敌人架桥杀过来，我军就无法抵挡。不如退到高邑防守，引诱敌人离开营地，我们再派兵夺取敌人的粮草，不出一月，敌军自败。”

周德威用的又是潞州攻夹寨的战法。

张承业觉得周德威说得有理，立即去找李存勖，转告了周德威的战略意图，最后说道:“周德威是老将，久经沙场，作战经验丰富，姜还是老的辣，他的作战方略，极有道理，不可不考虑。”

“我正在考虑呢！他的话很有道理。”李存勖一跃而起，立即召周德威入帐，命他拔寨退到高邑。

后来，晋军抓到梁军的俘虏，从他们的口中得知，王景仁果然在搭造浮桥，准备过河作战。

李存勖夸赞周德威有先见之明，对他大加褒奖。当时是梁开平四年（910）

冬季，两军休兵不战。

残冬已过，转眼已是乾化元年（911）正月，晋军多次派出游骑对梁兵进行侵扰，割草喂马的梁兵，多被俘虏，梁兵仍然是闭门不出。

周德威命游骑进犯梁营，梁兵怀疑有埋伏，更是不敢妄动，备用的马料吃完了，很多战马都饿死了。

周德威见梁兵连日不战，越发想引诱他们出来，于是和史建瑭、李嗣源二将，带着三千精兵，亲自去诱敌。

他们来到敌人寨门前，命士兵指名道姓地辱骂后梁大将和皇帝朱温，把他们君臣的丑事都抖了出来，骂了一两个时辰，终于把梁兵骂恼了，开寨门出战。

梁兵潮水般地涌出来，领头的正是主将李思安。

周德威命骑兵上前接战，仅杀了几个回合，周德威便领兵撤退。

晋军在前面逃，梁军在后面追，一直追到野河边。

河上的浮桥，由晋将李存璋率兵守护，他让自家的部队过了桥，挡住了梁兵。

梁兵横亘数里，冲上前夺桥。镇州、定州兵分左、右抵御梁兵，都被梁兵杀退，眼看抵挡不住。

李存勖登高观战，对都指挥使李建及说："敌人如果过了浮桥，我军就无力回天了。"

李建及愤然跃出，带领二百名长枪兵冲上浮桥，支援李存璋。众军一当十，十当百，奋勇向前，一鼓作气，杀退了梁兵。

梁兵稍作休息，再次前来夺桥。

李存璋和李建及等人，仍然死守浮桥，不让梁兵前进一步。从巳时杀到未时，晋军击退了梁军数次进攻，双方死伤惨重。

这场大战，是梁、晋之间的第二场恶战。

李存勖站在高处，对身边的周德威说："两军对垒，胜负难料，成败在此一举，我愿做先锋，你们随后跟上，一定要打败他们，才解我心头之恨。"说罢，跨上战马，就要冲下山去。

周德威冲上前去，抓住马缰，说梁兵势大，只可智取，不可力敌。梁兵远离大营，虽然带有干粮，但也没有时间吃，等敌人疲惫饥渴之时，再命精兵出击，一定能大获全胜。他请李存勖耐心地等待机会。

李存勖这才有些不情愿地下马，命将士们赶快抽时间进食，准备大战。

河边的两军，仍然是喊杀连天，激战不止。

夕阳西下，暮色降临，梁兵仍然是饿着肚子打仗，疲乏不堪，喊杀声越来越小，渐渐地退了下去。

河这边的晋军，已经抽空填饱了肚子。

周德威见时机成熟，登高大呼道："梁兵逃跑了，杀上去！"然后跨上战马，一马当先冲下山，越过浮桥，扑向敌阵。

梁兵已经毫无斗志，纷纷逃跑。王景仁、韩勍、李思安等人，也夹在乱军之中，没命地狂奔。

李存璋率兵追击，并让将士们大呼："梁人也是兄弟，只要投降，就能免死。"

梁兵听后，抛盔弃甲，纷纷缴械举手投降。

赵军怀有深州、冀州的旧恨，不愿受降，一路上如狂风扫落叶般，不论是拿枪反抗还是缴械投降的梁兵，见一个，杀一个，见两个，杀一双。汴州的精兵几乎全军覆没。自野河至柏乡，一路尸横遍野，血流成渠，败旗断戟，遍地都是。

晋军一路追到柏乡，梁军营寨内已经没有一个人，丢下的军粮和兵器堆积如山。李嗣源率兵一直追到邢州才收兵。

柏乡之战，天下大震，晋军打扫战场，清点战果：杀敌两万余人，缴获战马三千匹，铠甲兵器七万余件，俘虏梁将陈思权及其部下二百八十五人。

李存勖收兵驻扎在赵州，准备休息一晚后再发兵攻打深州、冀州。

梁国节度使杜廷隐等人，听说梁兵柏乡大败，也弃城而逃。临走的时候，劫走了两个州的所有壮丁，活埋了城中的老弱妇孺。

晋军赶到深州、冀州的时候，只剩下断垣碎瓦，一片废墟。

从此，镇州、定州两镇，和后梁反目成仇，改用前唐年号。

柏乡之战，是五代史上的著名战役。这一战，击断了朱温的脊梁，梁朝的精锐兵力损失惨重，参战的部队几乎全军覆没。

从此以后，镇州的王镕、定州的王处直，全面倒向李存勖，朱温丧失了河北的控制权。后梁也由盛而转衰，一蹶不振，在与晋国的争霸中，逐渐走向弱势。

第十章
天字号恶人

守光称帝

柏乡大捷之后，李存勖因魏博军助纣为虐，决定会同镇州、定州两镇的兵马，移师攻打魏州。为了制造一点儿声势，他向河北各州县发布檄文，声言征伐魏博军是替天行道。然后派周德威、史建瑭率兵攻打魏州；派张承业、李存璋攻打邢州；他自己则同李嗣源率大部队随后接应。

魏博军罗周翰听说晋军会合镇州、定州军来犯，一面派人飞驰洛阳，向朱温求援；一面派五千兵马堵在石灰窑口。

周德威率骑兵一路掩杀，已经攻到了观音门，罗周翰采用乌龟战法，缩头不出。

李存勖到达魏州后，听说朱温亲自率兵支援魏博军，部队已经在白马坡驻扎，并派杨师厚率兵数万先赶往邢州，便想尽快拿下魏州，然后再同梁军决战。

柏乡之战，最痛苦的是朱温，最后悔的则要算燕王刘守光。前次，刘守光不肯出兵救赵，意欲坐山观虎斗，好坐收渔人之利，不想晋军大破梁军，势如破竹，威震四方，让李存勖出尽了风头。于是，他派人前去对赵王王镕及王处直说："听说二镇与晋王打败梁兵，要发兵南下，我也有三万精锐骑兵，想要亲自率领为诸公前行。但四镇军队联合作战，一定要有盟主，我如果到那里去，你们如何安置我呢？"

刘守光的言下之意，这个盟主应该由他来当。

王镕、王处直看信后，鼻子都气歪了：梁兵犯境，老子派人去求你，你做了缩头乌龟，如今见打败了梁兵，你又想来摘果子，天下有这好事吗？他们不约而同地派人将这件事报告李存勖，并附上刘守光的信。

李存勖看信后冷笑不止，对左右说，赵王曾向燕王告急求援，刘守光拒不发兵。现在，听说我们打了胜仗，反又来夸耀他们的兵力，想来离间三镇，真是可笑得很。

众将都说，河东的云州、代州同幽州接壤，如果咱们南下同朱温决战，刘守光在背后下黑手，到时腹背受敌，情况可就不妙了。因此，有人提议，先干掉刘守光，然后再同后梁决战。

李存勖点头称善，下令班师回赵州。

王镕出城迎接晋王，犒劳将士，并派养子王德明率三千多名士兵跟随李存勖征战，兵虽然不多，但表明了一个政治态度，王镕投靠了晋王。

李存勖留周德威等三千将士助守赵州，自己率大军返回晋阳。

朱温命杨师厚驻扎在邢州，接着又以罗周翰的年龄太小为由，派户部尚书李振出任魏博节度副使，带兵进入魏州。

朱温的这一人事安排，名义上是加强魏博军的领导力量，实际上是在打魏博军的主意，表面上却又是针对成德军。

王镕得到消息后大吃一惊，再次写信给李存勖，约他面谈。

李存勖应邀到承天军，同王镕相会。

王镕与李克用是同辈，李存勖尊称王镕为叔。王镕虽然强装笑脸，但一眼可以看出，他有很重的心事。

李存勖当然知道王镕担心什么，安慰他说："朱温恶贯满盈，必遭天诛。虽然有杨师厚等人助纣为虐，但也是秋后的蚂蚱，蹦跶不了几天。如果梁兵来犯，我河东军绝对不袖手旁观，请叔叔放心。”

王镕得到李存勖的承诺，这才转忧为喜，亲自举杯，祝晋王健康长寿。李存勖举杯同饮，彼此都很高兴。

王镕命小儿子王昭海出来拜见李存勖。王昭海只有四五岁，李存勖见他长得可爱，当场便把女儿许配给他，并与王镕割襟为盟。

晋王和赵王的友谊，从此更加牢固。

刘守光见寄出去的信没有反应，以为人家摇头不算点头算，心里不忧反喜，让人给他做了一身赤褐色的皇帝服，穿在身上对属下说：“如今天下大乱，各路英雄中原逐鹿，幽州兵多将广，地势险要，我也想自己做皇帝，你们以为如何？”

刘守光疯了，他的部下可没有疯，沧州原守将孙鹤此时在刘守光手下任职，此人耿直，有谋略，他极力阻止刘守光称帝。

“为什么？”刘守光不高兴地问。

孙鹤解释说，幽州内乱刚平，政权尚不稳固。且西有太原的李存勖虎视眈眈，北有契丹的耶律阿保机屯兵边境，伺机下手。假如他们以大王称帝为借口，举兵来犯，幽州虽然地势险要、兵马众多，但也无必胜把握。因此，他建议刘守光要养士爱民，训练军队，囤积粮草。并说德政既修，四方自会臣服，称帝就水到渠成了。

刘守光虽然不高兴，但也没有马上称帝，但他不甘寂寞，派人到镇州、定州，让他们尊自己为尚父。

在中国古代，“尚父”是一个尊敬的称呼，是像父亲一样值得尊敬的人。有人说，那不就是现代人喊的“干爹”吗？非也，“干爹”喊起来是很亲热，但不如“尚父”那样庄重。

尚，就是吕尚、吕望，即商朝末年辅佐周武王灭商的姜子牙，周王尊称其为“师尚父”。后世便以“尚父”尊礼大臣。比如：

卓至西京，为太师，号曰尚父。(《三国志·魏志·董卓传》)

德宗嗣位，诏还朝，摄冢宰，充山陵使，赐号“尚父”。(《新唐书·郭子仪传》)

帝矍然欲翦除，而惮其握兵，因尊为尚父。(《新唐书·宦者传下·李辅国》)

王镕踌躇了半天，不知该如何处理这件事，只好将燕国的使臣安顿在驿馆里，立即派人去请示李存勖。

“刘守光也配称尚父？”李存勖愤怒地说，“我正要兴师问罪，前去讨伐他，他竟敢夜郎自大？”

于是下令，立即兵发幽州。

大臣们纷纷劝阻，说刘守光罪大恶极，应该灭族，只是晋军刚经过一场征战，将士们还没有得到休整，不宜立即再战。

“难道真的要尊刘守光为尚父？”李存勖怒气未消。

有人说，不如假装推尊他为尚父，让他高兴一阵子，待他恶贯满盈后，再出兵干掉他。

“将计就计？骄兵之计？”李存勖想了想，大笑道，“好！这样也好！”

于是，他与王镕、义武节度使王处直，再拉上几个有节度使头衔的部下：昭义节度使李嗣昭、振武节度使周德威、天德节度使宋瑶，联名推举刘守光为尚父。

刘守光根本就不动脑子想想，如果这六家凑一块儿，三个幽州也不是对手。他不但毫无警觉，反而还玩起了小聪明，把六家的推荐信转给朱温，要朱温任命他为河北兵马大元帅。

朱温比他更狡猾，虽然笑他狂妄，却也不想得罪他，给了他一个河北采访使的官衔。

刘守光是一个没知识的粗人，不知这些官衔有多大，还以为后梁、河东都买他的账，便让人筹备一个就职尚父尊号的典礼。当礼仪官以唐朝太尉的礼仪标准来筹备他的就职典礼时，他不解地问：“礼仪当中怎么没有改年号和行郊祀礼呢？”

礼仪官向他解释，说改年号、行郊祀礼，是天子礼，尚父是大臣，既不能改年号，也不能行郊祀礼。

刘守光顿时火冒三丈，怒目圆睁，大叫道："我当尚父，谁当皇帝？现在，天下四分五裂，大的称帝，小的称王，我大燕拥地二千里，雄兵三十万，东边鱼米富饶，北边良马成群，我就是河北的天子，谁能禁我？尚父的称号我也不要了！你们快去起草帝制，我要做大燕皇帝。"

刘守光不听劝告，坚持要做皇帝，并大有"顺我者昌，逆我者亡"之势，无论何人，稍有不从，动辄被关进大牢，甚至关进铁笼里，活活用炭火烤死，或者脱去衣服，用铁刷子刷，直到刷得体无完肤为止。

刘守光为了堵住众人之口，竟然命人在院子里摆上一把铡刀，宣称：谁敢进谏，格杀勿论。

正在这个时候，梁国的使臣王瞳、史彦章到了幽州，刘守光居然耍起了皇帝的威风，下令将他们拘禁起来。各国来的使臣，来一个，关一个，来两个，关一双，没有一个能逃脱刘守光的魔掌。

刘守光准备在八月上旬登基称帝。

孙鹤倒是一个不怕死的直汉子，再次劝谏说："沧州一战，臣已经是罪该万死，燕王对臣有不杀之恩，我才能苟活到今天，臣不会忘记燕王的恩典，我愿以死相谏，燕王实在不宜称帝。"

刘守光暴跳如雷，命人将孙鹤押到铡刀旁。

孙鹤视死如归，大叫道："百日以后，敌人必定来犯！"

刘守光气急败坏，命人用泥土塞住孙鹤的嘴巴，然后把他塞进铡刀里铡了。

孙鹤算是一个不怕死的大忠臣，可惜有些不识时务——因为他所效忠的人，是一个狂人、恶人，枉费了一片忠心，白白搭上了自己的性命。

孙鹤死了，再也没有人敢反对他称帝了。数日之后，刘守光正式登基称帝，国号大燕，改元应天。

刘守光称帝后，从狱中放出后梁使臣王瞳、史彦章，逼迫他们向自己称臣。

王瞳、史彦章两人也是好汉不吃眼前亏，竟然真的俯首称臣。于是，刘守光任用王瞳为左相，卢龙判官齐涉为右相，史彦章为御史大夫。

刘守光称帝的消息传到太原，李存勖冷笑道："年内，一定兵发幽州。"

张承业献计说，讨伐幽州是以后的事，现在还得派人去向刘守光祝贺。

李存勖不解地问："为什么？"

"好叫他更加得意忘形呀！"张承业解释说。

李存勖明白，张承业是要麻痹对手，便派太原少尹李承勋前往燕国道贺。

刘守光摆起皇帝架子，以君臣礼接见李承勋。李承勋抗争道："我是大唐的太原少尹，你凭什么视我为臣子？"

刘守光见又来了一个不怕死的，命人将他关进大牢，数天后才放出来，凶狠地问道："现在愿意做我的臣子了吧？"

"你如果能征服我的主人，我就愿意向你称臣，否则，你就杀了我。"李承勋并不买账。

刘守光恼羞成怒，命人将李承勋推出斩了。

李存勖听说李承勋被杀，动了杀机。但他知道，刘守光虽然是疯子，但幽州、沧州的实力确实不弱，于是，他派人到处散布假情报，说晋军已联合镇州、定州攻打洛阳。

其实，李存勖用的是声东击西之计，他真正攻击的对象是刘守光，假消息是糊弄刘守光的，谁知事情出现了戏剧性的变化，李存勖不但麻痹了刘守光，而且还糊弄了另外一个重要人物，这就是朱温。

朱温"避暑"

朱温自柏乡兵败之后，心情大坏。连日"生病"，无心处理朝政，就连刘守光将梁国的使臣拘留了这样的大事，他也懒得去管。

朱温心情不好，便把女人当成了发泄对象。他听说河南尹张宗奭的妻女、儿媳都是人间绝色，七八月间，带着侍从打着"避暑"的幌子，来到张府。

张宗奭原名张全义，濮州人，曾跟随黄巢，担任伪齐的吏部尚书。黄巢失败以后，张全义与同党李罕之分据河阳。

李罕之是一个贪得无厌之人，经常向张全义敲诈勒索，张全义忍无可忍，便偷袭了李罕之。李罕之逃到晋国，搬来了晋军，围攻张全义，张全义被困，便向汴州求救。

朱温派大军前去支援，击退了李罕之及他请来的晋军。

张全义后来被封为河南尹。

张全义对朱温感恩戴德，尽心尽力，在河南教民耕织，将河南治理得井井有条，他自己也积资巨万。有了钱，便要享受，他在自己家里修建会节园，枕山引水，极其豪华雅致，犹如世外桃源一般。

朱温篡唐后，仍封张全义为河南尹。张全义阿谀奉承的本事是超一流的。为了邀宠，他请求朱温为他改名字，朱温便赐名“宗奭”。

朱温这次来到他家，表面上是说他家的园林修得好，前来借光，实则是“鬼子进村”，猎取的目标，就是张家的女人。

张全义并不知道朱温来家的真正目的，以为这是对他最大的恩赐，自然格外地巴结，将妻妾儿女全部都叫出来拜见皇上。

张全义万万没有想到，他迎来的不仅是一个皇帝，而且还是一个强大得让他无力抗拒的大恶魔、大淫棍。

张全义家的环境果然是好，朱温住了一阵子后，病居然好了一大半。他食欲大增，色欲也大涨，仗着皇帝的虎威，召张全义家的女人来陪他睡觉。

朱温第一次召张全义的两个爱妾，逼迫她们与自己同寝；第二次改召张全义的女儿；第三次则轮到张全义的儿媳。张府的女人，无一幸免，甚至连张全义徐娘半老的妻子储氏，也被召进卧室春风一度。

可怜这些女人，不敢抗命，只好玉体横陈，任由朱温玷污。

张全义的儿子张继祚还算有些血性，看到自己的老娘、老婆加妹子受辱，气得抓取一把快刀，要去和朱温拼命。

张全义一把揪住儿子，顺手就是一巴掌，小声说：“当年在河阳，我被李罕之围困，饿得只能吃木屑，是他救了我，我们全家才有今天，此恩此德，怎么能够忘怀？你如果要鲁莽从事，我先杀了你！”

好一个老乌龟，为了感谢朱温之恩，竟然以妻、女、儿媳的贞操相报。

张继祚只得作罢，和父亲一起，忍气吞声，一人戴一顶绿帽子。

其实，张全义心里明白，自己的生与死，就在朱温的一念之间，即使他以前没有帮过自己，现在他也不敢对朱温怎么样。朱温是当今头号大恶人，惹恼了这位煞星，立即就会招来灭门之祸。

第二天，有人将夜间发生的事情告诉了朱温。朱温立即召集群臣，传召张全义，准备给他一点儿颜色看看。

张全义担心夜里的事情被揭发，吓得浑身发抖，不敢去见朱温。他的妻子储氏冷笑道：“亏你还是一个男子汉，这样无用，枉自为人。我跟你一起去，看他能把我怎么样。”

于是，储氏拉着张全义来见朱温，她怒容满面，柳眉倒竖，厉声说道：“张宗奭是一个种田的人，在河南守了三十年，开荒掘土，聚敛财赋，助陛下创业，如今年纪大了，还能做什么？听说陛下听信谗言，猜疑张宗奭，究竟是什么意思？”

朱温没有想到这个女人如此泼辣，担心她扯破脸皮，把他做的丑事抖了出来，只得赔着笑脸说：“其实，我也没有什么恶意，你就别再多说了。”

储氏知道朱温有所顾虑，但也不敢太过放肆，据理力争，也是被逼无奈，见朱温的口气有所缓和，便谢恩退出。

朱温到底还是做贼心虚，也没有把张全义怎么样，立即命侍从起驾回都。

智退梁兵

朱温返回洛阳后，听说晋国和赵国将要联军南下，也想出出风头，他亲自来到兴安兵场，传召众将，校场点兵，御驾亲征。

大队人马到达卫州（今河南卫辉）之后，朱温正在吃饭，忽然有人来报，晋军已经到了井陉。朱温只好匆匆把饭吃完，立即拔寨北上，日夜兼程，马不停蹄。

朱温到了相州（今河南安阳），才接到真实情报，说晋军并没有南下。他便命令部队停止前进，然后移军洹水。后来又接到奏报，说晋、赵联军已经出境，朱温坐卧不安，急忙率军赶往魏县。

此时，军中谣言四起，一天早上，又不知从哪里传来消息，说沙陀骑兵马上就要杀过来了。梁军顿时大乱，士兵四处逃窜。

侦察兵又来报告，说附近并没有发现敌人的骑兵，军心才安定下来。

朱温年纪大了，因为夹寨、柏乡两次战败，才不得不亲自北上，谁知又中了李存勖的声东击西之计，落得个奔波跋涉、疲惫不堪。

其实，李存勖的声东击西之计是对付刘守光的，不想将朱温也调动了，这算是一个意外的收获。

由于遭到李存勖的戏耍，朱温心情格外烦躁，对手下的功臣宿将，无论是谁，只要稍有过错，不是杀头，就是流放。于是，朱温越来越不得人心。

朱温在魏县等了一个多月，连晋军的鬼毛影子也没有见着，只得领兵退回怀州（今河南沁阳）。怀州刺史段明远出城迎接，很是恭谨。

朱温进城之后，见段明远的妹妹颇有姿色，色心又起，硬逼着她侍寝。

段女此时正值豆蔻年华，论年纪，可以做朱温的孙女。朱温可不管这些，只要是被他看上的女子，无论年龄大小，一概全收。

段明远知道朱温的脾气，如果违逆了他的意思，轻则罢官，重则杀头，甚至还会招来灭门之祸，只得让妹子打扮一番，让人送进他的卧室，去侍候那个老色魔。

朱温当即封段女为美人，并把她带回洛阳。

朱温毕竟是年过花甲的老人，长途奔波，加之又纵淫过度，导致精力衰竭。回到洛阳后，便旧病复发，病倒了。虽经御医百般调治，吃了不少人参鹿茸之类的补药，但身体已经大不如前。

就在这个时候，之前派到燕国的使者史彦章回来了，他是回来替刘守光请求援兵的。

朱温生气地问："你已经向刘守光称臣了，还敢来见朕？"

史彦章跪在地上连连磕头，哭着说："臣怎么敢背叛皇上，向燕王称臣呢？只因晋赵各镇推尊刘守光为尚父，怂恿刘守光背叛陛下，他们好坐收渔人之利。臣与王瞳暂时居住在燕国，苦苦劝谏刘守光，不要做大逆不道的事情。刘守光于是同各镇绝交，并为陛下去攻打易州、定州。定州的王处直，从晋国、赵国请来援兵夹攻幽州。幽州现在已经是危急万分了。陛下如果坐视不救，恐怕梁国就要失去河朔了。"

史彦章的一通鬼话，竟然把朱温的怒气给平息了。

史彦章又叫一起来的燕国使臣拜见朱温，呈上刘守光的表文。刘守光在表文中除了将朱温吹捧一番外，全是悔过乞求之语，哀求朱温兵发幽州。

朱温竟然被说动了，不但答应出兵援助，而且还御驾亲征。

后梁大军到了白马顿，随从的官员都不愿向前走了。左散骑常侍孙骘、右谏议大夫张衍、兵部郎中张儁德三人最后到达。

朱温恨他们违了军规，等他们赶上来之后，竟然将三人全都杀了。部队到了怀州，段明远这时变成了国舅，比上次的招待更加丰盛。

朱温非常高兴，奖赏段明远，并赐名凝。

梁军到达魏州后，朱温采用围魏救赵之策，决定攻打赵国，借以缓解燕国之难。他命杨师厚为都招讨使，李周彝为副使，率三万人马攻打枣强县；命贺德伦为招讨接应使，袁象先为副使，率三万人马攻打蓨县。

两路兵马同时出发，朱温住在行营，等候捷报。

突然，有哨兵急匆匆地跑进来，扯开嗓子大叫道："不好了，晋兵来了！"

朱温吓得大惊失色，冲出帐，在侍从的搀扶下，爬上马背，只带了数百名亲兵，跑到杨师厚的军营去了。

其实，来的根本就不是晋军，而是赵将符习带领的数百骑巡逻兵。梁兵误以为是晋军到了，竟然丢盔卸甲地逃跑了。可见，梁军的军心不稳，已经到了草木皆兵的地步。

杨师厚到了枣强县，督兵急攻。

枣强县城虽小，但城池却很坚固，且守城的赵兵都是精兵，而且还很顽强，杨师厚想攻克枣强县城，也不是一件易事。

一连攻打了数天，城墙屡坏屡修，双方伤亡都很大，城中粮草、弓箭也快消耗完了，很多人也在做投降的准备。这时候，有一个不知姓名的士兵站出来，冲着大家喊道："柏乡战败之后，梁军对我们恨之入骨，此时去投降，等于是去送死。等我混进敌营，杀他一两员大将，说不定可以突出重围。"

当天晚上，这名士兵果然爬出城，直奔梁营，假装投降。

梁将李周彝召他进帐，询问城中的情况。这名士兵回答："城中的粮食和兵器，可以支撑半个月。你既然收留了我，就请给我一把剑，我愿意率先登上城墙，砍下守城将领的人头献给你。"

李周彝到底还是不放心，没有给他武器，只是让他去做了一名挑夫。

这名士兵也不气馁，瞅准一个机会，抡起扁担，劈头盖脸地砸向李周彝。

李周彝大叫一声，倒在地上，左右随从一拥而上，将那名士兵乱刀砍死。

史书上尽管没有留下这名士兵的名字，但这名士兵的忠勇之气实在是可嘉。

朱温知道这件事情后，大发雷霆，限令三天之内攻下枣强县城。

杨师厚亲自出马，用了两天时间，攻破城池，梁军进城之后，惨无人道地屠城，枣强县城成了一片尸山血海，赵国的军民，没有一人能幸免。

贺德伦等人奉命攻打赵州的蓨县。

赵州本来是由晋将周德威驻守，后来，周德威被调往振武军，只留下李存审、史建瑭、李嗣肱等人。

李存审得知梁军来攻，同史建瑭、李嗣肱商量，说晋王日理万机，事务繁忙，没有时间来这里。南方的事情，我们要自己处理。并说如果蓨县失守，梁军便会向西进犯深州、冀州，那时的麻烦就更大了。

史建瑭、李嗣肱询问对敌之策。

“敌众我寡，只可智取，不可力敌。”

史建瑭、李嗣肱二人表示听从李存审的指挥。

李存审率兵来到下博桥，命史建瑭、李嗣肱各带一支人马分道巡逻，遇有放马的梁兵，统统抓起来。

他又将手下的士兵分成五队，叫他们分头行动，遇到梁兵，无论是侦察兵还是炊事兵，统统抓起来，抓到后，就带回下博桥。

各队人马依计而行，一共抓获了二百多名俘虏。

李存审下令，将这些俘虏只留下十几个，其余的统统杀掉，而那留下的十几个人，每人都砍下一条胳膊，然后放他们回去，让这些人去转告朱温，说晋王大军已到，叫他前来受死。

这些被砍掉胳膊的士兵，哭哭啼啼地跑回了梁营。

朱温正带着杨师厚的兵马，驻扎在贺德伦的军营里，帮助贺德伦攻打蓨县。听到这些断胳膊士兵的报告，吓得心惊肉跳，立即与贺德伦分别安营，彼此相隔几里路。

贺德伦非常小心，派兵四处巡逻，以防不测。没想到天刚黑，营门外忽然起火，烟雾腾腾，响声大作，乱箭纷飞。贺德伦连忙命亲兵把守营门，严禁各军轻举妄动，乱了一两个时辰，等到天色黑定，才逐渐安定下来，清点人数，又损失了一二百名。

有人说是军中自乱，有人说是晋军来了，贺德伦最终还是没有弄明白，到底是自乱还是晋军来了。

朱温远在数里外，早就听到了贺德伦那边有动静，不明底细，不敢贸然出动。正在惊疑不定之际，忽然又有断胳膊的士兵跑来大叫：“晋军来了，贺德伦的军营被晋军攻破了！”

朱温听说贺德伦已败，立即下令毁掉营寨，趁夜逃走。

天太黑，看不清东南西北，朱温的队伍迷路了，多跑了二三百里的冤枉路，才到达贝州（今河北清河西）。

贺德伦听说朱温逃跑了，下令撤军。后来，他派出侦察兵前去探听虚实，侦察兵回来报告说，晋军并没有出动，来的只是一小队骑兵巡逻队。

贺德伦听后惭愧不已，打了一生的仗，竟然阴沟里翻船。后来又一想，反正朱温逃跑在先，追究责任，也轮不到自己，想到这里，也就安然了。

朱温知道事情的真相后，又气又羞，病情加重了许多，不得不先在贝州养病，下令各路兵马陆续撤退。

梁军撤退，晋军欢声雷动。其实，所有这些，都是李存审的谋略。

原来，李存审得知朱温与贺德伦分营驻扎，便知道朱温已经中了自己的圈套。晋军将那些断胳膊的士兵放回去后，他命人将被杀梁兵的衣服剥下来，让自己人扮成梁兵，三五成群地混进贺德伦军营。

贺德伦的巡逻兵以为是本营的士兵，也不加盘问。伪装成梁兵的晋兵在梁军营里放火射箭，喊杀连天，并趁乱又抓回几十个梁兵，砍去他们的胳膊，仍旧放回去。

朱温被断胳膊士兵一吓，果然逃跑了。连贺德伦也拔寨退走了。

李存审用这条妙计，以区区几百个晋兵，吓退了七八万梁兵。

朱温一连病了几个月，好不容易有了起色，便从贝州返回魏州。博王朱友文从东都来到魏州，请求朱温起驾还都。朱温于是起程南归。

第十一章
最荒唐的交易

岐、蜀失和

朱温回到洛阳后，身体才有所好转，正好博王朱友文新建了一个大餐厅，他召来宰相及文武百官，一同到新餐厅吃饭。

宴罢，朱温酒兴大发，一定要乘船游览九曲池。

九曲池池水并不深，船也很大，安全应该不是问题，大概是天要戏弄朱温，当船行到池中心的时候，突然刮起一阵怪风，把船掀翻了。尽管侍从奋力将朱温从水中捞起来，但人已如同落汤鸡，狼狈不堪。

朱温受了一场惊吓，回宫后病情日益加重，惊悸、失眠、寝食不安，尽管嫔妃宫女通宵陪着他，他还是惊魂不定。

燕王刘守光屡战屡败，一再求援，朱温卧床不起，不能带兵打仗，只是感叹地说：“我纵横天下三十余年，想不到太原余孽竟如此猖獗，李存勖志向不小，一定会成为心头之患。我死之后，你们没人是他的对手，恐怕我要死无葬身之地啊！”说罢痛哭流涕，大有英雄迟暮之感。

这一年，后梁与晋再无战事，岐和蜀却闹翻了天。

蜀主王建曾将爱女普慈公主嫁给李茂贞的侄子李继崇，李茂贞凭着这个亲戚关系，今天派人去要钱，明天派人去求物。四川是天府之国，物产丰富，王建看在女儿的分上，倒也慷慨，只要李茂贞的人去了，趟趟都不落空。

李茂贞觉得要钱要物不过瘾，最后竟然向王建索要巴州和剑州。

王建感觉李茂贞贪得无厌，欲壑难填，他认为，要钱要物可以给，要地却万万不能，因为那等于是让他抛弃黎民百姓。王建拒绝了李茂贞的要求，只给了来使许多丝茶布帛。

李茂贞索地不成，愤愤不平，经常在李继崇面前提起这件事。

李继崇本来就是一个酒鬼，喝了酒就要发酒疯，夫妻关系本来就不怎么和睦，自从李茂贞在李继崇面前唠叨之后，两人更是三天一小吵，六天一大吵，火药味日趋更浓。

普慈公主暗中派宦官宋光嗣入川，将她在岐州的处境告诉父亲，说她在岐州实在待不下去了，求父亲让她回四川。

王建得知爱女在岐州的日子过得不好，心里很不好受，这也是人之常情，于是召女儿回娘家探亲。女儿回川后，便让她留了下来，还让宦官宋光嗣留在四川担任合门南院使。

李茂贞大怒，立即与蜀国断绝关系，派兵攻打蜀国的兴元，被蜀军击败。李茂贞再派彰义节度使刘知俊及侄子李继崇率领大军攻打蜀国。

王建命王宗侃为北路行营都统，出兵迎战，被刘知俊等人击败。王建再调集所有的兵力支援，大败岐国兵。刘知俊狼狈而逃。

后来，刘知俊遭人诬陷，被剥夺了兵权，举族迁往秦州。三年后，秦州被蜀攻占，刘知俊因家人被俘，便背叛岐国，投降了蜀国。

王建认为，刘知俊既然能够背叛朱温和李茂贞，难保不再背叛自己，因此，对他并不怎么热心。当时，成都还流传一句谶言："黑牛出圈棕绳断。"

王建琢磨：这姓刘的生得又黑又丑，自己儿孙的名字都以"宗""承"为名，如果自己死了，姓刘的岂不是要灭我的家族？宁可信其有，不可信其无，王建当机立断，下令杀了刘知俊，并灭了他的九族。这只是后话，在此一笔带过。

令人发笑的死因

朱温虽然已经是年过花甲的老人，身体也不怎么好，但好色之心却不减当年。自从张氏去世以后，他始终没有再立皇后，老淫棍的心里，始终给心爱的女人留下一个地方。

昭仪陈氏，昭容李氏，当初因美色得宠，后来也人老色衰，渐渐失宠，被弃之冷宫。两人失宠之后，格外失落，陈氏出家为尼，居住在宋州佛寺，过起了孤盏青灯的生活；李氏想不开，抑郁而终。

后宫的众妃嫔，虽然轮番给朱温陪寝，但老淫棍是一个喜新厌旧之人，玩女人就像穿衣服一样，穿一件，换一件；玩一个，扔一个，终究没有一人能长留下来。

朱温以前外出，也是处处留春。现在，年纪大了，既不想带兵打仗，也懒得出外巡游，寻找美人的机会明显减少了。老淫棍色心骚动，耐不住寂寞，眼睛转向常在身边晃荡的女人。能在他身边晃荡的女人，除了后宫的嫔妃、宫女外，就是他的几个儿媳妇。

后宫那些女人，都是穿过了的“衣服”，早就玩厌了，只有几个儿媳尚不曾沾边。

朱家好歹也是皇室，几个儿子凭其显赫的身份，找的老婆个个都是百里挑一的美人坯子。朱温色心已动，打起了儿媳妇的主意。

朱温的养子博王朱友文“幼美风姿，好学，善谈论，颇能为诗”，这个人不仅好学，而且还能办实事。梁军在前方作战，朱友文在后方搞后勤，仗打到哪里，他的后勤供输线就延伸到那里，几乎没有一次耽误。

朱温的长子朱友裕死得早，活着的几个亲生儿子在办事能力上，没有一个能比得上朱友文。所以，他将留守东都汴州的重任交付给了朱友文。

长子朱友裕早死了，按传位以嫡的传统，次子郢王朱友珪是当然的太子，但朱温对这个儿子似乎不怎么感冒，平时只要稍有过失，便会痛斥他一顿。即使没有过错，平时也没有给他好颜面，这让朱友珪很不安，而且也不服气。

朱温虽然没有正式立朱友文为太子，心中却已有此意。

朱友文英武、能干，娶的老婆王氏也是一个百里挑一的美人坯子。

王氏不但貌美如花，而且生性淫荡。举手投足之间，无不散发出无穷的媚态，让男人亢奋、难忘。

尽管王氏媚功无限，但却很难引来采花的蜜蜂，道理很简单——她是王妃，是一朵有毒的玫瑰花。蜜蜂不说采蜜，就是闻一闻花香，也得粉身碎骨，死无葬身之地。

王氏的漂亮指数，在朱温的几个儿媳中高居第一。

朱温早就对这个儿媳垂涎三尺，只是他平时得到的女人很多，尚能按捺住这股欲火，如今躺在家里，这股欲火却越烧越旺。于是下令，让朱友文的老婆王氏到洛阳来侍候他。

朱温只顾逞自己的肉欲，哪管什么伦理、道德。

王氏果然是一个放荡的女人，从汴州来到洛阳。进宫之后，当朱温向她提出侍寝时，她不但不拒绝，而且还曲意奉承。

春风一度之后，王氏躺在朱温怀里撒娇，要朱温在百年之后，将皇位传给她的丈夫朱友文。

朱温既爱王氏，也喜欢朱友文，虽然没有正式立朱友文为太子，但心里早就把他当太子看了，于是痛快地答应下来。

儿媳妇向公爹出卖肉体，为丈夫换取皇位继承权。这一对乱伦的狗男女，达成了中国历史上最为荒唐的交易。

王氏进宫后，霸占了朱温大部分时间，其他的女人就受到了冷落。在这些受冷落的女人中，有人生出了嫉妒之心。如果是一般的嫔妃也就罢了，偏偏这个女人是一个狠角色，她就是朱温的另一个儿媳——亲生儿子朱友珪的老婆张氏。

原来，朱温的几个儿媳，为了替自己的丈夫争夺皇位继承权，都在陪公爹朱温上床。

张氏虽然也很漂亮，但与王氏相比，还是略逊一筹。王氏没有进宫的时候，朱温的床上大部分时间躺的是张氏，自从王氏从汴州来洛阳后，朱温的龙床上几乎没有了她的地方，这让张氏很不爽。两个女人就暗暗地较上了劲儿。

表面上看，这是两个女人之间争风吃醋，实质上却是朱友文和朱友珪的较量。在两个女人的战斗中，王氏比张氏更受宠。也就是说，养子朱友文占了先机。

张氏是一个很有心计的女人，她自知媚功不如王氏，床上的战斗败给了王氏，公爹已移情别恋。于是，她另觅途径，以求挽回败局。办法是买通了朱温身边的宫女，获取情报，暗中掌握朱温与王氏的一举一动。

这一天，朱温屏退左右，留下王氏一人，悄悄地对她说："我恐怕活不了多久，你明天前往东都召朱友文进京，我要嘱咐后事，免得耽误了大事。"

王氏听了当然高兴，立即收拾行李，准备第二天起程回东都汴州。

朱温和王氏的悄悄话，没有逃过张氏的掌控，早有人将这个消息透露给了张氏。

张氏立即去见朱友珪，刚见面就哭着说："死老头把传国玉玺交给了王氏，让她带到东都去，他们夫妻一旦得志，我们就只能等死了。"

朱友珪听后，惊得目瞪口呆，不知该怎么办好，见妻子痛哭，不由也潸然泪下。

"要想活命，就趁早想办法，哭是不能解决问题的。"正当二人伤心的时候，突然有人插话。

朱友珪大吃一惊，回头一看，原来是仆人冯廷谔。

朱友珪呆看了一会儿，将他拉进密室。刚从密室出来，崇政殿派来的诏使官进了大厅，传达圣旨，调朱友珪出任莱州刺史。

朱温在做皇位交替的准备工作，将最有可能同朱友文争夺皇位的朱友珪逐出了京城。

朱友珪不知道是怎样送走诏使官的，看着手中的圣旨发愣。

冯廷谔比较冷静，立即将朱友珪拉到一边坐下，对他说："近来，左迁的官吏多半被杀，事情已经到了万分紧急的关头，再不行动，一切都晚了。"

行动到底指的是什么，朱友珪当然明白，只见他咬咬牙，一跺脚，似乎下定了决心。

朱友珪换了衣服，偷偷跑到左龙虎军营去找禁军统军韩勍。

韩勍是朱友珪的心腹，他见很多功臣被杀，时刻也有一种危机感。朱友珪来找他诉苦，他也为朱友珪抱不平。他认为，郴王朱友裕死了，朱友珪是活着的长子，皇位应该由他继承；而皇上却有意将皇位传给养子朱友文，他认为朱温是老糊涂了，并建议朱友珪早做打算。

朱友珪立即提出调兵的要求，这个时候调兵，用意不言而喻：宫廷政变。

韩勍丝毫没有犹豫，立即拨给他五百名士兵。

朱友珪让五百名士兵分头混进宫，埋伏起来，约定时间行动。

夜深人静，五百名士兵按约定的时间冲进宫，来到朱温的卧室。内宫的侍从、奴仆知道发生了宫廷政变，为了保命，各自逃命去了，将他们的主子朱温一个人扔在宫里。

朱温听到动静，拉开帐子，大声问道："反者是谁？"

"不是别人。"朱友珪上前一步道，"就是我。"

朱温怒斥道："逆子，我早就怀疑你要造反，后悔没有早杀了你，以致今日。你胆敢弑父，老天有眼，绝不会放过你！"

这是朱温留在世上的最后一句话。

"老贼！"朱友珪咬牙切齿地说，"我要将你碎尸万段！"

两人的对话，丝毫看不出有父子之情，像一对有深仇大恨的人。

冯廷谔不待吩咐，一个箭步窜到朱温跟前，手起刀落。

朱温发出一声惨叫，倒在床上，肠子都流了出来，血流了一床一地，身子弹了几下，呜呼哀哉了。死时六十一岁。

纵横唐朝末年三十多年、亲手埋葬大唐帝国的一代枭雄朱温，就这样死了，死得这样不值、这样突兀，甚至让人发笑——纵容老婆和父亲乱伦的儿子，因为没有得到自己"应该"得到的"报酬"，把自己的老爹杀死了。

朱温的死，应了他大哥朱全昱的一句话："你这样做是要遭天谴的，我们朱家迟早要毁在你的手里。"

朱温在历史上的声誉极差，欧阳修就说："呜呼！天下之恶梁久矣！"

朱友珪命人用被褥将朱温的尸体裹了，塞到床底下，秘不发丧。接着，派供奉官丁昭溥带了一份伪诏赶往东都汴州。让驻扎在那里的均王朱友贞尽快诛杀朱友文。

朱友贞不知道这是一道假圣旨，诱杀了朱友文。

朱友文的妻子王氏还没有起程，就被朱友珪派人杀死在洛阳。

恶有恶报

两天之后，丁昭溥从东都返回，说朱友文已经被送上路了。

朱友珪心花怒放，又下了一道伪诏，说先皇病逝时留下一份遗嘱，将皇位传给次子。他将朱温的遗体草草棺殓之后，便在灵柩前即位，做了皇帝。

朱友珪下的第一道命令是封篡位大功臣韩勍为侍卫诸军使，并采纳韩勍的建议，赏罚将士，笼络人心。众人得了好处，乐得袖手旁观。

朱友珪虽然控制了洛阳，但京城以外的人和事却控制不了。那些驻扎在外的功臣宿将听说朱友珪弑父篡位，心中不服。一时间，后梁的地盘里，东边起火，西边冒烟，乱成一锅粥。

匡国军的将士得到京师内乱的消息，纷纷向节度使请求举事。许州大将韩建对此置之不理，被愤怒的士兵给杀了。

镇守邢州的杨师厚，乘机进入魏州，赶走了罗周翰。

杨师厚是后梁首将，势力最大，遇事独断专横，朱友珪对他有所畏惧，虽然对他赶走罗周翰、抢占魏州的行为很不满，但却不敢表露出来。他借商讨军机为名，召杨师厚赴洛阳，欲除后患。

杨师厚有恃无恐，带一万精兵，浩浩荡荡来到洛阳，将部队驻扎在城外，带亲兵进城。

朱友珪哪里见过如此阵势，腿都吓软了，哪还敢动他一根汗毛，不但对他恭敬有加、厚加赏赐，而且还正式封杨师厚为天雄军节度使。

天雄军就是魏博军，唐朝时用这个名号，后多次被废除，又多次被重用，后梁也曾称魏博军为天雄军。

魏博军换了主人，罗周翰就得挪地方，朱友珪给他重新安排工作，调到宣义去了。

镇守河中的护国军节度使朱友谦举起了反旗，公然反对朱友珪。

朱友珪害怕大眼睛的杨师厚，对朱友谦却没有放在眼里，派几路兵马前往征讨。

朱友谦立即向李存勖求援。

河中是太原的大门，有人投怀送抱，李存勖当然是求之不得。八月，朱友谦投降。九月，梁军开始围攻河中。十月初，李存勖亲率大军兼程南下，在解县大破梁军，解了河中之围。

朱友谦感激涕零，举河中之兵投靠了晋国，并认李存勖做了舅舅（朱友谦的年龄比李存勖大），此后一直到梁朝灭亡，河中基本上都站在晋阳的阵营内。

朱友珪在魏博的事一碗水端不平，在河中的一仗又打不赢，原本对他不服的一些大臣、藩镇都蠢蠢欲动，有了换皇帝的念头。

朱友珪的生母原是亳州的一个军妓，朱温镇守宣武时，攻占亳州后，便和这位军妓搞在一起，生下一名男孩，取名友珪，排行第二。由于他是妓女的儿子，朱温的儿子们都瞧不起他。但不管怎么说，他还是朱温的亲生儿子。

朱友珪大逆不道，杀父弑君，陷杀朱友文。这样的恶人，能得到什么报应，天下人拭目以待。

糊里糊涂过了半年，已是梁乾化三年（913）元旦，朱友珪居然稳坐太庙，接受群臣朝贺，当上了皇帝。第二天，大赦天下，改元凤历。

均王朱友贞接替朱友文的职位，做了东都留守，朱友珪加封他为代理司徒，命驸马都尉赵岩去东都传达圣旨。

赵岩到了汴州后，朱友贞私下对他说："我和你是郎舅至亲，有什么话不妨直说，外面谣传，先帝死得不明不白，你在内廷供职，一定知道事实真相，到底是怎么回事，请你告诉我。"

"你就是不问，我也会告诉你。"赵岩哭出声来。

"真的有问题？"朱友贞惊问道。

"是的。"赵岩说，"真正的罪魁祸首是朱友珪，只可惜我们内臣没有能力讨伐他，一切全靠外镇了。"

"我早就有此意。"朱友贞愤愤地说，"只是没有找到能帮忙的人。"

"魏州的杨师厚兵强马壮，手握大权，最近又被封为天雄军节度使。"赵岩建议说，"只要杨师厚开口，事情就好办多了。"

朱友贞点头表示赞成。

朱友贞派心腹马慎骑快马赶往魏州去联络杨师厚，说朱友珪杀父篡位，人神共愤，大臣们欲尊均王为帝，请杨师厚促成此事。允诺事成之后，赏钱五十万缗犒劳将士，仍然让他坐镇魏州。

杨师厚知道朱友珪成不了气候，可朱友贞就一定能成事吗？他有些犹豫。

马慎急了，说："人伦之道，君父为尊，你屈膝于弑君杀父之逆贼，后人怎么看你？"

杨师厚终于被说动了，决定把宝押在朱友贞身上。他立即将众将士召集起来，问道："郢王弑君的时候，我们没去讨伐他；如今，君臣名分已定，却要发兵讨伐他，你们认为这样可以吗？"

"弑君杀父，乱臣贼子，人人得而诛之，有什么不可以的？"有人大叫。

有人附和说："均王朱友贞兴师讨贼，是忠义之举，我们赞成。"

"出师讨贼，与名分无关，如果均王朱友贞打败了郢王朱友珪，这名分又该怎么定？"

杨师厚见大家都赞同出兵，立即宣布发兵讨逆，让马慎回汴州告知朱友贞。

杨师厚派将校王舜贤偷偷潜入洛阳，联络龙虎统军袁象先，策谋兵变；又派都虞候朱汉宾驻扎在滑州，作为外应。

王舜贤到洛阳后，正好赵岩从汴州回来，两人一同到袁象先处商量对策。

赵岩是朱温的女婿，袁象先是朱温的外甥，自然都想报仇雪恨，几个人商量好计划后，转告了杨师厚。

怀州龙骧军是朱温生前的侍卫军，三千龙骧军听说朱友珪弑君，一致推举刘重霸做首领，声言讨伐逆臣贼子，占领了怀州。

朱友珪派人前去围剿，仗打了几个月，还是不能平息。梁军中也混进了很多龙骧军。朱友珪召他们一起回洛阳。

朱友贞派人在军中散布谣言，说天子因龙骧军曾背叛怀州，现在怀疑到梁军身上，召梁军回洛阳，就是一网打尽。并且还绘声绘色地说均王已经得到密诏。

士兵们听到这些谣传，一齐跪在均王府前，请求朱友贞给他们指一条生路。

朱友贞将伪诏拿出来给士兵们看，流着眼泪对大家说："先帝与你们一起打天下，有三十多年了，南征北战，才有了今天。连先帝都遭人暗算了，你们能够逃脱魔爪吗？"

"咱们和那个乱臣贼子拼了！"不知是谁大叫一声。

众人纷纷附和，请求朱友贞给他们兵器，他们要到洛阳去讨伐逆贼。

朱友贞下令，给这些人发放兵器。

众人领到兵器后，高呼"朱友贞万岁！"然后结队奔赴洛阳。

朱友贞随即派人飞报洛阳的赵岩等人。

赵岩、袁象先得到消息后，派人守候在城楼上，见汴州方向过来的兵勇到了，连忙打开城门，放这些士兵进城，然后买通守夜的士兵，一起进入宫城。

朱友珪见宫内发生了哗变，知道这里容他不得，慌忙带着妻子张氏和亲信冯廷谔，一起跑到北垣楼下，准备越城而逃。

后面的追兵到了，大喊杀贼。

朱友珪知道跑不掉，如果被乱兵捉住，一定会死得很惨，于是命冯廷谔先杀了妻子张氏，再杀掉他。

冯廷谔知道自己罪恶深重，降也是死，不降更是死，杀了朱友珪夫妻后，自己也抹了脖子。

朱友珪弑父篡位，只是五代时期的一出闹剧。他是上天制造的一个恶人，用来对付另外一个恶人朱温；而这个恶人的制造者，正是被朱友珪惩罚的大恶人朱温。

进入洛阳城中的士兵，逼杀了朱友珪之后，乘机在城内烧杀抢掠，文武百官都逃散了。折腾了一天的洛阳城，直到黄昏才平静下来。

袁象先抢先拿到了传国玉玺，派赵岩去汴州，迎接均王朱友贞来洛阳。

朱友贞认为，汴州的战略地位优于洛阳，调动军队更为便利，而且，汴州又是他的根据地，待在这里，他更放心，因此，他不想去洛阳。于是对赵岩说："汴州也是大梁的领土，何必一定要去洛阳呢？如果你们大家同意，我就在东都受册，等把乱贼除尽了，再去洛阳祭祀祖庙就是了。"

赵岩返回洛阳，转告了朱友贞的意思，百官也都无异议。

乾化三年（913）二月，朱友贞正式在汴州继位，就是梁末帝。

朱友贞兵变立帝，开了五代时期频繁兵变立帝的先河。

朱友贞做了皇帝后，追尊父亲朱温为太祖神武元圣孝皇帝，母张氏为元贞皇太后，恢复朱友文的官爵，废朱友珪为庶人。

朱友贞即位后，改名锽，并大封功臣：任命天雄军节度使杨师厚为检校太师，兼中书令，加封邺王；西京左龙虎统军袁象先为检校太保同平章事，加封开国公。其余的人也都论功行赏。

朱友贞又派人招抚朱友谦。朱友谦回归梁国，但与晋国仍然保持密切的关系，算是一个骑墙派人物。

朱友贞生性温和，喜欢读书和交朋友，在梁朝统治集团上层很有人缘。所以，朱友贞称帝后，得到了梁朝上层人物的拥护，梁朝的形势很快稳定下来。

第二年，改元贞明，朱友贞又改名为瑱。

朱友贞虽然继承大统做了皇帝，但他所面临的，并不是一个安安稳稳的太平王朝，除了内忧还有外患，其中，最让他忧虑的是北方宿敌李存勖和势大欺主的杨师厚。

第十二章
大燕皇帝的下场

龙冈之战

后梁动乱期间，李存勖却在幽州大展拳脚，他率领河东的沙陀军，杀向幽州，要与刘仁恭、刘守光父子了结上一代留下来的恩怨。

刘守光自从做了皇帝后，信心自我膨胀，想扩大自己的势力范围，整编军队，扩充兵力，准备出兵攻打易州、定州。刘守光的扩张计划遭到一个人的反对，这个人名叫冯道。

冯道，字可道，瀛州景城人，晚年号长乐老。

冯道是五代时期一个传奇人物，他的一生，恰好经历了整个五代时期。在险恶复杂的政治环境中，冯道“历仕四朝，三为中书”，位不离三师三公，侍奉过十个君主，做了三十多年高官。博得每个政权皇帝的赏识，稳居高位，安渡激流，成为历史上的“不倒翁”。

有人认为，冯道对形势有着清醒的认识，不跟着别人一条道走到黑；忠于职守，办事情既有原则，也讲究技巧；为官清正廉洁，一心为民；有胆有识，谋略过人，说他是中国历史上的“政治完人”。正因为有了这些品质，他才能置身于五代十国那段风云变幻的历史时空下，保持人格的独立、为民请命后还能全身而退。

冯道出道的第一站，就是投奔幽州节度使刘守光，成为刘守光的幕僚。他见刘守光擅自兴兵，出面劝阻。刘守光不但不听，反而将冯道关押起来。

冯道的官声颇佳，很得民心。燕国百姓听说冯道被关进大牢，很多人都想办法营救他，最终还是被人救了出来。史书没有记载营救冯道的人是谁，也许根本就不止一个人，无从记录，所以就干脆不记。

冯道出狱后，料知刘守光成不了气候，带全家老小逃离幽州，投奔河东监军张承业。张承业很重视他的“文章履行”，将他推荐给晋王李存勖。

李存勖任命冯道为书记，向他询问燕国的情况。从冯道的口里，知道刘守光要攻打易州。

李存勖正要出兵燕国的时候，王处直派人来请求支援。李存勖便派振武军节度使周德威率三万兵马驰援定州。

李存勖为何要急着攻打燕国呢？有两个原因。

一是他父亲李克用的遗命，李克用临死的时候，给李存勖留下三支箭，其中一支就是命他射杀幽州的刘仁恭、刘守光父子；另一个原因是出于战略考虑。

乾化元年（911），刘守光在幽州称帝，国号大燕。如此一来，李存勖便处于南有后梁进攻，北有契丹侵袭，中有幽燕、镇定等割据势力干扰而陷入多面作战的不利地位。面对如此形势，李存勖采取“先取刘（守光），然后专意南讨”的用兵策略，决定先拔除刘守光这根刺。

乾化二年（912）正月，周德威率军东进到达飞狐，同赵将王德明与义武军将领程严在易水会师，三镇军队进攻燕国的祁沟关，夺取祁沟关后，连夜进军，包围了涿州。

涿州刺史刘知温坚守不出。

刘守奇的门客刘去非在城下冲着城上的刘知温大呼道：“河东小刘郎来为父讨贼，与你们何干，为何要坚决死守？”

刘守奇是刘仁恭的儿子，他摘下自己的头盔赏给了这个门客。

守城的士兵听到喊话，失去了斗志，很多人都逃跑了。刘知温倒有自知之明，知道涿州守不住，打开城门，投降了晋军。

涿州城墙坚固，刘知温如果死守，三镇联军能否攻下来，或要多长时间攻下来，都是一个未知数。三镇联军兵不血刃，两天就拿下了涿州，这是刘守奇的功劳。

周德威认为刘守奇抢了他的风头，心存嫉妒，在李存勖面前诬陷他，说他是刘仁恭的儿子，同刘守光是一路货色。

李存勖召见刘守奇，刘守奇担心获罪，带着刘去非和进士赵凤逃到梁国去了。被后梁朝廷任命为博州刺史。

周德威拿下涿州之后，挥师疾进。九天之后，兵临幽州城下，另外还派裨将李存晖等人去攻打瓦桥关。

瓦桥关的守将以及莫州刺史李严，根本就不做抵抗，晋军还没有到，他们便到途中拱手相迎。

刘守光一面紧闭城门死守，一面厚着脸皮向梁朝求救。

这就是前面讲的燕国使者史彦章到洛阳，向朱温说刘守光替朱温攻打易州、定州，定州王处直从晋国、赵国请来援兵夹攻幽州之事。

刘守光虽然可恶、无耻，但不傻。他知道，朱温再怎么不喜欢他，为了牵制河东的李存勖，也只能捏着鼻子拉他一把。以梁兵的强大，就算打不赢，至少也能吸引围攻幽州的晋军南下，让自己得到喘息机会。

刘守光料得不错，朱温果然出兵了，而且还是御驾亲征。

李存勖的部署却超出了刘守光的意料，他是下决心要灭掉刘守光，根本就没有打算调动围攻幽州的部队。

接下来的事就更出乎刘守光的意料。晋将李存审巧施妙计，以区区数百晋兵，竟然吓跑了七八万梁兵。

朱温遭到调戏后，老病复发，病困贝州，继而返回魏州，被博王朱友文接回洛阳。

梁军撤了，幽州失去了强援，刘守光的处境更加危险，只得下令死守。

周德威见幽州城池坚固，担心自己的兵力不够用，便向晋阳请求支援。

李存勖对幽州是志在必得，要人给人，要钱给钱，立即派李存审率吐谷浑、契苾两部番兵，前往幽州增援周德威，同时，命李嗣源攻下瀛州（河北河间）等城，对刘守光实行战略合围。

周德威有了援兵，便在幽州城四面筑垒，准备打持久战。

刘守光派大将单廷珪率一万精兵出城迎敌。

单廷珪不愧为幽州第一骁将，呼啸而出，犹如下山猛虎，势不可当。晋军只得退守龙头冈。

单廷珪果然骁勇，见晋军扎住阵脚，周德威站在高处指挥，挺枪大吼一声："活捉周杨五！"杨五是周德威的小名。

单廷珪杀退晋兵，杀到周德威马前，周德威佯装害怕，掉转马头就跑。单廷珪一路猛追，枪尖几乎刺到周德威的后背。周德威侧身避过，单手抽出铁锤，一锤把单廷珪打下马去，晋兵一拥而上将他活捉。

燕兵本来就少，士气也很低落，见主将被擒，更无斗志，四散溃逃，周德威趁势掩杀，把燕军打了个落花流水。

燕兵见主将被擒，再也无人敢战，吓得转头就跑，溃不成军。河东军趁势追杀，斩敌三千余人。

周德威杀了单廷珪，分兵两路，一路攻打顺州，一路攻打澶州（今河南濮阳县），并双双告捷。后来，又乘胜出南沙，打败芦台军，攻占了居庸关。

刘守光异常恐惧，再次派人到汴州求救。

幽州之战

朱友珪弑父篡位后，正忙着"稳定局势"，自己的事都管不过来，无暇他顾，他给刘守光的使臣撂下一句话：自己的屁股自己抹，就给打发了。

刘守光求人不着，只好自己想办法，他命大将元行钦率兵驻扎在山北，命骑将高行珪率兵驻扎在武州，作为幽州城的外援。

李存勖针锋相对，派李嗣源去攻打武州。高行珪吃了败仗，干脆就不打了，带领部队投降了李嗣源。

元行钦听说武州失守，高行珪投敌，带兵去攻打高行珪。高行珪把弟弟高行周（五代名将高怀德之父）送到晋军做人质，请求晋军援助。

李嗣源再次出兵攻打元行钦，一连交战了八次，差不多把元行钦打成了光棍。元行钦的本钱打光了，玩不下去了，只得缴械投降。

李嗣源见元行钦是个人才，收他做了义子，改名李绍荣，任命他为代州刺史。

高行周也被留下为李嗣源做事。他经常同李嗣源的养子李从珂一同率领牙兵作战，屡立战功。

李从珂的母亲魏氏，先是嫁给一个姓王的男人为妻，生了个儿子取名阿三。李嗣源跟随李克用出师河北，见魏氏秀色可餐，抢过来做了妾。阿三便随母亲投奔了李嗣源，拜李嗣源为义父，取名从珂。

李从珂长大成人后，因作战勇敢而名声大振。晋王李存勖曾夸赞他说：“阿三与我同岁，打仗和我一样勇敢，是个不寻常的人啊！”

仿佛叫“阿三”的人，总跟唐朝过不去。朱温叫阿三，推翻了大唐三百多年的江山，自己做了皇帝。李存勖后来创立了后唐政权，篡夺后唐江山的人，也是一个叫“阿三”的人，这个“阿三”就是李从珂。

周德威围攻幽州已有一年多时间。开始，幽州的外围还有不少兵马，晋军腹背受敌，周德威不敢全力攻打，于是便连营竖栅，与燕兵对峙。后来，幽州外围的几股援兵，先后被李嗣源等兄弟部队消灭，幽州成了一座孤城。周德威没有了后顾之忧，下令全力攻城。

四月，周德威率军直逼幽州南门，将幽州城包围得水泄不通。

刘守光终于清醒了，知道这个皇帝不好当，再不低头，说不定晋军就攻进城，连命都得搭上，于是给晋军主帅周德威写信，约他城下修盟。

刘守光派来的使臣见到周德威就磕头，一副可怜巴巴的样子。

周德威笑着说：“你们的大燕皇帝还没死呢！你磕什么头？我只是奉

命讨贼，晋王没有让我来修盟，所以，修盟本人不感兴趣。回去告诉刘守光，叫他别耍花招，如果他是个男人，还有种的话，就出城决一死战！”说完，命人把来使赶走了。

刘守光更加害怕，又派大将周遵业带一千匹绢、一千两银子和一百段锦出城，献给周德威，哀求说：“富贵成败是人生常事，录功叙过是霸主盛业。刘守光不想替朱温做事，所以背叛梁国，自己称帝。没想到得罪了贵国。现在已经知罪了，并真心悔过。希望贵国能够原谅。”

“能打仗就快点儿来，不能打仗就投降，说那么多废话干什么？”周德威说罢，起身离去。

周遵业怏怏退回，向刘守光转告了周德威的话。

刘守光急得抓耳挠腮，无计可施。正在踌躇之时，突听喊声震天，晋军攻城了。刘守光只得硬着头皮登城督战，远远看见周德威骑着骏马，指挥士兵攻城，冲着城下可怜巴巴地喊道：“周将军，你也是三晋贤士，为何非要把我逼上绝路，难道就不能网开一面吗？”

周德威冲着城上喊道：“刘守光，你已经是砧板上的肉，要怪就怪你自己作恶太多，怨不得别人。”

刘守光一时语塞，站在城墙上，放声痛哭。

不久，平营、莫州、瀛州先后都投降了晋国，刘守光的日子越来越不好过了。情急人拼命，刘守光也到了拼命的时候，他乘晋军一时松懈之际，连夜带兵溜出幽州城，偷偷跑到顺州城下，假冒晋军，大叫开门。

守城的晋军竟然被他骗过了，打开了城门。

刘守光率兵一拥而入，杀死守城的士兵，占领了顺州城，又乘胜转战澶州。

周德威得到消息，立即率兵赶往澶州。两军在途中相遇，一场混战，晋军大胜。刘守光带着残兵百余人，又逃回幽州。

李存勖派张承业到前方去犒赏将士，并同周德威商量下一步的战略战术。

刘守光知道张承业到了幽州，派人给张承业送信，表示愿意举城投降。张承业知道刘守光是一个非常狡猾、反复无常的小人，拒绝了他的请求。

刘守光实在无法可想了，只得派人到契丹去搬救兵。

契丹酋长耶律阿保机也听说刘守光是一个不守信用的人，拒不出兵。

求饶别人不答应，求援别人不肯来，刘守光急得如同热锅上的蚂蚁，他知道，要想活命，唯一的出路只有投降，于是厚着脸皮，再次派人向周德威乞降。

周德威始终不肯答应。

刘守光无奈，只得亲自登上城楼，冲着城下的周德威喊话："我已经走投无路了，求将军宽限时日，等晋王来了，我便开城投降。"

周德威让张承业返回太原报告幽州的战况，并向李存勖转达刘守光请降的意思。

李存勖想亲自完成父亲的遗愿，不想假手于人，于是让张承业留守太原，自己率领一支人马赶往幽州，直接来到幽州城下，让士兵喊刘守光上城答话。

"刘守光！"李存勖冲着城上大喊道，"朱温篡逆，我本想同你会合河朔五镇兵马，光复唐朝，你不肯与我同心，还效仿逆贼朱温，自己称帝，吞并镇州和定州，因而引起众怒，你才落得如此下场。胜负成败是常有的事，必须由你自己选择。要我来，你有何话说？"

刘守光哭丧着脸说："我已经是釜中龟、瓮中鳖，一切听晋王的，你给我一条生路吧！"

李存勖也不是一个信人君子，为了将刘守光骗出城，取出一支箭，一折两段地说："你出来吧！我们谈谈，我保证你的生命安全。"

刘守光见李存勖爽快地答应了，以为他心慈手软，好欺负，含糊其词地说："改天吧！改天我出城投降。"

李存勖既好气又好笑，只得同周德威一起返回大营。

当天夜里，燕将李小喜在城头拴一根绳子，偷偷地溜下城墙，投降了晋军。

李小喜，就是当年给刘守光出谋划策、亲手捉拿刘守光的父亲刘仁恭的那个人。白天，他还慷慨激昂地对刘守光说“自古有战死的天子，没有降敌的皇帝”，把刘皇帝感动得热泪盈眶，决定与幽州城共存亡。晚上，他就溜出城，投降了晋军。

李小喜告诉李存勖，说城中已经弹尽粮绝，刘守光并没有投降的意思，他的目的是想拖延时间，等待救兵。

李小喜带来的消息，正是李存勖想听到的，其实，他巴不得刘守光拒降。这样，他就能名正言顺地杀了这个恶人，也不必日后背上言而无信的罪名。

李存勖下令，全军五更造饭，黎明时分向幽州城发起总攻。

晋军从幽州城四面围攻上去，喊杀连天，这边竖梯，那边爬城，一拥而上。

燕兵本来就已精疲力竭，哪里还能支持，即使有心防守，也是防不胜防。晋兵登上城楼，拔去燕国的旗帜，改换成晋国的旗号。

李存勖进城后，派人前去捉拿刘守光，但将幽州城翻了个底朝天，也没有找到他。

李存勖出榜安民，严禁官兵侵扰百姓。封周德威为卢龙节度使，改任李嗣本为振武节度使，派兵去追捕刘守光。

恶人伏诛

大燕皇帝刘守光打仗不行，逃命的速度倒不慢，城池即将攻破的时候，他带着大老婆李氏、小老婆祝氏和三个儿子刘继珣、刘继方、刘继祚，化装后趁乱混出城，想逃往沧州。谁知慌乱之中迷了路，像没头的苍蝇一样到处乱撞，身上又没带干粮，脚也走肿了，无奈之下，躲进一个山洞里休息。

刘守光见山下有一个村庄，便让祝氏下山去讨点饭吃。当祝氏走进村庄后，村民见她细皮嫩肉，衣服华丽，分明就是一个贵妇人，不像要饭的。有人询问她的身份，祝氏竟然毫不隐瞒。她以为，只要村民知道她是大燕国皇帝的女人，讨口饭吃总该不是问题，说不定还会得到盛情款待。

事情并没有祝氏想象的好，大燕国皇帝刘守光在百姓中的形象很差，而李存勖占领幽州后，严禁官兵扰民，在百姓中有一个较高的印象分。

老百姓都很单纯，要求也不高：不管谁做皇帝，只要让他们过上安定的日子，那就是好政府；否则，就是坏政府，那就是混蛋。李存勖与刘守光相比，混蛋当然是刘守光。

村民们一边假意答应给祝氏安排食宿，让她去把山洞的刘守光等人接过来，暗中却派人去通知晋军，让他们来捉这群漏网的大鱼。

李存勖正在喝酒，见刘守光和他的两个妻妾、三个儿子被押进来了，大笑地说："刘守光啊！刘守光！你是幽州城的主人，客人来了，你怎么跑去躲起来了呢？"

刘守光跪在地上，磕头如捣蒜，只求饶命。

李存勖命人将他同刘仁恭关在一起，让人给他们送去酒饭。

刘守光已有两天没有吃饭了，正是饥肠辘辘的时候，也不顾什么形象，抓起碗，狼吞虎咽大吃起来。

乾化三年（913）十二月，李存勖下令班师，临行前，他让掌书记王缄起草"露布"。

"露布"是一种檄文的名称，唐朝以来，军中多把奏捷文书称"露布"，这本是一件很平常的事情，没想到在王缄身上出了一个超级大洋相。

王缄虽然是掌书记，但并不知道露布的典故，就把文书写在白布上，让人捧着白布来见李存勖。众人有知道典故的，哪里还能忍得住，狂笑不止，一时间成为笑谈。

李存勖要羞辱刘仁恭、刘守光，让他们父子俩戴着枷锁，顶着王缄发明的"露布"，跟着大部队回太原。

刘仁恭好歹也算是一个响当当的人物，没想到大好江山被宝贝儿子彻底葬送了，他吐了刘守光一脸唾沫，大骂道："你这个逆子，竟然将老子害到这个地步！"

事已至此，说什么也没有用。刘守光闭着眼睛，装作听不见。

队伍路过赵州，王镕大摆宴席，迎接晋军，请李存勖上座，向他举杯祝贺。酒兴正酣时，王镕提出想见刘守光一面。

李存勖命人把刘仁恭父子牵进来，卸去枷锁让他们入席。

刘仁恭父子上前拜谢王镕。王镕答拜之后，还赠送他们衣服和鞍马。刘守光入席之后，仍然是狼吞虎咽，毫无惭色。

李存勖告别王镕，带着刘家父子返回太原。

李克用临死的时候，交给李存勖三支箭，其中一支箭，就是要李存勖除掉背信弃义的刘仁恭父子为他复仇。

李存勖回太原后，将一众人犯带到太庙，他要在太庙处置刘家父子，完成父亲的遗愿。

刘守光临死前丑态百出，哭着说："臣死无恨，但是叫臣不投降的是李小喜，他这个罪人不死，臣死后也要到阎王爷那里去告状！"

李存勖将李小喜叫来，李小喜瞪着眼问刘守光："囚禁父亲，杀死兄长，吃他们的肉，这也是我教你的吗？"

李存勖嫌李小喜对原来的主子无礼，将他杀了。

刘守光见李存勖不肯饶他，又绝望地大叫："我善于率领骑兵作战，大王要复兴唐朝江山、成就霸业，为何不留我一命，我为大王效力啊！"

刘守光的妻子祝氏和李氏见丈夫如此没有气节，骂道："陛下，事到如今，求生干什么？"说罢，引颈就死。

刘守光仍然哀诉求饶，结果还是身首异处。

刘仁恭被押到雁门，在李克用的陵墓前处死。

李克用临死时交给李存勖的三支箭，六年后，李存勖总算交还了一支。

刘家父子在幽州一共当了十九年土皇帝，刘守光做"大燕皇帝"两年又四个月，大概是因为这对父子作恶多端，太不成体统，所以，"五代十国"里，没有给"大燕"排座次。

李存勖攻破幽州，既解除了来自刘守光的威胁，又得到卢龙一镇，扩充了领地。从此以后，晋、梁势力开始逆转，河东占据主动，逐渐转守为攻；不过，在相当长的一段时间内，双方还是处于战略僵持阶段，展开惨烈的拉锯战。

第十三章
淮南、西蜀怎么了

徐温专权

王镕和王处直联名推举李存勖为尚书令。李存勖再三推让，最后还是接受了，他在晋阳开府设置行台。

后梁改朝换代了，李存勖一时还摸不清朱友贞的底细，他想给朱友贞号号脉，看此人有几斤几两。

梁乾化四年（914）七月，李存勖亲率河东军主力，命周德威、李嗣源及各镇兵马到镇州会合，会同赵王王镕南取邢州。

后梁的第二号人物、天雄军节度使杨师厚亲自率军驰援邢州，两军还没有交战，河东军突然发生骚乱，偏将曹进金带一些人投奔了梁军。

李存勖知梁朝不是幽州，杨师厚也比刘守光更狡猾。打起来，自己未必能讨得便宜，于是下令撤军，各路军各回本镇，他自己也返回太原。

淮南节度使杨隆演继位之后，徐温派大将周本驻守江西，至此内外无事。

杨隆演派军将万全感出使晋国和岐国，向两国通报继位之事。

晋、岐两国都承认他为吴王。外交上得到承认，当然是一件高兴的事。只是，徐温辅政，权势越来越大，心里总不是一番滋味。

镇南节度使刘威，歙州观察使陶雅，宣州观察使李遇，常州刺史李简，都是杨行密的老部下，这些人自恃有旧功，瞧不起徐温。李遇就曾放言，说徐温算不了什么，老子在战场上流血的时候，他还不知道在哪里混，他凭什么做宰相?

社会竞争不是靠资历，而是靠能力，李遇可能忘了这一点。

徐温知道李遇不服自己，派馆驿使徐玠出使吴越，命他顺道到宣州去召李遇进京述职。

李遇虽然不服徐温，但对他的权势还得承认，因为这是事实，不服也不行。由于同徐温心存芥蒂，李遇犹豫了，不敢贸然进京。徐玠劝说道："如果你不立即进京，恐怕有人会怀疑你要造反。"

"说我造反？"李遇生气地说，"有人杀了侍中（指杨渥，杨渥曾自兼侍中，徐温杀了杨渥），算不算造反？"

李遇的话，触动了徐温的隐情，他立即命淮南节度副使王玠出任宣州制置使，给李遇扣了一个抗命不朝的罪名，派都指挥使柴再用和徐知诰两人，领兵讨伐李遇。

李遇当然不会束手就擒，紧闭城门，摆出一副顽抗到底的架势。李遇真倒不是吹的，柴再用等人围攻了一个多月，宣州城仍稳如泰山。

徐温见宣州久攻不下，采用了一个下三滥的手法，将李遇的小儿子抓起来，押送到宣州城下要挟李遇，说再继续抗命不遵，就剁了他的小儿子。

李遇最疼这个儿子，见儿子被人绑了，心如刀割，想到后果，非常害怕，答应两天后给答复。

柴再用带李遇的儿子回营。恰好徐温派典客何荛前来劝说李遇。

何荛进城之后，对李遇说："如果你还是执迷不悟，我来了也就没打算活着回去。但仅凭宣州城，坚持不了多久，城破之日，玉石俱焚，到时能保全家人吗？"

李遇左思右想，实在也没有别的办法，只得投降。

李遇高估了徐温的人格，他以为只要投降，徐温便可饶他不死。

徐温是什么人？管你老臣小臣，顺我者昌，逆我者亡，杀光了才好。柴再用进宣州，奉徐温命，先杀了李遇父子，后杀了他一家老小。

徐温干掉了不听话的李遇，杀鸡给猴看，震慑了那帮想造反的老家伙，再也没有人敢拿自己的性命开玩笑了。于是，他便开始培养自己的势力。

培养势力，当然要从自己人开始。徐温有六个儿子：徐知训、徐知询、徐知诲、徐知谏、徐知证、徐知谔，但这些亲生儿子，都不如另一个收养的儿子——徐知诰。

徐知诰本姓李，字正伦，徐州人，家世低贱，少年时是一个流浪儿，先被杨行密收为义子，但杨行密的几个儿子容不得他。于是，杨行密请徐温收养，改姓徐，名知诰。

徐知诰侍奉徐温如同亲生父亲一样，非常孝顺，徐温很感动，经常对自己的儿子们说："你们虽然是我亲生的，但若论起孝道来，没一个超过知诰。"

吴王杨行密活着的时候，对徐知诰也是偏爱有加，说徐温白捡了个好儿子，常说徐知诰是人中俊杰，前途不可限量。

徐知诰不仅在孝顺上强过徐知训，能力上更是判若云泥。

徐温培植自己的势力，徐知诰便被提升为升州刺史。

徐知诰到了升州后，礼接儒士，选用能吏，勤励节约，宽仁待民，隐然有笼络人心、缔造宏基的意思。一时间，四方贤士蜂拥来投，其中名头最响的就是洪州人宋齐丘。

宋齐丘向来很有辩才，有战国苏张之风，其他如王令谋、王翊、曾禹、张治、徐融、周宗、曹悰等人，徐知诰都允以重用，参与政务。徐知诰礼贤下士，慷慨大方，甚得军民之心。只是在徐温面前，仍然恪守臣子之道，卑躬屈膝，锋芒内敛，将徐温哄得服服帖帖。

徐温高兴地对几个亲生儿子说："你们对我，能像知诰一样吗？"从此以后，对徐知诰更是言听计从。

徐知诰密告徐温，说刘威专横跋扈，不可不防。徐温便打算出兵讨伐刘威。

刘威得到这个消息后，非常恐惧，立即同幕僚黄讷商量应对之策。黄讷对他说，要想逃过这场灾难，就要想办法打消徐温的怀疑。

“难呀！”刘威说，“徐温杀人不眨眼，他想干的事，没人阻止得了。”

“不一定。”

“你有什么好办法？”刘威迫不及待地问。

“你只是遭到谗谤，并没有真凭实据在他手里，如果轻舟简从地去拜见他，自然会尽释前嫌。”

刘威采纳了黄讷的建议，乘一条小船，带两三个侍从，直奔扬州。正碰上陶雅也来见徐温。

徐温确实有一套，非常客气地接待了刘威、陶雅，还说吴王杨隆演准备给他们加官晋爵，先从心理上就稳住了刘威、陶雅。

刘威、陶雅两人非常高兴，在扬州住了半个月才离去。临走时，徐温设盛宴给他们饯行，席间，又敬酒又夹菜，极其殷勤。

徐温这一手，让刘威、陶雅两人受宠若惊，感动非常。徐温彻底地征服了他们。此后，两人同徐温成为同一个战壕的战友、铁哥们儿。

后来，徐温和刘威、陶雅共同推尊杨隆演为太师。徐温也升官加爵，做了镇海军节度使兼同平章事。

徐温派大将陈章攻打楚国，攻占了岳州，俘虏了岳州刺史苑玫。随即，又在无锡击退了吴越的军队。

楚国与吴越先后都向后梁的朱友贞诉苦，说吴王到处挑衅，梁朝应该出面干预一下，不然，说不定有一天，淮南的部队不小心就跑到汴州去了。

刚当上大梁皇帝的朱友贞，听说徐温在淮南搞得风生水起，也想试一下淮南的水到底有多深，命大将王景仁为淮南招讨使，率领一万兵马，进攻庐州、寿州。

在柏乡被李存勖打得灰头灰脸的王景仁，其实是淮南的老朋友，他原名叫王茂章，曾官至淮南宣州观察使，后来转投了吴越的钱镠；再后来，他奉钱镠之命出使汴州，被朱温留下了，为避讳，改名王景仁。

徐温并没有忘记王茂章，听说他来了，便让东南诸道副都统朱瑾领兵去招待他。两军在霍丘（今安徽霍邱）摆开架势，大战一场。

梁军不善水战，吴军依靠淮河发起进攻，梁军屡战不胜，只好败走。

徐温击退了梁朝和吴越这两个死敌，威望直线上升。

梁贞明元年（915）八月，吴主杨隆演封徐温为齐国公，两浙招讨使。

徐温便迁往领地润州，以升州、润州、宣州、常州、池州、黄州为齐国。徐温据升州，建大都督府。留儿子徐知训在扬州。

徐知训已经做了淮南行军副使，现在更是包揽内政，小事由徐知训做主，大事则与徐温商量。淮南的政府官员及军民人等，只知道有徐氏父子，不知道有杨隆演。

朱友贞得知淮南的势力强盛，担心东南各镇与淮南联手，将来成为梁国的隐患，准备想办法拉拢淮南。恰在此时，荆南节度使高季昌造了五百艘战舰，招兵买马，有志称雄。朱友贞立刻封他为渤海王，赐给衮冕剑佩。如此一来，越发助长了高季昌的气焰，时刻都想着要扩大疆土。

他打听到蜀国发生了内讧，便亲率战船，去攻打蜀国的夔州。

天府之国不太平

原来，蜀王王建自从称帝之后，由于岐王李茂贞有些贪得无厌，致使两家失和，由亲家变成了冤家对头，兵来将往，打了一年的仗，最后以李茂贞大败而告终。从此以后，王建更加嚣张。

王建在蜀中做了皇帝，他的那帮干儿子跟着沾光，其中最得势的是武信军节度使王宗佶。王宗佶自恃军功卓著，以为王建称帝后，自己是皇太子的当然人选。王建却不这样想，自己有亲生儿子，怎么可能把江山传给王宗佶这个外人呢？因此，他只给了王宗佶一个中书令的职位。

王宗佶虽然不服，但也不能怎么样，却将一股暗气撒在太子王宗懿的身上，两人的关系闹得非常紧张。胳膊肘儿总是朝内拐，王建当然是向着自己的亲生儿子。于是，王宗佶为他的不服付出了最为惨重的代价——颈上人头。

王宗懿改名王元膺，他在同王宗佶的争斗中占了上风，但在此后的一次搏击中，却又输得很惨，一下子从天上掉到地下。

事情的经过是这样的：王宗懿虽然异常凶猛、能骑善射、武功高强，在战场上是一员虎将，但却是一个四肢发达、头脑简单的莽汉。他为人轻佻，做事毛躁，自恃是太子，便目空一切，任何人都不放在眼里；更要命的是，他喜欢羞辱大臣，从来不顾及别人的感受，这样就给自己制造了不少敌人。

枢密使唐道袭是王建的宠臣，但却是王宗懿经常戏谑、捉弄的对象，只要有机会，王宗懿就会当众羞辱他，命他装扮成舞童，当众起舞，自己则在一旁任意揶揄。

唐道袭恼羞成怒，对王宗懿恨入骨髓。其实，唐道袭也不是一盏省油的灯，他也在寻找机会报复。他知道王宗懿是王建的亲生儿子，疏不间亲，自己虽然很得宠，但真要同王宗懿斗，分量还不够。为了增加实力，他便在皇族中寻找同盟军。

王建妻妾成群，最得宠的不是正室周氏，而是大、小两位姓徐的美人。

五代宋初最漂亮的美人是花蕊夫人，她是后蜀皇帝孟昶的爱妃。

但历史上还有一个花蕊夫人，这就是王建所宠爱的小徐妃。论资色、才貌，王建的这位小徐妃，丝毫不逊于后蜀版的花蕊夫人。

徐氏姐妹在花信之年便被王建收入宫中，极受宠幸。大徐妃给王建生了个儿子，就是王宗衍，爱屋及乌，王建对王宗衍格外疼爱。大、小徐妃虽然受宠，但知道皇太子王宗懿不是自己生的，一旦王建去了极乐世界，凭王宗懿的个性，她们姐妹俩也不会有好日子过，于是，她们便想扳倒王宗懿。

大、小徐妃和唐道袭虽然目的不同，但为了一个共同的目标，结成了同盟。

两个妃子在王建身边吹枕头风，说王元膺这也不好，那也不行。唐道袭在王建耳边灌水，说王元膺有谋逆之心。

王建开始并不相信，但经不住唐道袭再三唠叨，再加上其他大臣跟着起哄，王建竟然起了疑心，命令唐道袭带兵守卫后宫，以防不测。

王元膺头脑简单，不动脑子，他以为唐道袭要对自己下手，便命大将徐瑶、常谦等人率兵在大街上和唐道袭的部队干了起来。

唐道袭命短，在这次冲突中，竟然身中数箭，坠马身亡。

王建得报后，以为工元膺真的要弑父篡位，立即命王宗侃率兵去收拾王元膺。

王宗侃调动的是正规军，收拾王元膺和他的侍从，那是小菜一碟，王元膺很快被擒。

王建把王元膺贬为庶人，改立幼子王宗衍为太子。

徐妃的阴谋得逞了，唐道袭却为此付出了性命。

高季昌看蜀中起了内乱，认为有隙可乘，便进攻夔州。夔州刺史王成先出兵迎战。高季昌命军士乘风纵火，焚烧了蜀军的浮桥。蜀兵颇有惧色，幸亏蜀将张武率兵挡住了敌舰，高季昌才不能进军。突然，刮起了大风，蜀军处于上风头，荆南军处于下风头，熊熊大火转而烧向荆南军的战船，荆南军不是被烧死，就是落水淹死，高季昌只得换乘小船，落荒而逃。

高季昌以为能到四川天府之国去占点便宜，然后向后梁的主子邀功，可惜技不如人，刚刚把手伸出去，就被人打缩回来了。

第十四章
天上掉馅饼

魏博兵变的导火索

朱温时代的老将，大多都退出了历史舞台，此时也就只剩下杨师厚、牛存节和刘鄩等几个人。其中，杨师厚的地位最高，权力也最大。

杨师厚自从被封为天雄节度使兼邺王后，手握重兵，位兼将相，大有威震人主之势。朱友贞无论朝中的大小事，都要先咨询他后才决定，这更助长了杨师厚的骄气。

杨师厚晚年自恃功高，萌生不轨行为。

他截留地方应上缴朝廷的财赋收入，征募数千名精悍的军卒，组建成银枪效节军，作为牙兵卫队。

河逆地区本来没有上元节夜游的风俗，杨师厚却别出心裁要求魏州百姓每家立灯竿，挑灯笼，亮如白昼，纵情夜游。又修建彩舫，荡游御河，极声色之娱，甚至采集巨石，铭刻功德碑，以铁车壮牛拉运，所过之处，建筑全都摧毁。百姓称之为“碑来”。

贞明元年（915）三月，功德碑才运抵魏州，杨师厚还没有来得及看一眼，就已魂归天国了。老百姓都说这是“悲来”的报应。

朱友贞听说杨师厚死了，表面上虽然戚戚然，心中却高兴得不得了，为了不让世人说他寡情，他还是宣布辍朝三日，追赠杨师厚太师，将他风光下葬。

朱友贞在宫廷宴请几位亲信大臣，名义上是讨论魏州的事情，实际上暗含庆祝之意。杨师厚死了，心头之患已除，如果不庆贺一番，那就太对不住自己了。不过，议题倒不假，因为杨师厚死了，魏州的问题必须要有个了断。鉴于魏博军在梁晋争霸中的特殊地位，朱友贞担心魏博军实力太强，对自己始终是个威胁，得想一个万全之策。

租庸使赵岩认为，魏博之所以屡次为祸，就是因为魏博军太强大，现在，杨师厚死了，正好趁此机会，将魏博一分为二，借以削弱魏博军的势力。

这一动议，成了魏博军兵变的导火索。

如果朱温在世，想必早就一巴掌扇了过去：“就你小子瞎掰，魏博是什么地方？从唐朝安史之乱开始，那地方就单干了，又是前线重地，根深蒂固，势力强大。你以为我不动罗绍威是喜欢他呀？我那是不敢。魏博军一跺脚，整个汴州城都震动了。”

朱友贞可没有他老子考虑得那么多，他觉得这位小舅子特聪明，竟然想出了这样一个釜底抽薪的好办法，立即鼓掌赞成，大叫：“善！”于是下诏，将魏博军分为两镇。

魏博军原管辖有魏州、博州、相州、卫州、澶州、贝州共六州。朱友贞以魏州、博州、贝州为一军，仍然沿袭魏博军的称号，以相州、卫州、澶州为一军，称昭德军。

按朱友贞的想法，魏博军一分为二，势力小了，对朝廷构不成威胁，他可以更好地控制魏博六州，保住和河东军对抗的本钱。他命贺德伦任天雄节度使，管辖魏、博、贝三州；封张筠为昭德节度使，管辖澶、卫、相三州。

朱友贞在分镇诏书上说：“其次相、卫两州，皆控泽潞山口。两道并连于晋土，分头常寇于魏封。既须日有战争，未若惧分节制。”

朱友贞的想法太天真，天真得如同赵括的纸上谈兵。因为魏博是梁朝的头号重镇，一分为二之后，势必削弱魏博军在对抗河东军上的相对优势，如同本来用一个拳头打人，如今却改成用五指打人一样，效果可想而知。

为了防止分镇时出现意外，朱友贞命刘鄩率兵六万，从白马渡过黄河，先锋是号称“王铁枪”的猛将王彦章。名义上是去征讨王镕、王处直，实际上是去监督魏博军分镇。

魏博军兵自唐朝安史之乱以后，成为一大军镇，那时的军队都是“父子兵”，家眷随军，代代当兵吃粮，魏博的兵将，这么传了百余年，彼此沾亲带故，形成了一个庞大的关系网，听说要分镇搬家，谁也不乐意。后来，听说刘鄩率兵过了黄河，先锋官王彦章带领五百先头部队已经进城，大家知道，刀架在大家的脖子上，朱友贞这是在玩真格的了。

新任节度使贺德伦到魏州后，宣布皇帝旨意，并催促分往昭德军的将士迅速迁移到相州时，魏州城顿时闹翻了天。

将士们私下议论，说杨令公（杨师厚）坐镇本州的时候，皇帝老儿早就起了疑心。如今，杨令公不在了，皇帝老儿就向我们动手。六州合为魏博，已经有百余年的历史，本地人当本地兵，已经习惯了。一旦分镇，骨肉就将分散，再无相会之日。不如反了，或许还有一线生机。

有个叫张彦的小校趁机散布谣言，说梁兵想杀绝魏博人，原本就人心惶惶的魏博兵顿时就炸了营，纷纷拿起刀枪，闯进帅府，杀了贺德伦的亲兵五百余名，劫持了贺德伦，把他软禁在城楼上。

王彦章听说发生了兵变，急忙披挂上马，却见四面八方都是魏博兵，寡不敌众，只得带了自己的五百骑兵突围，逃离魏州城。

乱军首领张彦禁止士兵烧杀抢掠，并逼着贺德伦向朝廷报告，请朝廷收回成命，恢复旧制。

朱友贞如果能撤销分镇的命令，事情可能还有挽回的余地，可惜他认不清形势，非要一条巷子走到底，派供奉官扈异前去安抚魏博军，答应任命张彦为刺史，但却不同意收回成命。

张彦一再恳求，扈异也多次往返，朱友贞就是不松口。

张彦一看和平解决没有希望了，气得撕碎了诏书，逼迫贺德伦给李存勖写投降信，把河东军给请了来。

张彦的意图很明确，在朱友贞手底下混不下去，干脆就投奔太原的李存勖。

好大的馅饼

晋王李存勖面对天上掉下的大馅饼，大喜过望。命大将李存审从赵州出发，去占据临清。

贞明元年（915）五月，李存审到达临清，后梁开封府尹刘鄩已经进军洹水，距离魏州已经不远了。贺德伦又派人向李存勖告急。

李存勖亲率大军越过黄泽岭（今山西左权东南）东下，在临清同李存审会师。李存勖到底是李存勖，虽然这个大馅饼很诱人，但他并没有得意忘形，他担心魏博军有诈，到达临清后，按兵不动，同驻兵洹水的刘鄩形成对峙之势。

贺德伦已被张彦一伙软禁了两个多月，日子过得很憋屈，听说晋王到了，秘密派判官司空前去慰劳河东军将士，对李存勖说："除乱当除根。"进而把张彦纵兵杀掠的情况告诉李存勖，劝李存勖先除掉张彦。李存勖当时并没有表态，率部队向前推进，驻扎在永济。

张彦以为这次立了大功，一定会得到晋王的封赏，带了全副武装的五百名银枪效节军，兴高采烈地来见李存勖。

李存勖命军士站立在驿门两侧，自己登上驿楼等候张彦到来。

张彦欢天喜地地登上驿楼来见李存勖，谁知还没有靠近，就被李存勖叫人给拿下了，随行的七个头目也一并被拿下。

"我是有功之人，你们为什么这样对我？"张彦大叫冤枉。

李存勖板着脸，冷笑一声说："你有功不假，但与你所犯之罪相比，远不足以抵罪。"

“为什么？”张彦惊恐地看着李存勖。

“你欺凌逼迫主帅，残虐百姓，让魏州的无数百姓在兵变中丧生，你敢说无罪？”李存勖看了张彦一眼，大声说，“我举兵来此，是为黎民百姓着想，并非要抢占他们的土地。你对我有功，却是魏州百姓的罪人，我不得不杀了你，以谢魏人。”说罢，下令将八个人推下去斩首。

李存勖杀了张彦等八人，立即召见他带来的五百银枪效节军，对他们说：“有罪的只是张彦等八人，其余一概不究，从此以后，我会待你们如家人。”

大家听后，都跪伏在地感谢，高呼万岁。

李存勖恩威并举，一下子将众人治得服服帖帖。

第二天，李存勖命张彦带来的五百银枪效节军做自己的帐前亲兵，前呼后拥地陪着自己进入魏州城。

李存勖这一手做得太绝了，他让罗绍威、张彦的旧部做自己的亲兵，让魏博的老百姓不得不服：你瞅晋王待人多厚道，刚来魏州，就放心地让咱们的人做亲兵，可不像朱家那几个白眼儿狼，时刻提防咱们。

李存勖这一招，达到了不战而屈人之心的目的。此时的李存勖虽然是一员武将，倒颇识用兵驭民之道。

贺德伦听说晋王到了，率众将士出迎，进城之后，向李存勖捧上印信，恭请晋王兼领天雄军。

李存勖假意谦让地说：“我听说城中生灵涂炭，才来此救百姓于水火之中，还没来得及考察民情，你就将印信交给我，这可不是我的本意啊！”

贺德伦哪里肯听，坚持要李存勖受印。

李存勖一番做作，接受了魏博军的印信，控制了魏州。

李存勖接管了天雄军，封贺德伦为大同节度使，让他走马上任。

贺德伦路过太原的时候，正赶上梁兵围城，张承业担心出现意外，将贺德伦强行留了下来。

魏州西接太行，东连山东，南临黄河，是进可攻、退可守的战略要地，得到它，李存勖离汴州城差不多就仅隔一条黄河了。从此，梁朝丧失了战略主动，不得不把大量机动兵力调到黄河布防，攻击力大打折扣。不但如此，魏博长枪兵此前一直是梁军骨干部队，现在成建制地转给了李存勖。双方力量此消彼长，胜利的天平逐步向李存勖的方向倾斜。

刘鄩失策

刘鄩在魏博兵变之后，应变迅速，布防及时，把晋兵堵在了黄河北岸，避免了被敌人冷不防端掉老窝的命运。李存勖见黄河一时半会儿过不去，就让李存审、史建瑭等在河岸顶着，自己带了亲军先后夺取了德州、澶州等几处不服帖的魏博属地。

梁将王彦章逃出魏州后，奔往刘鄩军营，他的家属还在澶州城内，被晋军抓住了。晋王李存勖并没有虐待他的家属，而且派人告知王彦章。王彦章竟然不顾全家人的性命安全，杀了晋王派去给他送信的人。一报还一报，晋军将他的家人全都杀了。

刘鄩随即向魏县进兵，凭多年在战场上的经验，他知道李存勖最重视地形，战前有观察地形的习惯，便暗中派五千兵马，悄悄渡过黄河，在河汉附近的青纱帐里埋伏起来，守株待兔。

天气阴沉沉的，能见度很低，李存勖不顾大将们的劝阻，果然带了百来号人马，跑到河堤上偷窥河对岸刘鄩的大营。

埋伏在河汉附近的梁兵呐喊一声，杀了上来。

李存勖遇难不慌，带领百来号人哇哇大叫，左冲右突，所向披靡，梁军竟然奈何不得。李存审得到消息后，吓得魂不附体，慌忙领兵来救，梁兵见晋军援兵杀来，赶紧渡河撤退。

李存勖仍然是谈笑风生，丝毫不像刚刚经过了一场生死之战的样子。收兵回营，他将在河堤大战中拼命保护自己的亲兵鲁奇格收为干儿子，改名叫李绍奇。

刘鄩进入魏县城中，一连数天没有动静，李存勖觉得奇怪，派侦察兵前去打探消息，回来报告说，城中旗帜如林，却无烟火。

李存勖起了疑心，怀疑刘鄩有诈。命侦察兵再去察看，这才得到准确消息，魏县已是一座空城，城中竖立的旗帜，是刘鄩扎的稻草人在那里“执勤”。

原来，刘鄩伏击李存勖失败之后，就给自己提了个醒，一百多人都对付不了，对付晋军的主力就更是凶多吉少，如果同晋军纠缠下去，占不到便宜。他猜想，河东的精锐部队全都集中在魏州战场，太原老窝必定空虚，他就给李存勖来一招“绝户计”，偷袭太原，抄他的老窝。为了麻痹李存勖，他让士兵们扎了很多稻草人，绑上旗帜，摆在魏县城内作为疑兵，糊弄李存勖，他本人则率部队偷偷翻越黄泽岭，直奔太原。

河东的大将们都急了，料知刘鄩一定去抄太原老窝去了。两天的时间能走几百里路，现在再去追赶，时间恐怕来不及了。

李存勖不屑地说，刘鄩的计策的确厉害，他的长处在于出奇制胜，短处却是不能决战，他的步兵多，骑兵少，一定走得不远，只要快速追击，不难取胜。

他立即让部将李嗣恩抄小路先回太原报信，又派人去幽州通知周德威赴援，自己则带一万骑兵随后追击。

刘鄩的运气坏透了，部队悄悄拉出魏县之后，却赶上了连日阴雨，道险路滑，士兵们牵藤援葛，越岭西行，脚都走肿了。很多士兵摔死在山路上，好不容易走到乐平时，粮草又用尽了。

这时，周德威的部队已经赶到太原附近，太原也已经有了防范。李存勖亲率大军跟在屁股后面追来了。

刘鄩知道，这样下去，士兵非哗变溃散不可，只得从邢州陈宋口东渡漳河，打算先夺下晋军的后勤基地临清，一方面解决吃饭问题，另一方面切断李存勖河防大军的粮道。

周德威日夜兼程追赶刘鄩，追到南宫的时候，抓获了刘鄩的几名间谍。他命人砍断间谍的胳膊，放他们回去，并让他们转告刘鄩，说周侍中已到临清，正在那里恭候他的大驾。其实，周德威此时离临清还有一天的路程。

刘鄩听说周德威赶在他的前面到达临清，只得命令部队停下来。直到第二天，周德威才越过刘鄩的部队，直奔临清。

刘鄩知道中了周德威的诡计，后悔不及，急忙率兵赶往贝州。

李存勖接连接到报告，知道刘鄩改变了方向，由西返东，追兵都没得手，于是让部队停下来，驻扎在博州，借以呼应周德威。

周德威追到堂邑，同刘鄩的部队打了一仗，双方互有死伤。

刘鄩本来就很小心，见战场上占不到便宜，便移军莘县固守。

李存勖调集各路兵马围攻莘县。河东军多是胡人，最善于阵地作战，而刘鄩最擅长的就是守城，两军在莘县历经数十余战，谁也奈何不了谁。

朱家愚才

李存勖攻城一个多月，毫无进展，正在他无计可施的时候，有人出来帮忙了，这个人就是他的敌人朱友贞。

朱温虽然是一个恶人，但却善于驭将，刘鄩在他的手下屡建战功。朱友贞可就不一样了，他当皇帝是沾老子的光，打仗也是门外汉，魏博军这次兵变，完全是他瞎指挥造成的。

朱友贞见刘鄩进兵魏州毫无进展，责怪他劳师费粮，刘鄩虽然派人做解释，朱友贞还是不听，催促他速战速决。

刘鄩觉得非常委屈，皇帝不差饿兵，没有粮食，这个仗怎么打？于是上书自辩，说他不是神，士兵饿着肚子不能打仗，并承诺，只要给部队每人拨放十斛粮，让士兵吃饱肚子，他就可以打胜仗。

朱友贞愚得太可爱，下手谕质问刘鄩：“你要这么多粮食，是打仗，还是填肚皮？”

刘鄩接到手谕，哭笑不得，只得召集众将说：“主上深居禁宫，不了解军情，只知道和那群年轻人商量军务，急功近利，不知道敌人的强大，欲速则不达，我们该如何是好？”

刘鄩的智慧团成员面面相觑，谁也不能回答他的问题。倒是有一些将领早就闷坏了，听说皇上催战，一个个摩拳擦掌，纷纷要求一战。

刘鄩气得宣布散会，对亲兵说：“皇帝昏庸，小人进位，将骄兵惰，我实在没辙了。”

第二天，刘鄩又将众将召集在一起，在每人的面前放一杯水，命他们一口喝干。众人不知何故，面面相觑，无人敢饮。刘鄩便对大家说：“一杯水尚难一口饮尽，滔滔黄河，能一口喝干吗？”

刘鄩是在借水喻意。原先那些要求出战的人，不敢出声了。

刘鄩虽然不想出战，但经不住朱友贞的一再催促，如果再不出战，就有抗旨不遵之嫌，无奈之下，只得硬着头皮，挑选一万精兵，出城攻打镇州和定州。

镇定、定州两军猝不及防，被刘鄩打了个措手不及，幸亏晋将李存审、李建及率兵赶来支援，冲断了刘鄩的部队。刘鄩腹背受敌，不敢再战，慌忙收兵回城，清点人数，已经丧失了千余人。于是，决心坚守，不再出兵，并将前方战况飞报朱友贞，请他不要再催促。

朱友贞将信将疑，整日如坐针毡。又因宠妃张氏这时候病了，更是终日郁郁寡欢。

张妃才色双全，朱友贞早就想封她为皇后，张妃请求等皇帝行了郊天改元大礼后再受册封。

朱友贞因为连年征战，就将郊天改元大礼这件事拖下来了。现在看到张妃病情严重，急忙册封她为德妃，谁知白天刚行完册封大礼，晚上，张妃就去世了。

朱友贞正在伤心，却有人向他下黑手了，这个人就是他的八弟朱友孜。

朱友孜是朱温的第八个儿子，被封为康王。

朱友孜两眼生来有两个瞳孔，他认为这是天子相，朱友贞当皇帝，他心里不服，一直想干掉朱友贞，可惜他没有兵权。于是，他策划了一次暗杀行动。

这一天，朱友贞刚入睡就做了一个噩梦，梦见有人行刺，突然惊醒。正在纳闷之际，忽然听到御榻中有金属碰撞之声，越发觉得奇怪，仔细一听，声音是从剑匣中传出来的。他连忙翻身下床，取出剑匣，抽出宝剑，自言自语地说：“难道有急变吗？”

正在这时，寝室的门突然被推开，一名刺客持刀进来了。

“干什么？”朱友贞怒喝道。

刺客见朱友贞手握宝剑站在屋内，吓得魂不附体，转身就跑。

朱友贞抢上一步，一剑刺倒了刺客。呼唤侍卫入室，让他们验尸，有人认出来刺客是康王朱友孜的门客。

朱友孜正在家里等候消息，听到敲门声，跑去开门，敲门的并不是他派出的刺客，而是一队禁兵。

朱友贞亲自审问，朱友孜并不抵赖，便下令将他推出去斩了。

亲兄弟都敢对自己下手，其他人就可想而知了。从此以后，朱友贞便疏远宗室，只信任赵岩及张汉杰兄弟。

其实，朱氏兄弟也没剩下多少了，朱温这一支只剩下朱友贞、老五福王朱友璋、老六贺王朱友雍、老七建王朱友徽了。

赵岩等人得宠后，依势弄权，卖官鬻爵，进谗言离间老将，如敬翔、李振等一班功臣，名义上参政，实际上只是一个摆设。后梁朝政日渐紊乱，大家都心灰意冷，眼看梁国七十八州陆续被人占去，以至于败亡。

故元城西之战

转眼到了贞明二年（916），刘鄩和晋军仍然在莘城耗着。

李存勖的本钱小，耗不起，便让人放出风声，说晋王已经回太原休息去了。李存勖的目的很明确，就是引蛇出洞。

刘鄩对李存勖的军事能力一向比较头痛，听说李存勖走了，大喜过望，立即派杨师厚的旧将杨延直率兵一万袭击魏州。

杨延直刚到魏州南城，就被守城的李嗣源偷袭击溃了，等刘鄩到达魏州城东时，只收拢了几千残兵败将。

李存勖见蛇出洞了，命李存审、李嗣源一齐靠拢，自己随兵赶到。

刘鄩看到晋王的大旗，知道上当，慌忙率兵撤退，在故元城西被李存审堵上了，不得不就地布阵进行决战。

此时，李存勖在西北、李存审在东南各布了一个方阵，将刘鄩的七万兵马夹在中间。

刘鄩四面受敌，部众纷纷溃散。只有数千人跟着他逃过黄河，逃往滑州。

故元城西之战，是李存勖对梁军的第一次大规模歼灭战，从此以后，梁军丧失了中原战场的主动权。

匡国节度使王檀见河东军都拉到魏博战场去了，密奏朱友贞，袭击李存勖的老巢太原。得到批准后，紧急调集河中、陕州、同州各镇兵马，出阴地关，神不知鬼不觉地摸到太原城下，昼夜攻城。

太原城没有部队，留守张承业动员工匠和商人丢下手中的活儿，拿起武器上城墙守城。正在危急之时，代北（今山西恒山以北地区）退休老将安金全来找张承业，说城中将领的子弟和退伍的将士足有数百人，都是训练有素的勇士，只要发给他们武器，就是一支从天而降的大军。

张承业喜出望外，打开库房，取出武器，发给他们。

这支生力军果然不负重托，他们在安金全的带领下，夜袭梁营，击退梁军。

昭义节度使李嗣昭听说梁军偷袭太原，派牙将石君立率五百骑兵驰援太原。他们早上从上党出发，晚上便赶到太原，在汾河桥击退梁军，直达太原城下。

张承业大喜，开城迎接他们进城。

当天晚上，石君立和安金全带兵分别从四门出城，袭击梁军，大获全胜，梁军死伤十之二三。

王檀以为是援军大举赶到，害怕吃亏，搞了一番“三光”政策，匆匆渡河撤走了。

当时，贺德伦还留在太原，他所带的士兵很多缒城而逃，投降了梁军。张承业担心他们为内应，下令杀了贺德伦，然后报告晋王。

李存勖也没有怪罪他。

这次偷袭太原的梁军，史书上有的说是三万，有的说是五万，恐怕有些夸张，如果真是这样的话，仅凭太原城中那群乌合之众，张承业再有本事，也坚持不了三天。安金全带领数百名退伍兵和子弟，就杀退了数万梁军，那更是天方夜谭，即使石君立率五百骑兵驰援，那也是杯水车薪。

不过，太原确实是安然无恙，战场上，的确是晋军胜了。

安金全挺身而出，应该记功才是，结果连个口头表扬都没捞上。原来李存勖这人比较傲气，这次老窝差点儿被人掏了，让他很没面子，心里很恼火，所以一赌气连有功人员的奖赏也都懒得给了。幸亏张承业很会做思想工作，加之安金全等人也不怎么计较，才没有让矛盾扩大。但李存勖赏罚不公的毛病，以后不止一次坏了大事。

朱友贞听说刘鄩大败而归，王檀也无功而返，忍不住长叹道："大梁大热去矣！"召刘鄩入朝。

刘鄩担心遭到处罚，便托词说晋军未退，滑州还离不开他，不敢来京。

朱友贞便封刘鄩为宣义节度使，命他带兵进驻黎阳。

李存勖命李存审去攻打贝州，他自己则率兵攻打卫州等州。李存审攻贝州久攻不下，李存勖却很轻松地攻克了卫州和磁州、洺州、相州、邢州。

李存勖在邢州设置安国军，兼管洺州和磁州，命李嗣源为安国节度使，并命他进兵沧州。

沧州城守将毛璋并没有反抗，开城投降了李嗣源。

贝州刺史张源德死守城池，由于城中粮尽，士兵哗变，杀了张源德，开城投降。这些梁军有心投降，却又担心晋军容不得他们，便提出穿着铠甲、带着武器投降的条件。

李存审假装同意，进城后也将降军抚慰一通，然后命他们脱去铠甲，放下武器。

降军不知是计，纷纷卸掉铠甲，放下武器。

李存审突然一声令下，晋军立即包围了降军，将这些手无寸铁的降军杀得一个不留。

李存审虽然做得有些不地道，但他也是恨透了贝州的守军，因为在攻城战中，晋军伤亡很大，他要杀降众出一口恶气。

此后，河北一带成为晋国国土，只有黎阳还被刘鄩占据。李存勖不服，还想再挑战刘鄩，屡次派兵征伐，却也奈何不了他，只得班师。

刘鄩是梁朝最后的名将，替梁国在河北保留了最后一片疆土。

故元城西战役和太原保卫战的胜利，改变了梁、晋的力量对比，梁国精锐尽失，士气受挫，而且，朝廷还没有从政权更迭的阵痛中缓过气来。李存勖如果能一口气打过黄河去，直取洛阳、汴州，梁朝或许就像戳破了的气球，顷刻烟消云散了。

然而，这一切都没有发生，不是李存勖不想这样做，而是他碰到了难题，一是没船，二是缺水手，晋军也没有渡河作战的经验，面对波涛汹涌的黄河，只好望而却步了。

李存勖同前门邻居的恩怨还没有解决，后门又有人动刀子了。

第十五章
契丹人成了气候

契丹崛起

中国北方，一向都是外夷的属地，历代相沿，多次变动。

唐朝初年，突厥最为强大，后来，突厥分裂，回鹘、奚、契丹三族轮流坐庄，到了唐朝末年，契丹逐渐成了这一地区的老大。

契丹是鲜卑族的一支，散居在潢河两岸，他们乘唐朝衰落之机，逐渐扩大地盘，成为北方的强国。契丹国分为八个部落：皆利部、乙室活部、实活部、纳尾部、频没部、内会鸡部、集解部、奚唱部。每个部落设酋长一名，称为大人。并且公推一位大人为领袖，统辖八部。

领袖实行轮换制，三年为一届，领袖换届以民主推荐产生，不得武力争夺。

唐朝末年，耶律阿保机担任八部统领。

阿保机擅长骑射，足智多谋。北方地域辽阔，人口却很稀少，所以，阿保机经常乘虚跑到中原来，攻城略地，掳走中原的百姓。然后，逼迫他们开垦荒地，种植庄稼，数年之后，居然禾麦丰收，人口剧增。

阿保机是一个很有能耐的人，他在契丹整治城郭，立官建制，一切都仿效中原幽州的制度，称新城为汉城，让汉人集居在那里。

从中原掳过来的汉人住在这里，很有一种亲切感，似乎有些乐不思蜀。阿保机听汉族人说，中原的君主都是世袭制，老子传给儿子，儿子再传给孙子，代代沿袭。因此，他霸道地对各部落说，咱们契丹也要像汉人那样，领袖不再轮流坐庄，实行世袭制。他推翻了三年一换届的旧制，在契丹领袖的位子上，一坐就是三届九年。

八大部落都有意见，阿保机便对八大部落的大人说："我在任九年，所得汉人有数万之众。这些汉人都居住在汉城。如果你们有意见，那我们就各走各的，我到汉城去做首领，你们想怎么样，就怎么样，悉听尊便。"

八大部落的大人爽快地答应了。

阿保机便迁居到汉城，在那里训练军队，打造兵器，攻城略地，四处扩张。

党项在汉城的西面，耶律阿保机想将党项的地盘占为己有，便率兵打上门去。

螳螂捕蝉，黄雀在后。当阿保机眼盯着党项的地盘时，东方的室韦部落也在打汉城的主意。阿保机率兵攻打党项之时，室韦部乘虚而入，出兵袭击汉城。

正当汉城百姓一片恐慌之时，有一人挺身而出，率领众人开城迎敌，击败了室韦部众，并且还追杀了二十余里才收兵。

这位英雄是个女人，她就是阿保机的妻子述律氏。

述律氏名平，小名叫月里朵，是回鹘人的后代。别看她是女流之辈，却是巾帼须眉，不仅人长得漂亮，而且还有勇有谋，阿保机称雄北方，述律氏在幕后出了不少力，阿保机的很多决策，都是述律氏的主意。这次阿保机兵发党项，将守城的任务就交给她。当室韦部打过来的时候，她从容应战，率众破敌。

阿保机听说室韦部袭击了他的老窝，率兵回援时，室韦部早已被述律氏率众击败了。

阿保机是一个很有野心的人，有心要统一北方，但却又没有好的办法，便征询述律氏的意见。述律氏果断地说："杀掉各部落的大人。"

"杀掉各部落的大人？"阿保机吃惊地看着述律氏。

"害怕了？"述律氏逼视着阿保机。

"我耶律阿保机怕谁了？"

述律氏笑着说："那就动手吧！"

"你以为是杀死几只蚂蚁呀，说得那么轻巧？"

述律氏只是笑。

"你有妙策？"阿保机满怀期待地问。

于是，述律氏给阿保机献出一计。

原来，汉城盛产盐、铁，八部落吃的食盐，都要汉城供给，述律氏让阿保机以召开食盐供应会为由，将八部落的大人引诱到汉城来，然后将他们统统除掉。

阿保机派人给八部落送信，说从今以后，食盐供应要限量，请各部落大人与会，不到会者，停止该部的食盐供应。这一招非常厉害，以食盐相要挟，八部落的大人不得不来。

各部落的大人到了汉城，没有一个人活着回去。

阿保机干掉八部落的首领后，分兵攻打八部落。八部已失首领，无力抵抗，全都俯首听命，拥戴耶律阿保机为国主。

阿保机并吞八部，统一北方。

晋王李克用在世的时候，听说梁将篡夺了唐朝天下，想借助契丹兵的力量讨伐逆贼，派人去见耶律阿保机，要与契丹联盟。

阿保机率兵三十万来会李克用，到达云州东城，李克用亲自出城迎接，设盛宴欢迎耶律阿保机，两人结拜为兄弟，约定共同举兵抗击梁国。临别的时候，两人互赠礼品。后来，朱温篡唐做了皇帝，阿保机投入朱温的怀抱，献名马、貂皮，请求朱温给予册封，将结拜大哥李克用抛到了九霄云外。朱温当时向阿保机提了一个条件，就是要阿保机消灭晋国。任务完成了，许诺册封为甥舅国。

李克用得到这个消息后，气得大骂阿保机是混蛋，誓报此仇。可惜在他有生之年，一直没工夫找阿保机算账，临死的时候，交给李存勖一支箭，嘱咐他要灭掉契丹。

李存勖继位之后，打算先扫平河北，由于担心阿保机在背后捅刀子，便给阿保机写信，仍然称他为叔叔，称述律氏为叔母。

李存勖讨伐燕国，刘守光曾派参军韩延徽去契丹搬救兵，阿保机不肯发兵，却留住了韩延徽，让他向契丹称臣。韩延徽死活不干，阿保机一怒之下，罚他喂马。

述律氏慧眼识人，她认为，韩延徽守节不屈，是个大忠臣，建议耶律阿保机对韩延徽以礼相待，不要让他去做那种粗活儿。

阿保机召见韩延徽，而且相当客气，向他询问治国之道，讨论军国大事。韩延徽对答如流，喜得耶律阿保机手舞足蹈，从此待韩延徽如上宾。

韩延徽感阿保机的知遇之恩，全心全意地为他做事。为他出谋划策，帮他策划收复党项、室韦各部落；又创造文字，制定礼仪，设置官号，一切法度，番、汉各占一半，尊阿保机为契丹皇帝。

阿保机自称天皇王，让妻子述律氏做天王皇后，改元天赞。

阿保机以他居住的地方为姓，叫作“世里”，翻译成汉文，就是“耶律”二字。耶律阿保机另在汉城北方营造城邑宫室，称为“上京”。并在上京附近建造了很多高楼，作为往来的牧民登高休息的地方。

拜日崇鬼是当地的风俗，每逢朔望，老百姓都要面向东方拜日。这是梁朝贞明二年（916）间的事情。

韩延徽偷偷跑回幽州探望家人，顺便到太原拜见李存勖。李存勖留他做幕府，后来，燕将王缄私下告诉李存勖，说韩延徽是个反复无常的小人，不可重用。

李存勖也起了疑心，对韩延徽的态度有些冷淡。韩延徽看出了其中的隐情，借口回家探望母亲，又回契丹去了。

耶律阿保机失去了韩延徽，就像瞎子失去了拐杖一样，听说韩延徽又回来了，大喜过望，命韩延徽为宰相，叫他政事令。

韩延徽给李存勖写信，解释他回契丹的原因，说都是王缄从中捣鬼。并表示，只要他韩延徽在，契丹就不会南侵，只是他的老母还在幽州，请李存勖开恩关照，他不会忘记晋王的大恩大德。

李存勖果然不负所托，让幽州的长官经常去探望韩延徽的母亲，问寒问暖，照顾得无微不至。

韩延徽并没有履行诺言。

激战幽州城

贞明三年（917），李存勖正从河北归来，接连从北方传来惊人的警报：号称铜墙铁壁的北方重镇新州（河北涿鹿）换了主人。

新州的主将是李存勖的弟弟李存矩，这个人不但傲、懒，而且不务正业，平时啥事都不想做，就连批改公文的事情，也让老婆代办。这样的统帅，在战士当中的威信可想而知。

李存勖率大军在魏博前线打仗，后勤供应量非常大，尤其是战马的消耗，新州是出骏马的地方，他就几次催促李存矩向前线运送战马。

别看李存矩平常吊儿郎当，可这支援前线的事他却不敢马虎，他又是抓壮丁，又是征马匹，忙得不亦乐乎。

养马不是养鸡，急不来，由于多次征调，民间的马匹已经不多。李存矩不管这些，还是一个劲儿地往死里催，不说老百姓被他逼得走投无路，就是手下的一些人也快被他逼疯了。

副将卢文进觉得在李存矩的手下确实混不下去了，于是发动兵变，杀了李存矩，率众跑到契丹去了。

契丹主耶律阿保机统一了北方后，正嫌自家的地盘小，想向南方扩展而没有找到机会，见卢文进投怀送抱，自然是非常高兴，便让卢文进做向导，亲率三十万契丹大军，占领了新州。

李存勖得知契丹人犯境，攻占了新州，急调幽州节度使周德威率兵迎战契丹军。

周德威虽是晋国名将，南征北讨，立过不少汗马功劳，只是年纪大了，锐气难比当年，率兵来到新州城下，见契丹兵凶悍异常，心生退意。后来，又听说契丹皇帝耶律阿保机亲率三十万契丹兵前来接应，更是心惊。

周德威只有三万兵马，难与凶悍的三十万契丹铁骑相抗衡，好汉不吃眼前亏，只得下令撤退。谁知行至半途，漫山遍野的契丹兵迎面而来。

契丹兵南下的目的，就是杀人放火，抢掠财物，见前方有晋军，如饿狼般扑了过来。

晋军很少见到如此阵势，已是先惧三分，队伍顷刻间就冲得七零八落。仓促之间，周德威也组织不起有效的抵抗，只带了数千兵马突出重围，逃回幽州。

周德威历经大小几十余战，这一战败得最惨。

契丹兵一直追到幽州城下，将幽州城团团围住，声言有百万大军。

耶律阿保机号称的百万大军，以及史书上记载的三十万铁骑，恐怕都有不少夸张成分。契丹兵当时基本上都是骑兵，一般来讲，一个骑兵配备三匹战马轮流使用，而且，契丹人打仗，从来没有自带粮食的习惯。他们的供给全靠抢劫而得，走到哪儿，抢到那儿。如此多的人马，即使契丹人很能抢，恐怕也没地方去抢。

周德威虽然兵力有限，严防固守倒还是真有一套。

契丹兵见久攻不下，便挖掘地道，欲从地下进攻。周德威便命士兵沿城墙挖一条深沟，灌上水，契丹的地道掘过城墙，过不了深沟，一旦挖通了深沟，人还没有从地道里钻出来，水就先灌进去了，水淹老鼠洞，连尸体都找不回去；契丹兵架起云梯攀城，周德威就命士兵用大粪、滚水甚至铁水招呼他们，契丹兵鬼哭狼嚎，一次一次地爬上城墙，又一次一次地滚落城下。

契丹兵望城兴叹，始终难越雷池一步。两军相持三个多月，周德威只是坚守不出，契丹人也奈何不了他。

契丹人南侵，李存勖命李嗣源、阎宝、李存审等率七万兵马去支援幽州。

李嗣源同李存审商议，说契丹兵擅长野战，而我军则善于利用险要地形作战，他建议选择从山路前进，偷偷向幽州靠拢。即使在途中遇到契丹兵，也可以据险而守。

李存审拍手称善，于是率领将士们走山路，翻越大防岭，向东疾进。

李嗣源和养子李从珂率三千骑兵做先锋，轻装上阵，一路急行军，当队伍走到距幽州六十余里处，突然同契丹兵相遇，打了一场遭遇战，李家父子合力击退契丹兵，继续前进。走到山口的时候，又有契丹兵挡住去路。

李嗣源急了，率百余骑来到契丹阵前，脱去铠甲，挥舞着手中的马鞭，用胡语冲着契丹人大喊："你们无缘无故地背叛盟约，侵犯我们的疆土，实在可恨，我们大王率领百万雄师，已经到了你们的都城临潢府，要灭掉你们契丹族，你们还在这里干什么？"

契丹兵听到这里，吓得胆战心惊，李嗣源趁势冲向敌阵，手舞铁锤，砸死了契丹兵一名酋长。后面的晋兵鼓噪而上，一齐杀向敌阵。

契丹兵也不知晋军来了多少兵马，加之晋军这种不要命的打法，已使军心动摇。打仗凭的是一股气势，而且，敌我双方也是此消彼长，契丹兵立即阵形大乱，被晋军冲溃了。

李嗣源率领晋军的先途部队，疾驰到幽州城外，李存审率大队人马也随后赶到。两军在幽州城外摆开了战场。

李存审见敌我双方兵力悬殊，故意布下疑阵，让步兵每人带上一根树杈，当契丹骑兵靠近的时候，就把树杈插在土里，形成野战工事，依托工事发射弩箭，击退敌骑。

两军决战的时候，李存审又让几股骑兵小分队在马尾上拖着树枝，沿山脚疾奔，大声呐喊，扬起漫天尘土，再命人在山中多处放火，烟雾弥漫。喊杀声，飞扬的尘土，满天的烟幕，让契丹人以为遇上了晋军的主力部队，急忙把大多数人马集中在这一路，准备迎敌。

正当契丹军的主力向这边靠拢的时候，晋军主力却从两翼包抄过来，杀了契丹兵个措手不及。契丹兵大败，只得翻过燕山，向北溃逃。

周德威出城迎接众将，拉着他们的手，老泪纵横。第二天，便派人向晋王告捷。

第十六章
胡柳坡之战

打过黄河去

李存勖虽然身在太原，心里却一直在琢磨河北前线的事。契丹兵败之后，他就准备再度挥师南下。一个多月之前，他听说黄河开始结冰了，便赶往魏州，并命李嗣源等人率兵到魏州集合，择日出师。

梁军的情报工作也不是一无是处，李存勖到达魏州，他们也打听到了，但探子的报告是李存勖正在那里忙着打猎，梁朝的君臣也就没有在意。

李存勖这个人确实好玩，后来也是因为玩而玩掉了江山，但这一次他不是来玩的，他是来抢朱友贞的江山的，打猎是他玩的一个碍眼法，目的是要麻痹朱友贞。他以打猎为名，在黄河边察看冰情，寻找最合适的渡河地点。

贞明三年（917）十一月下旬，李存勖率步兵、骑兵踏冰过了黄河，攻打河对岸的杨刘城。

杨刘城在黄河南岸，离汴州、洛阳较远，周围河湖密布，此前兖州、郓州攻防大战的时候，朱温为了遏制独眼龙李克用沙陀骑兵的威力，曾两次决堤放水，弄得周围汪洋一片，到处都是烂泥滩，极不利于河东骑兵优势的发挥。在梁军看来，晋军不会选择这里为突破口。因此，几十里河防，守军却只有区区三千人。

李存勖正是抓住敌人这一心理错觉，在天寒地冻的大白天带领大军一口气奔过冰河，先扫荡几十里河防的木棚栅栏，然后用枯芦苇填塞堑壕，一鼓作气，当天就全歼守军，攻下杨刘城。

这是唐朝灭亡后，晋兵第一次踏上黄河南岸的土地，士气大长。

鲁西南的地形，实在不适合骑兵作战，而且，李存勖也只是战略性地进行试探，并没有大举进攻的意思。攻占杨刘城后，只是在濮州、郓州搞了一次“三光”政策，抢掠一些物资后，自动休兵。李存勖返回魏州去了。

自从发生了刺杀事件以后，朱友贞就逐渐疏远了宗室中人和朱温时代的一些老臣。他认为，今天出了朱友孜，明天有可能出现第二个朱友孜，后天可能会冒出第三个朱友孜来。至于不相信老臣，是因为这些人在自己跟朱友珪对掐的时候，旗帜不够鲜明，都是骑在墙头看唱戏，完全没有替自己摇旗呐喊的意思。

朱友贞这样做，不能说没有道理，问题是他信得过的人如赵岩、张汉杰、张汉伦等，都是靠裙带关系上来的，根本就没什么治国经验。靠这几个人处理军国大政，实在是盲人骑瞎马，走到哪儿算那儿。

这几个人突然蹿红，成了暴发户，自我意识就膨胀起来，行贿受贿、卖官鬻爵，什么事儿来钱，他们就折腾什么。朝中正义之士敢怒不敢言。

赵岩还嫌大梁不够衰，给朱友贞献上一个特级馊主意——郊礼。

郊礼是皇帝专用的祭祀大典，中国古代新皇帝就职，都要在都城南郊祭祀祖先。

朱友贞政变夺取皇位后，皇城设在汴州，没有到洛阳去就职，而朱家的祖陵在洛阳。即位以来，战事连年，麻烦事不断，祭祀祖先这件事就给耽搁了。但他的心里总想着这个事，经赵岩等人一撺掇，也就答应了。

朱友贞正在洛阳筹办西郊祀天大典，突然听说晋兵已经渡过黄河，杨刘城失守，晋军即将抵达汜水的消息。立即停止祭祖仪式，扔下花了一大笔资金置办的仪仗器材，骑快马逃回汴州。

朱友贞逃回汴州才得到准确消息，晋王攻陷杨刘城后，在濮州和郓州抢掠一番后，自动休兵。他这才略作放心，安稳地过了年。

贞明四年（918），朱友贞准备发兵收复杨刘城。

宰相敬翔知道这个消息后，上疏向朱友贞提出忠告。他说，国家连年战事失利，疆土日益缩小。陛下深居宫中，共商大事的人都是左右亲信之人，怎么能估量到敌国的胜负呢？先帝在世的时候，拥有河北的全部疆土，亲自驾驭豪杰将士，仍不得志。今天敌人已经到了郓州，还不能引起陛下的注意。听说李存勖继位以来，到今年已经十年了，每次攻城作战，都是亲自冲锋陷阵，最近攻打杨刘城时，亲自背着柴束冲在士兵的前面，一鼓攻下杨刘城。陛下温文儒雅自守，安然自若，而派贺瑰之流去抵挡敌人，期望他们驱逐敌寇，我不知道他们能做什么。陛下应当广泛询访老人，另外寻找一些方法。如果不能这样，忧患就不能停止。并且，他毛遂自荐，请求率兵出战。

敬翔所言，字字珠玉，点中了朱友贞的死穴。如果朱友贞能够醒悟的话，此后的形势可能会有所好转。然而，朱友贞不是一个有主见的人，更不是一位明君，自己拿不定主意，却将敬翔的奏疏交给赵岩、张氏兄弟看。

敬翔所说的广开言路、选贤任能，实际上是暗示朱友贞被身边的小人蒙蔽，听不到大臣们的声音。

赵岩和张氏当然明白敬翔的用心，立即挑拨说，敬翔这是倚老卖老，口出怨言，他以为他是谁呀？竟然在陛下面前指手画脚，并建议朱友贞谴责敬翔，将他逐出汴州。

朱友贞念在敬翔是个老臣的分上，没有听他们的意见。

二月，朱友贞派河阳节度使谢彦章领兵数万，攻打杨刘城。

李存勖正在魏州休息，接到杨刘城的急报，立即率轻骑赶往前线。

谢彦章是梁朝名将，他见晋军在杨刘城的脚跟已稳，进攻很难得手，索性就地扎营，派人挖开河堤，在自己大营和杨刘城间造了几里宽的黄泛区，组成一道屏障，两军隔岸相望，耗上了。

李存勖也有主意：黄泛区挡住了我，也阻住了你，我不能攻过去，你也别想打过来。大冷的天，我还真不想打，要耗，大家一起耗。于是，他对军务做了安排，回魏州去了。

这一耗就是四个月，李存勖也休息了四个月。

一晃到了六月，天气暖和了，水也不冷了，蹚水打仗也不怕冻坏脚指头，进攻的时候也就到了。李存勖打着后方慰问团的旗号来到杨刘，偷偷领人撑条小船进入黄泛区，拿枪杆测试水深，结果发现很多地方的水有一枪之深。

河东兵大多是北方人，多数都是旱鸭子，个个面有难色。

李存勖笑着说："梁军其实也不想打仗，他们借水挡住我们，想让我们知难而退。难道我会中他们的奸计吗？"

众人谁也没有说话。

李存勖眼珠子一瞪，大叫道："明天老子第一个下水，看哪个龟儿子敢不跟上！"

第二天，李存勖骑着马，率先蹚水开道，几万晋兵把枪横担在肩上，裤管卷得高高的，手拉着手结成一个个大方阵，整齐地向梁军大营蹚去。

李存勖事先了解过水情，进军时正逢水落的时候，水刚刚淹到膝盖，众将士当然也有了底气，欢呼雀跃。

谢彦章见晋军蹚水过来了，率数万兵马守在水边，晋军虽然冲锋数次，都被梁军击退。李存勖眉头一皱，心生一计，下令鸣金收兵。

谢彦章以为晋军败逃了，带领全军下河追击，刚追到黄泛区中心，突听一声鼓响，晋军一声呐喊，转身杀了回去。

梁军平日操练的都是岸防作战，仓促之间，被晋军杀得晕头转向，队形大乱。晋军从水中一直追杀到岸上，河水变成了血水，岸上到处都是梁兵的尸体。

谢彦章拼死冲杀，算是捡了一条命，手下三万人马，损失过半，苦心经营的四座大营也全部丧失。

李存勖知道兵力不足，并不急于扩大战果，而是让部下就地驻防，自己回太原去了。

李存勖返回太原，不是回去度假的，而是回去解决一些后勤保障问题和谋划一次更大的军事行动。

杀向汴州城

李存勖要把声势造大些，不仅集中了河东、镇州、定州等几个大镇的兵马，而且还请来了北方的室韦、吐谷浑等部，看架势，他是要同大梁最后摊牌。

八月，各路大军赶到魏州会合，其中：周德威的幽州兵三万，李存审的沧州兵、李嗣源邢州、洺州兵、王处直的易州兵各一万。还有北方室韦、吐谷浑等部落的骑兵也都是数千不等，再加上原有的魏博、河东兵，总兵力达到七八万，号称十万。

这是李存勖即位以来，规模最大的一次军事行动。

李存勖见各路兵马都到了，便在魏博举行盛大的阅兵仪式，然后率军沿河而上，在麻家渡扎下营寨。

朱友贞在汴州早就得到消息，急忙命贺瑰为北面行营招讨使，率领十万大兵驰援。

贺瑰率兵赶到濮州同谢彦章会合，驻扎在州北行台。

两军拉开架势后，反而安静下来，偃旗息鼓，互相观望，完全没有想象中的那种剑拔弩张之势。

贺瑰让他的数万士兵挖好堑壕，布好鹿角，将营盘打造得如铜墙铁壁一般。然后，让将士们坐在城头观风景，任凭晋军挑战、谩骂，我自岿然不动，好玩你自为之。

李存勖是个急性子，被梁军的乌龟战法撩得性起，亲自带百来号骑兵前去骂战。

贺瑰也是大梁名将，他采用的乌龟战法，是一种很实用的战法，他让士兵摆出一副死猪不怕开水烫的架势，对晋军的骂阵不理不睬。可是，当他一旦发现了战机，那一定该出手时就出手。贺瑰发现了晋军的破绽，他要出手了。

原来，李存勖太过轻敌，随他一同骂战的只有百十来号人，并没有安排后续部队。这一秘密被贺瑰发现了。他悄悄地传出命令，突然大开营门，率三千骑兵杀了出来。

李存勖没有料到梁军会有这一招，凭他的百来人，根本就不是对手，加之梁兵被骂了这么长时间，人人都憋了一肚子气，恨不得生吞了晋兵，来势异常凶猛。李存勖被杀了个措手不及。如果不是偏将拼命挡住梁兵，他可能就回不来了。

李存勖脱险归来，众将纷纷前来劝说，都说三军主帅，不能轻易涉险。言下之意，李存勖是在逞匹夫之勇。

王镕和王处直两人还派人送来书信，他们在信中说，大唐的命脉系在他的身上，要他珍惜自己的生命。

李存勖笑着对来使说："平定天下，不经百战怎么能做到？怎么可以深居帷房而寝食自安呢？"

李存勖根本就不听劝告，来使刚走，他又上马出营了。

李存审挡在马头前，哭着说："大王当以天下为重，珍惜自己，冲锋陷阵，是我李存审和众将士的事。"

李存勖不听劝告，坚持要走，李存审挡在马前，宁死不让。李存勖只得勒转马头，下马回营，气恼地对左右说："这个老头子，真是让人讨厌。"

第二天，李存勖瞅准李存审不在的机会，策马出营了，随行的士兵，仍然只有百来人。当他一马当先冲上梁军营外长堤的时候，突然从堤下冲出一队梁兵，将李存勖团团围住。此时跟在李存勖身边的只有十余人，形势相当严峻。任由李存勖有三头六臂，一拳难敌四手，怎么也冲不出敌人的包围圈。幸亏随后的晋兵听到堤那边的喊杀声，知道不妙，迅速冲上大堤，冲进重围，杀开一条血路，才保护李存勖突出重围。

随后，李存审也率兵杀到，才杀退梁兵。

李存勖这才相信李存审的劝谏是金玉良言，对他更加器重。

转眼到了腊月，战局毫无进展。李存勖真急了，再耗下去，十万大军的后勤供给就成了问题。他把心一横，下令全军开拔，将部队推进到离梁军营门仅十里的地方才扎下营寨，堵着门向梁军骂阵。

贺瑰觉得李存勖太欺负人，如果再不出战，消息传到汴州去，说不定皇上身边的那帮混账王八羔子会说我胆小如鼠呢！他原本坐了很长时间的冷板凳，这次替补上场，早就憋了一肚子气，想立功挣回一点面子，见晋兵逼到门口，摩拳擦掌，准备出战。

谢彦章认为，乌龟战术是共同商量定的，不能说变就变，如果逞一时之气，跑出去玩命，赢了还好说，输了，大梁也就玩完了。因此不同意出战。

谢彦章说得有道理，贺瑰反驳不得，虽然口头上没有异议，心里却老大不痛快，甚至有点儿恨上了谢彦章。

一天，贺瑰和谢彦章在野外练兵，贺瑰指着一块高地说："这里可以修筑工事防御敌人。"

没想到，晋军第二天就抢先在这块高地上修筑了工事。

如果是在平常，贺瑰会说，这不奇怪，自己能想到，李存勖照样能想到，英雄所见略同。此时却不同，贺瑰正在同谢彦章闹别扭，他怀疑谢彦章吃里爬外，向李存勖通了消息。

贺瑰一面向朱友贞送去密报，诬陷谢彦章私通晋国，阻止自己出战，一面同行营都虞候朱珪密谋，设宴请客，诱杀谢彦章和濮州刺史孟审澄、别将侯温裕。然后上报朝廷，说谢彦章等人谋叛，他已经替朝廷除奸。

朱友贞也不辨真假，竟然升朱珪为平卢节度使，兼行营副指挥使。

李存勖听说梁军发生内讧，谢彦章被杀，高兴地对众将说："他们将帅自相残杀，要不了多久就会灭亡。梁军的主力都集中在这里，汴州必定空虚，我们不如乘此机会杀到汴州去，活捉朱友贞，看他贺瑰还坐得住吗？"

李存勖的这番高见，支持的人并不多，老将周德威头一个反对。他认为，谢彦章虽然死了，但梁兵的士气尚在，还是谨慎为好，不可冒进。

李存勖已经被热火烧了心，根本就听不进去，下令军中老弱伤残者都回魏州，全体精兵即刻烧营开拔，绕过梁军大营直取汴州。

贺瑰听说晋王已率兵向西行动，于是放弃营垒，跟在晋军的屁股后面追。

胜负天知晓

李存勖的部队，有三万民工随行，专门为部队修筑栅垒。部队一到，栅垒等工程立即就修好。第三天拂晓，梁兵在胡柳坡追上了晋军。

李存勖准备转身迎战。

周德威认为不可，他说梁兵从后面来，日夜兼程，士兵很疲劳，没有休息的地方，晋军栅垒坚固，而且守备也有富余，既然已经深入敌人的地盘，用兵就要慎重，不可轻举妄动。这里离大梁很近，后梁的士兵都很想家，群情鼎沸，士气高涨，如果不采用谋略，恐怕很难战胜他们。因此，他建议按兵不动，由他带骑兵去骚扰敌人，让敌人得不到休息，然后乘梁兵疲惫而攻之，一举歼灭梁兵。

血气方刚的李存勖根本就听不进去，大喝说："上次在黄河边我要出击，你不让，现在我要迎战，你又阻拦，你怎么年纪越来越大，胆子越来越小了？如果害怕，到后方观阵去！"

周德威默然而退。

李存勖命李存审、周德威等人率辎重队先行，他自己率兵断后，等打败了梁兵，再去追赶他们。

周德威无奈，只得服从命令，临走时，流着眼泪对儿子说："此一去，不知死在什么地方啊！"

贺瑰不愧为后梁名将，打起仗来还真不含糊。他摆下一个连绵数十里的大阵，等着同晋军决一胜负。

李存勖命镇定军在左，幽州兵在右，他亲率中军迎敌。

李存勖打仗，有一股不要命的冲劲，率领中军杀入敌阵，来回十余趟，往返十多里，如入无人之境。号称“王铁枪”的王彦章虽然也是一个狠角，但正面同李存勖过招还是第一次，他见抵挡不住晋军的攻势，便向西逃往濮阳。

梁军是败退，并不是战略撤退，只是这一退，战局竟然出现了戏剧性的变化。

晋军的粮草、武器在阵地的西面，正好是王彦章溃逃的方向。

周德威可能是真的老了，虽然他预见到这次战斗不好打，并且还阻止李存勖出战，但对自己所率的辎重兵，却没有进行严密的布防，让梁军有了可乘之机。

辎重军是运输部队，没有打仗经验，他们见到铺天盖地的梁兵旗帜，以为梁军是冲着他们来的，丢下辎重不管，纷纷跑向左边的幽州兵。周德威要喝止，哪里喝止得住。

幽州兵列好的阵势，被自家的辎重兵这么一冲，竟然乱了阵脚。

王彦章也是一员久经战阵的名将，虽然无心恋战，但这稍纵即逝的战机，他是绝对不会放过的，立即率军杀向幽州兵。

幽州兵先被辎重军冲乱了阵脚，再遭到梁军的猛攻，顿时大乱，自相践踏，溃不成军。一代名将周德威和他的儿子，糊里糊涂地死在乱军之中。

王彦章并不恋战，捞了一票后，率军向濮阳逃去。

梁军击溃了幽州兵，使晋军军心动摇，四处逃窜。李存勖慌忙去抢占高丘，收拾散兵。贺瑰率兵围过来，占领了对面一座土山。

李存勖指着梁军占领的小山包对将士们说：“今天想转败为胜，必须夺下那座山。”说完，一马当先，向对面山头冲去。

李从珂、李建及等人随后赶到，众将士一拥而上，梁军抵挡不住，纷纷下山，改在土山西面列阵，气焰仍然十分逼人。

晋军大惊失色，众将请李存勖收兵，伺机再战。只有阎宝主张进攻，他说：“王彦章的骑兵已经逃往濮阳，梁军只有步兵，天黑之后，便会无心恋战，我军居高临下，迅速出击，一定可以击败敌人。况且，大王已经深入敌境，此前已经败了一仗，损失了许多将士，如果退兵，梁兵必定会随后掩杀。那时，河朔恐怕就非我所有，成败就此一举，怎么能退兵呢？”

李存勖还在犹豫，李嗣昭大声说：“敌人没有营寨，都想回家，军心涣散，只要派精锐部队不停地骚扰，让他们无法补充食物，自然会退走，到时候乘胜追击，必然大胜而归。”

李建及也在那里摩拳擦掌，大声说：“梁兵已有倦容，此时不出击，更待何时？”

李存勖受到这几个人的鼓动，决定继续战斗。他命令李嗣昭、李建及率领骑兵为先锋，自己率各军随后跟进。

梁兵经过长途奔驰才赶上晋军，刚才土山一战，又消耗了不少体力，已经是身心疲惫、饥肠辘辘，不提防晋军大队骑兵杀了过来，大刀长槊，上下翻腾，刀枪过处，头颅乱滚。

骑兵刚刚痛杀了一阵，李存勖率领的步兵又如泰山压顶般杀了过来。一冲、一碾，梁兵自顾逃命，顿时溃不成军。

晋军一直追到濮阳城下、黄河边的德胜渡口才停步。

李存勖得胜回营后，听说周德威父子阵亡的消息，放声大哭：“是我害了周将军啊！”

周德威是河东头号名将，一直以来，周德威主抓军事，张承业负责内政，被李存勖视为左膀右臂。周德威一死，等于断了李存勖一膀。

周德威还有一个儿子周光辅，是幽州中军兵马使，留守幽州，李存勖当即任命他为岚州刺史。

李嗣源、李从珂两父子则比较失落。

原来，两军混战中，李嗣源和李从柯失散了，同李存勖也失去了联系。军中谣传，晋王已经被梁军击败，渡过黄河，返回老家去了。李嗣源信以为真，竟也率兵北渡，快到相州的时候，又听说晋王得胜，攻到了濮阳城下，于是又南渡黄河，拜见晋王。

李存勖很不高兴，冷笑地说：“你以为我死了吗？仓促北渡，是什么意思？”

李嗣源除了磕头请罪，无话可说。

李存勖因李从柯在这一战中有功，不忍心重罚他，只罚他喝了一碗酒。

这场大战，就是著名的胡柳坡之战。这是梁、晋第三次大战。

胡柳坡之战，梁、晋双方都犯下无数错误。

梁朝方面，派出两名能力、威信旗鼓相当的大将贺瑰、谢彦章带兵，一个笼子关不得两个叫鸡公，终于导致谢彦章惨遭杀戮，梁军未战先失大将。

谢彦章死后，梁军的骑兵实力仍在，而且还有号称“王铁枪”的王彦章这样的狠角色压阵，谁知王彦章的铁枪在此战中却变成了蜡枪，一战即溃，溃兵冲垮了晋军的辎重军，只能算是意外，王彦章捡了便宜后，却无心恋战，带着骑兵逃往濮阳，将贺瑰的步兵留在战场上，梁军的败局，此时已经注定。

李存勖在此战中，自始至终表现出勇猛和冒险精神。嗅觉虽然灵敏，但却急躁、自傲、好表现。身为主帅，屡屡身陷险境，这是很致命的。由于他的急躁、自傲、不听人劝，导致一代名将周德威和数万将士横尸疆场。可恰恰又是他这种冒险精神，在战场的关键时刻，身先士卒，冲锋陷阵，才在最后时刻反败为胜。

这一切，都注定了战场上的戏剧性和不可预见性，才使得历史更好看。

胡柳坡之战，梁、晋双方都遭到重创。

梁兵仅战死的就有三万多人，其余大多逃回原籍，贺瑰仓促间收拢的残兵不到一千人。

晋军的损失也很惨重，甚至可能超过梁兵，史书上说，“两军所丧士卒各三之二”。梁军是本土作战，战死三万，其余大多就地逃散。

晋军几乎全是外地人，逃兵不会太多，大多数损失应为战场死伤，如此看来，晋军的死亡人数，当在三万之上。

更为重要的是，晋军的二号统帅人物周德威在此战中丧生，这对晋国的损失是无法估量的。从这种意义上讲，李存勖败得更惨。

李存勖虽然最后时刻反败为胜，却也无力乘胜追击，被迫收缩战线，在德胜渡口黄河两岸各修了一座城，叫南城、北城，任命李存审为大将留守，自己率主力回魏州休整去了。

第十七章
江淮之船谁掌舵

恶人知训

铁枪王彦章西逃的时候，部下骑兵中有人一口气跑回汴州，绕城大喊：“梁军大败，晋军杀过来了！”

几个跑散了的晋兵小卒，居然也闯进汴州城，大大咧咧地到处要房子，准备部队住宿的地方，大张旗鼓地闹了一阵子后，突然又人间蒸发了。

朱友贞慌了手脚。城中没有部队，他急忙命百姓登城拒守，又打算逃往洛阳，后来得到行营的准确消息，才知道晋军已经北还，虽然免了奔波之苦，但受此惊吓，让他晚上经常做噩梦。

胡柳坡之战以后，周德威战死，李嗣源在大战期间不辞而别，李存勖觉得老将们越来越靠不住，带兵打仗的人捉襟见肘，于是提拔了李绍宏、孟知祥、郭崇韬等几个新人。

这几个人中，孟知祥是他的姐夫，打幽州时立有战功，有些资历；郭崇韬是一个负责军事训练的教官，由孟知祥推荐，李存勖经过考察，发现此人不但有勇有谋，而且还很会处理各种复杂的事情，于是破格提拔；李绍宏是太监出身，忠心，而且能打仗，也搭上了破格提拔的班车。

李存勖发兵攻打梁国的时候，曾派人去吴国，约吴王杨隆演出兵攻打梁国，以形成南北夹击之势。

杨隆演同意赴约，命行军副使徐知训为淮北行营都招讨使，偕同副都统朱瑾等，领兵赶往宋州和亳州，与晋军遥相呼应。杨隆演还向各州县发送檄文，命他们进围颍州。

朱友贞得知吴兵也来凑热闹，命宣武节度使袁象先领兵驰援颍州，吴军不战即退。

原来，徐知训为人骄奢淫逸，专横跋扈，以致兵士毫无斗志，谁也不愿替他卖命，梁兵未到，大家就吵着要卷铺盖回家。徐知训也不想打仗，率军退回扬州。

徐知训是典型的花花公子、官宦子弟，并无真才实学，他是借助父亲徐温的势力才爬上内外都军使兼同平章事的高位的。

徐知训酗酒如命，好色成性，听说抚州李德诚家有女妓数十人，便给李德诚写信，讨要他家的女妓。

李德诚婉拒了徐知训的要求，说他家几个女艺人又老又丑，不配侍候贵人。如果实在想要的话，他可以去找几个漂亮女人送来。

徐知训看信后破口大骂，说李德诚连几个家妓都不肯给，是瞧不起他，发誓要杀了李德诚，连同他的妻室一同夺过来。

李德诚得到这个消息后大惊，花重金买了几个美女送往扬州，才将这件事情摆平。

徐知训不仅在大臣面前专横跋扈，就是吴王杨隆演，他也不放在眼里，甚至还成为他戏弄的对象。

一天，徐知训宴请杨隆演，逼迫喝得酩酊大醉的杨隆演和他一同扮戏子演戏，他自己扮演参军，让杨隆演扮演苍鹘。

在戏剧中，参军袱头衣绿，是戏中的主人，苍鹘敝衣，拿着帽子跟着参军，是仆人。

徐知训扮主人，高高在上，杨隆演扮仆人，摇尾乞怜地跟在他的后面。翻遍中国典籍，恐怕也只有徐知训能做出这样的荒唐事。

一次，徐知训和杨隆演乘船夜游，杨隆演先上了岸，徐知训认为杨隆演没有让他先上岸，是对他不尊敬，在背后用弹弓射杨隆演，幸亏杨隆演的随从替他挡住了弹子，才避免了杨隆演的一场羞辱。

还有一次，徐知训和杨隆演到禅智寺赏花，徐知训借着酒意把杨隆演臭骂一顿，把杨隆演都骂哭了，徐知训还是喋喋不休。左右随从实在看不下去了，偷偷扶杨隆演上船，飞驶而去。

徐知训恼羞成怒，乘船追赶，杨隆演的船跑得快，徐知训没有追上，气得他拿起铁锤砸死了杨隆演的一名亲信，其他的人一哄而散，才没有人做第二个冤死鬼。

徐知训半醉半醒，骂骂咧咧地回家睡觉去了。第二天，像什么事也没有发生一样。

杨隆演有两名卫士，一个叫李球，一个叫马谦，他们见徐知训大逆不道，便想替主子除掉这个逆贼，带上数名卫士，埋伏在徐知训上朝的路途行刺，被徐知训的随从挡住了。正在双方搏斗的时候，朱瑾恰好带人从此路过，听到打斗声，赶了过来。

徐知训大叫救命，朱瑾一声令下，士兵们一拥而上，包围了刺客，杀死了李球、马谦，其他的人都逃散了。

徐知训见杀了李球、马谦，便想去教训杨隆演，幸亏朱瑾劝阻，才使杨隆演避免了一顿羞辱。

从此以后，徐知训更加专横跋扈，不仅欺负同僚，甚至对他的兄弟徐知诰也下毒手。

徐知诰是升州刺史，徐温的干儿子。他在任内大搞城市建设，振兴城邦，为百姓做了很多好事，官声颇佳。润州司马陈彦谦劝徐温去管理升州，调徐知诰为润州团练使。

徐知训设宴替徐知诰饯行，暗中却在偏厅设下伏兵，准备干掉徐知诰。

徐知谏是徐知训的三弟，也参加了酒宴，他和徐知诰的关系很好，在桌底下偷偷踢徐知诰的脚，用眼光向他示意。徐知诰会意，借口上厕所，翻墙逃走了。

徐知训听说徐知诰逃跑了，拔出剑交给亲信刁彦能，命他去追杀徐知诰。

刁彦能追上徐知诰，不但没有杀他，而且将剑交给他，放他逃走了。回来谎称徐知诰跑远了，没有追上。

徐知训无计可施，也就只好作罢。

朱瑾是淮南名将，曾经教过徐知训武功，而且还救过徐知训的命。救命恩人加师生之谊的双重身份，朱瑾应该是徐知训的座上宾。徐知训不但不念及这层关系，反而将朱瑾当家奴使唤。朱瑾好歹也是见过大世面的人，受徐家小儿欺侮，哪里咽得下这口气？二人曾发生过口角，徐知训便派江湖刺客去暗杀朱瑾。

朱瑾是高手，不在乎几个小毛贼。几个毛贼杀人不成，反而被朱瑾给杀了。朱瑾杀了刺客，将尸体埋在后花园。第二天，像什么事也没发生过一样。尽管事后两人心照不宣，但谁也不提这件事，彼此却都有了提防。

有一次，朱瑾派小妾姚氏去问候徐知训，徐知训对姚氏动手动脚，要她陪寝。姚氏不甘受辱，乘机逃走了。朱瑾虽然非常愤怒，还是忍而不发。

贞明四年（918）六月，徐温知道朱瑾在扬州和儿子闹矛盾，胳膊肘儿朝里拐，调朱瑾去泗州（今江苏盱眙）任淮宁军节度使。

朱瑾受不了这个窝囊气，决定干票大买卖。他知道徐知训看上了自己的小妾姚氏和坐骑宝马，便盛情邀请徐知训来家赴宴，说要把姚氏和宝马送给他。

徐知训不知有诈，高兴地前往。

朱瑾恭恭敬敬地请徐少爷上座，呼姚氏和几位漂亮侍女出来伺候。

姚氏和几位漂亮侍女出来拜见徐知训之后，围在他的身边，又是劝酒，又是唱歌、跳舞助兴。

徐知训本来就是一个大色狼，见到几个绝色美女，三魂失了六魄，两眼发直，色眯眯地盯着她们。

朱瑾暗中发笑，表面上却还是刻意奉承，说如果不嫌弃，姚氏、宝马、几位侍女一并送给他，喜得徐知训手舞足蹈。

朱瑾本想立即动手，考虑到徐知训的卫士都在厅外，怕一击不中，发生意外，便将他请入内室，让继妻陶氏出来拜见。

朱瑾的妻子曾为朱温所掳，后经朱温的妻子搭救，才使得他们夫妻得以团圆。陶氏出来后，向徐知训盈盈下拜，徐知训免不了要回礼。朱瑾乘其不备，在背后猛击一掌，将徐知训击倒在地，埋伏在偏房的亲兵冲出来，结果了这个恶人的性命。

朱瑾割下徐知训的首级，拿到大厅。徐知训的随从立即都逃跑了。

朱瑾带着徐知训的人头，骑马来到吴王府，兴奋地对杨隆演说："我已经替大王除了一害！"杨隆演看到血淋淋的人头，吓得魂不附体，慌忙用衣服遮住自己的脸，颤抖地说："这……这事是你自己干的，与我无关，日后徐公问罪，你自己扛着，别扯上我就是了。"边说边向内室走去。

"你这个胆小鬼、笨蛋，你能够干什么？"朱瑾见杨隆演如此胆小，怒发冲冠，将徐知训的头颅狠狠地抛在地上，转身欲去。

这时候，徐温的亲兵赶到了。朱瑾越墙而逃，结果摔断了腿，再找自己的坐骑，已经不知去向。朱瑾知道没救了，要被徐温活捉，也是死路一条，为了不受辱，挥剑自刎了。

徐知训是个恶人不假，朱瑾是否要采用这种手段，值得商榷。虽然说杀了徐知训确实能出一口恶气，但如何收场却是应该考虑的问题。徐知训被杀，吴国真正的实权人物徐温绝不会善罢甘休。从以往的事情看，徐温似乎不像一个纵子行凶的人，如果将这件事告诉徐温，是不是会更好些？投鼠尚且忌器，朱瑾采取孤注一掷的办法，实在不是明智之举，因为徐知训并没有把他逼上绝路。

朱瑾可能是一位仁者，却不是一位智者。

徐温一向驻扎在外镇，不知道徐知训的所作所为，听说徐知训被人杀了，立即从升州率兵渡江来到扬州，将朱瑾一家人杀得干干净净。

朱瑾的妻子陶氏临刑前放声大哭，小妾姚氏倒有骨气，坦然地说："何必如此伤心呢？咱们一起去见朱公，不是很好吗？"

陶氏果然止住了哭声，引颈就刑。

徐温似乎还不解恨，下令将朱瑾暴尸北门。

朱瑾名重江淮，百姓十分拥护他，同情他的悲惨遭遇，私下将他和家人的尸首偷出来埋葬了。

当时，扬州一带流行瘟疫，百姓死亡无数。据说，有人取朱瑾坟前的土化水喝，病竟然奇迹般地痊愈了。一传十，十传百，到朱瑾坟前取土的人特别多，百姓便不断地在墓上添加新土，朱瑾的坟竟然成了高坟。

徐温知道这件事后，命人挖开朱瑾的坟，将他的尸体取出来，扔进雷公塘。这件事情发生后，徐温竟然病倒了，每天都做梦，梦见朱瑾拉开弓箭要射他。

徐温以为是朱瑾的鬼魂找他算账，命人将朱瑾的尸骨从雷公塘中打捞起来，并在塘边为朱瑾建祠，病才慢慢好起来。

徐温本想将朱瑾的余党赶尽杀绝，做了这个噩梦之后改变了主意。后来，徐知诰、严可求等人向他讲述了徐知训的种种恶行，徐温这才幡然醒悟，大骂孽子死有余辜，并痛斥跟随徐知训左右的那一帮人，将这些人全部革职查办。唯独对刁彦能给予奖励。

徐温留下最器重的义子徐知诰总督扬州军政，命另一个儿子徐知谏出任润州团练事，然后返回升州。

徐知诰到底是做大事的人，接受徐知训的教训，对吴王尽心尽力，对士大夫谦让有加，事必躬亲，以身作则，求贤才，纳规谏，杜贿赂，除奸佞，宽以待民。经过他的治理，城邦富庶，百姓安居乐业，就是悍夫宿将，对他也不得不服。

徐知诰的幕僚宋齐邱劝他兴农薄赋，劝导农耕，他一一采纳。正因为如此，当时江淮一带，很少看到抛荒的土地，桑柘遍野，禾黍盈郊，呈现出一派国富民强的气象。

徐知诰很想重用宋齐邱，徐温不知出于何种原因，始终不同意，只是让他做了一个殿直军判官。

宋齐邱始终为徐知诰效力，每天晚上，两人一起密谋策划，担心隔墙有耳、谈话内容被人偷听，只在一块做好的灰盘上以笔代话，随写随抹，不让外人知道他们的谈话内容。

严可求知道徐知诰是一个胸怀大志的人，私下里对徐温说，徐知诰到底不是徐家的人，他礼贤下士，笼络人望，野心不小，建议徐温除掉徐知诰。徐温不听。

严可求又劝徐温让次子徐知询代掌内政，分散徐知诰手中的权力，徐温仍然不同意。

徐知诰对此事有所耳闻，把严可求调到楚州去当刺史。

严可求知道自己遭到怀疑，连忙去拜见朱温，说唐朝已经亡国十多年了，吴国还是奉唐朝为正朔，无非是以复兴唐朝为名。现在，晋王李存勖和梁朝朱友贞在黄河沿岸斗得不可开交，朱氏日渐衰弱，李氏越来越强盛。如果有一天李氏得了天下，难道吴国要向他称臣吗？与其这样，不如先建吴国。

徐温虽然拒绝了严可求的建议，但对这些话却很感兴趣。

原来，徐温也曾经劝说杨隆演称帝，杨隆演不感兴趣，这件事便搁下来了。在他看来，自己权重位卑，只有让杨隆演称帝，他才能总领百官，做江淮的实际皇帝。

其实，严可求的建议，名义上是推崇徐温，实际上是为自己，因为徐知诰已经不信任他了，只有依靠徐温，他才能飞黄腾达。

徐温留下严可求参知政事，并让他起草表文，推尊吴王为帝。

杨隆演拒绝了徐温的建议，他不想做什么鸟皇帝。

徐温并没有放弃，邀约文武百官和各藩镇的首脑，一再上表，请求杨隆演做皇帝，大有不达目的、誓不罢休之势。

梁贞明五年（919）四月，在徐温的胁迫下，杨隆演终于让人拽上皇帝的宝座，登基称帝。

杨隆演称帝后，大赦天下，改年号为武义，建宗庙社稷，置百官宫殿，所有的礼仪，都用天子礼，只是不称帝号。追尊杨行密为孝武王，庙号太祖；追尊杨渥为景王；尊母亲史氏为太妃。

任命徐温为大丞相，管理军事，封东海郡王；任命徐知诰为左仆射，参议政事；任命严可求为门下侍郎，骆知祥为中书侍郎；加封弟弟杨濛为庐江郡公，杨溥为丹阳郡公，杨浔为新安郡公，杨澈为鄱阳郡公，儿子杨继明为庐陵郡公。

杨濛颇有才气，他曾经叹息说："我的祖上创业艰难，辛辛苦苦打下的江山，难道会被他人占有吗？"

徐温听说后，担心控制不了杨濛，派他出任楚州团练使。

火烧吴越军

杨隆演本来对当皇帝没兴趣，只因徐温的一再逼迫，才勉强登基。他一直活在徐温的阴影下，当吴主十几年，没有掌过一天实权，迫于徐温的淫威，尽管心里不服，却始终不敢表露出来，整天怏怏不乐，以致积郁成疾，连上朝都十分吃力。

杨隆演刚做几天皇帝，吴越王钱镠便来找麻烦了，派儿子钱传瓘率战舰五百艘，从东洲进攻吴国。警报如雪片飞往扬州。杨隆演正在病中，无心处理政事，索性将调兵遣将的大权都交给大丞相徐温，自己做起了甩手掌柜。

吴越王钱镠出师淮南，其实是受了后梁皇帝朱友贞的利用。

吴越同淮南素来不和，朱友贞便任命吴越王为淮南节度使，让他牵制淮南。钱镠曾向朱友贞吹牛，说不费吹灰之力便可拿下淮南。但事实并没有想象的容易，吴越屡次攻打淮南，虽然有胜有败，却始终不能吃掉淮南。这一次，钱传瓘率兵出征，就是执行朱友贞的命令。

徐温调舒州刺史彭彦章和裨将陈汾，带领水师迎击吴越军。

吴国的水师顺流而下，到达狼山正好和吴越军相遇，当时正是顺风顺水，吴国水师停船不及，吴越的战舰又主动躲避，吴国水师很快便冲过了吴越国的舰队。

吴越水师要的正是这个结果，因为这一让，吴国的水师便到了下风下水的位置。水面上作战，下风下水就是劣势，战场上的这种劣势，会让战士付出生命的代价。

吴越军让过了吴国水师后，大将钱传瓘一声令下，吴越水师鼓角齐鸣，战舰顺流而下，扬帆追来。吴军只得回船应战。

吴越军是有备而来，刚一交锋，吴越舰中忽然抛出许多石灰包，石灰包出手即破，石灰顺风飞向吴军的船队，迷住了吴军的眼睛。吴越军乘机又将沙子和大豆抛在吴军的船上，吴军被石灰迷住了眼睛，本来就已经是头昏眼花，站立不稳，脚下又踩上沙子和大豆，更是站立不稳，船上跌倒一大片。任由吴越军刀砍枪挑，伤亡无数。

钱传瓘又命令军士纵火烧船，吴军心惊胆战，四散逃窜。

彭彦章还想再战，无奈身中数十枪，已经无力再战。情急之下，挥剑抹了脖子，尸体掉落水中，随波而去。

陈汾此时已经逃走，眼看彭彦章战死，也没有出手相救的意思。吴军四百艘战舰，全部化成灰烬，阵亡将士数千人。

徐温得到兵败的消息，立即杀了临阵脱逃的陈汾，没收了他的家产，一半分给彭彦章的妻子儿女。然后出兵驻守无锡，截住敌军，一面命右雄武统军陈璋率水军绕过海门，切断敌人的归路。

吴越军乘胜进军，同徐温相遇。

当时正是初秋，暑气未退，徐温中暑了，不能指挥部队，判官陈彦谦担心这样会动摇军心，便从军中选了一名长得像徐温的人，让他冒充徐温，身披甲胄，号令军士，让徐温在军中休息。

吴越军来攻中军的时候，徐温的病稍有好转，再次披挂上阵，指挥战斗。

烈日之下，亲自出战，徐温远远看见两岸的芦苇已经枯黄，当时正好刮起了西北风，立即心生一计：火攻。

他命令军士们带着火具，四散纵火，火借风势，风助火威，顿时火炮冲天。吴越军立时惊慌起来，四处逃窜。

徐温驱兵追击，斩敌万余人。吴越将何逢、吴建被杀，钱传瓘逃走。吴越军的水师，十成已失去七八成。

徐温收兵回镇后，徐知诰请求派两千步卒，假冒吴越军，袭击苏州。

徐温感叹地说："你的计策很妙，但我只求安兵息民，敌人既然逃走了，何必再赶尽杀绝，多结仇怨呢！"

众将也认为，吴越军打仗靠的是水师，如今正是天旱水涸的季节，舟船行走不便，这正是天亡吴越的好机会。因此，他们都建议乘胜进兵，一举灭掉吴越。

徐温仍然感叹地说："天下离乱已经多年，百姓困苦已极，钱公也不能视而不见，如果连续作战，反而会加重百姓的负担。我们既然得胜，敌人已经怕我们了。得饶人处且饶人，放他们一马，让两地的百姓安居乐业，君臣也能安枕无忧。岂不是更好？"

徐温引兵还镇后，以吴王的名义给吴越王写了一封信，说愿意放回无锡的俘虏。

吴越王钱镠也回信求和。两下释怨，休兵息民。此后，两国有二十多年不曾发生战事，两地的百姓得到休养生息。

这件天大的功劳，应该记在徐温的账上。

武义二年（920）五月，吴王杨隆演病逝，时年二十四岁。

徐温从升州赶往扬州，与大臣们商量继位的事情。有人对徐温说，从前西蜀先主刘备临终时，曾经要诸葛亮取而代之。

徐温不等对方说完，板起脸说："你这是什么话，我如果有意篡位，诛杀张颢时就可以这样做，何必等到今天？杨氏已经传了三代，就算没有男子，也应当立杨家的女儿，如果有谁再说这样大逆不道的话，定斩不赦！"

杨隆演病逝，按顺序，杨行密的第三个儿子杨濛当立，但杨濛是一个颇有主见的年轻人，而杨行密的幼子杨溥懦弱无知，立杨溥更符合徐温的利益，于是，他便越过杨濛，立杨溥为吴王，将杨濛打发到舒州（今安徽潜山）做团练使，并改武义二年为顺义元年。

杨溥继位，尊母亲王氏为太妃，追尊兄长杨隆演为高祖宣皇帝。

徐温将扬州大事都交付徐知诰，再次回到升州享福去了。

这一年的七月，徐温改升州为金陵府。

南京在五代十国时只有一次建都的经历，就是后来徐知诰在南京建立南唐政权，基础就是徐温这时候打下的。

杨氏名义上是吴王，徐温才是吴国实际上的最高统治者，金陵实际上也成了江东的行政中心。

徐温对于杨溥是不冷不热。他很敬慕曹操的为人，不想被后人骂为国贼，他只想做“周文王”，至于“周武王”由谁来做，他还没有考虑好合适的人选。虽然他很看好徐知诰，但是一直没有下定决心，毕竟不是自己亲生的，人心难度。

第十八章
昏庸之主

眼泪攻势

前蜀主王建有十一个儿子，皇太子王元膺死后，改立最小的儿子王宗衍为太子。

王建为何要立最小的儿子为太子呢？

原来，王建的正室周氏才貌平平，而且还是一只不下蛋的鸡，王建有很多小老婆，其中也有几个替他生了儿子，可惜这些女子都是相貌平平，没有一个能让王建满意。

眉州刺史徐耕有两个女儿，徐氏姊妹俩不仅貌若天仙、才华出众，而且琴棋书画，样样精通，在蜀国的人气很高，据说较之江东的大乔、小乔也毫不逊色。

历史上很多凭拳头打天下的草莽英雄成名之后，都喜欢找漂亮、有文化的女人做老婆。仿佛这样可以抬高自己的地位，自己也成了有文化的人。

王建虽然是个粗人，也有这个爱好，徐氏姊妹是西蜀的花魁，王建想摘，就轮不到别人。两姐妹顺理成章地进宫，成了王建的妃子。

五代时期，四川有前蜀、后蜀两个政权，青史留名、广为传诵的并不是皇帝，也不是文臣武将，而是女人，这个女人就是花蕊夫人。

花蕊夫人是形容女子长得美，“花不足以拟其色，蕊差堪状其容。”艳名远播的花蕊夫人，就是徐氏姐妹中的小徐妃。

后蜀时期的花蕊夫人，又是怎么回事呢？

原来，后蜀主孟昶因崇敬前朝的花蕊夫人，将一名姓费的贵妃也封为花蕊夫人，这就使后蜀也冒出一位花蕊夫人，历史上就有了两个花蕊夫人。有些人不明底细，把两个花蕊夫人弄混了，以为是一个人，其实那是一个误解。

徐氏姊妹不但才华出众、相貌惊人，而且肚皮也挺争气，两人嫁给王建后，姐姐生子王宗衍，妹妹生子王宗鼎。在王建的十一个儿子中，王宗鼎排行第七，王宗衍排行最末。

王建还有王宗仁、王宗纪、王宗辂、王宗智、王宗特、王宗杰、王宗泽、王宗平等儿子，都是别的妻妾所生。

王建在西蜀称帝后，十一个儿子都被封王。除王元膺死了之外，剩下的儿子当中，王宗辂的性格颇似王建，王宗杰最具才华，王建打算在这两个儿子中挑选一个做继承人，由于两人各有所长，难以取舍，不知选哪一个好。

这时候，徐氏两姐妹的姐姐大徐已经晋封贤妃，妹妹小徐也晋封淑妃，两人专房用事，垄断后宫，她们当然不愿意看到别的女人生的儿子做继承人。姐妹俩一合计，让心腹太监唐文扆带一百两黄金去找宰相张格，让他想办法，号召百官联名上表，立王宗衍为太子。

张格是个聪明人，他知道徐氏姐妹在王建心中的地位，她们找自己，是看得起自己，如果自己不配合，她们也会找别人。为达到目的，她们会不择手段。一旦谋略成功，自己的路也就走到头了，权衡利弊，他收下了一百两黄金。

张格起草了一份请求册立王宗衍为太子的奏文，分别找文武百官签名，谎称已经得到皇上授意。文武百官认为皇上和宰相都商定好了，不便违议，也不敢违议。

于是，一份由文武百官联合签名的奏疏送到了王建的案头。

张格将奏表送出后，立即通知后宫的徐妃，意思是说，黄金我收了，事情我也办了。

王建看了奏表非常吃惊，自言自语地说："王宗衍幼小无知，怎么能够立为太子呢？"

徐氏姐妹总有一个人待在王建的身边，时刻注视着王建的一举一动。当时正好是徐贤妃在旁，立即说道："王宗衍已经有十多岁了，相士说他是大富大贵之相，贵不可言啊！"

王建并没有回答。

"陛下有十几个儿子，要你做出决定确实很为难，我情愿带王宗衍出宫去，免得遭人嫉妒，也省得陛下左右为难。"徐贤妃说到这里，眼泪簌簌地就掉下来了。

眼泪是女人的撒手锏，无数在战场上叱咤风云的英雄豪杰，都难过这一关。

王建虽是一代枭雄，也见不得女人的眼泪，特别是自己心爱的女人的泪。他见徐贤妃伤心落泪，安慰说："我并不是不愿意册立宗衍，只是担心他少不更事，反而会误了国家大事啊！"

"宰相和文武百官都一致赞成，陛下圣明，才考虑得这么多。我看陛下并不是为这个。"徐贤妃看了王建一眼，"无非是左右为难，借此诳骗我呢！"

王建一再申辩，徐妃继续撒娇。

"罢了！罢了！"王建在情急之下，脱口而出道，"明日我就立宗衍便了。"

徐贤妃的眼泪，击败了王建。

第二天，王建下诏，立王宗衍为太子。

王宗衍长得方脸大嘴，垂手可以过膝，回头能看见自己的耳朵，三国时的刘备也是这样的相貌。从相术角度讲，属大富大贵之相。

王宗衍也很有学问，能写浮艳的辞藻，曾写过艳体诗二百篇，署名为《烟花集》，在蜀国广为流传。以一个王子的身份，整理发行一本淫秽色彩很浓的小册子，足见此人的秉性。

王宗衍被立为太子后，开府置官，找来一班平时在烟花柳巷、赌场上混的狐朋狗友做幕僚，成天不是唱和淫词、斗鸡击球，就是争强斗胜、胡作非为。

有一次，王建路过东宫，听到里面的喧哗之声，觉得很奇怪，问明底细，原来是太子找了一些人在里面斗鸡、击球。他不禁长叹道："我身经百战建立的大业，这些人能守得住吗？"

王建因此对当时拥立王宗衍为太子的张格产生恶感，并有了废太子之意。无奈徐贤妃从中捣鬼，一笑一颦，撒娇软缠，让一代枭雄王建毫无办法，便将废太子之事拖延下来。

王宗杰在众兄弟中最有才华，也深得王建的喜欢，平时经常参议政事。

梁贞明四年（918）二月，王宗杰突然暴死家中，死时四肢发黑，七窍流血，显然是身中剧毒而亡。

王建虽然心有所疑，但又找不到证据。他已经是七十多岁的老人了，身体本来就不好，遭此打击之后，一病不起。

王建知道自己活在世上的日子不多了，在他的几个养子中，他觉得只有北面行营招讨使王宗弼老成持重，有谋略，可以托付大事。于是将王宗弼召回成都，任命为马步都指挥使，并将他和宰相张格等人一起召进寝宫，嘱咐说："太子没有什么能耐，但我不能违背诸位的请求，越过次序立了他。如果他是扶不起的阿斗，担不起大业，可以把他安置在别的宫中，但不要杀他。只要是王氏子弟，各位可以选择辅助他们当中有才能的人。徐妃的兄弟们，只可以照顾他们的俸禄和官位，一定不要让他们掌握兵权和参与政事，以成全他们的宗族。"

王宗弼等人听到，唯唯而退。

王建这是在安排后事。

可笑的王建，既然认识到在选择继承人问题上犯下大错，为何不当机立断，将这个错误纠正过来，而要将这个大难题留给儿子和大臣呢？这不是故意添乱吗？

徐妃很快知道了王建在寝宫同王宗弼和几位大臣的谈话内容，立即同内飞龙使唐文扆密谋。

唐文扆掌管皇帝身边的亲兵已经有很长时间了，经与徐贤妃密商，派守卫皇宫的禁军把守宫门，王宗弼和三十多位大臣欲进宫问安，都被禁军挡在宫外。

这样做，等于是将重病在身的王建软禁在宫里，并切断其与外界的联系。

王宗弼预料唐文扆要搞宫廷政变，准备除掉唐文扆。正在这时，又接到皇城使潘在迎的密报，说唐文扆准备要向大臣们动手。

王宗弼觉得情况紧急，带上亲兵强行闯进寝宫，向王建详细地诉说了唐文扆的罪行。

王建虽然病情严重，但神志还很清醒，听了王宗弼的汇报，便将太子王宗衍召进宫照顾自己，下诏贬唐文扆为眉州刺史。

翰林学士承旨王保晦是唐文扆的私党，也被削去官爵，流放到泸州。

接着，王建又对朝廷的人事重新进行安排，命东宫掌书记崔延昌掌管六军事；所有内外人事、财政以及一切刑牍案狱，统统委托翰林学士庾凝绩承办；都城及行营的军事，交给宣徽南院使宋光嗣管理。

宋光嗣是小太监出身，极善钻营，溜须拍马，阿谀奉承，因而得到重用。

王建的病越来越严重，弥留之际，他任命王宗弼为中书令，宋光嗣任内枢密使，与功臣王宗绾、王宗瑶、王宗夔等人，一同领受遗诏。

王宗弼、王宗绾、王宗瑶、王宗夔，都是王建的养子，都被封为中书令。

当初，王建依照唐制设置了枢密使，专用士人，到唐文扆犯罪时，王建认为好多将领都是许州的旧友，害怕他们不能听从幼主的指挥，所以改用宦官宋光嗣取代士人做枢密使。从此宦者才掌握权力。让他万万没有想到的是，此后蜀国江山、两川土地，就葬送在这些宦官的手里。这是后话。

梁贞明四年（918）六月，一代乱世枭雄王建死于成都，年七十二岁。

花花公子

王建死后，群臣奉皇太子王宗衍在王建灵前即皇帝位，改明年为乾德元年，尊王建为高祖皇帝，尊王建的正室周氏为昭圣皇后。周氏人老多病，不久便去世了。为避圣讳，王宗衍去掉“宗”字，改名王衍。

历史上有两个王衍，一个是“清谈亡国”的西晋王衍王夷甫，后来长大，被“竹林七贤”之一的山涛惊为“天人”：“何物老妪，生此宁馨儿，然误天下苍生者，必此人也！”一个就是这位蜀后主王衍。

周氏死后，王衍尊生母徐贤妃为皇太后，姨母徐淑妃为皇太妃，命宋光嗣掌管六军护卫等事，削去唐文扆的官爵，赐他自尽。王保晦也被赐死。

唐文扆被杀以后，宰相张格心里很不安，担心这把火会烧到自己身上。有人劝张格假装称病，等待命令。礼部尚书杨玢害怕自己失去势力，安慰张格说：“你有拥立皇帝的大功，不必担忧。”

时隔不久，张格的担心变成了现实。王衍果然对他下手了，将他贬为茂州刺史，不久又将他贬为潍州司户。

张格曾为王宗衍立太子跑前奔后，出了不少力，到头来却落得如此下场。他的下场应验了一句格言：只有永远的利益，没有永远的朋友。

张格被贬后，他的亲信官员如礼部尚书杨玢、吏部侍郎许寂、户部侍郎潘峤等，一个个都丢了乌纱帽。兵部尚书庾传素出任同平章事，接替了张格的职务。

王衍似乎真要让世人看看“一朝天子一朝臣”到底是怎么回事，贬谪一大批老臣之后，起用了一群新人，如王廷绍、欧阳晃、李周辂、宋光葆、宋承蕴、田鲁俦，都被提拔为将军，只是这些将军，以前的身份都是内给事，宦官出身。而他的各位哥哥，都做了节度使。

彭王王宗鼎头脑很清醒，他认为亲王掌兵，将会后患无穷，特别是主少臣强的时候，更容易出乱子。他不想蹚这个浑水，主动辞去节度使的职务，自己开了个书馆，种种竹，养养鱼，自个儿逍遥快活去了。

王宗弼已被封为巨鹿王，他总揽朝政大权，官员任免，都由他一人说了算，于是便乘机纳贿营私，作威作福。

王衍对这些事毫不过问，成天不是围着酒杯子转，就是转着裙子转，同样也是忙得不亦乐乎。

王衍即位不久，册立高氏为皇后，高皇后是前兵部尚书高知言的女儿，高氏为人端正沉静，颇有妇德，但却不讨王衍欢心。

王衍命令内教坊严旭去民间选取二十个良家女子进宫。

严旭带领士兵搜掠民家，只要是有姿色的女子，无论出嫁与否，都要抢进宫里。成都城为选美之事，闹得沸沸扬扬，民间怨声载道。

王衍见选进宫的都是一些绝色美女，喜得抓耳挠腮，手舞足蹈，夸赞严旭会办事，立即提拔他为蓬州刺史。从此以后，不问政事，更加荒淫无度。

徐太后和徐太妃两个女人因子而贵，露出了贪图享受的本性，经常到亲戚朋友家里饮酒作乐，有时甚至是通宵达旦，乐此不疲。

吃、喝、玩、乐是很耗钱的事情，要想吃好、喝好、玩好、乐好，就得想办法弄钱。这两个女人似乎很懂得弄钱之道，利用她们的特殊身份，在宫中开了家“乌纱帽专营店”，放出风声，乌纱帽价高者得。

消息一传来，举国轰动，那些有钱无权的人开始大肆活动，乌纱帽专营店的生意火爆。

礼部尚书韩昭无才无德，但阿谀奉承的本事却无人能及，更为重要的是他不缺钱。韩昭是徐氏乌纱帽专营店的第一个顾客，付款后，得到了文思殿大学士的职位。

韩昭自己买到了官职，又做起了中间人，从乌纱帽专营店购买数个州刺史的乌纱帽。王衍见钱来得这样容易，并不惜售。韩昭从中大赚了一笔。

王衍是一个典型的富二代，根本就不知道父辈打江山的艰难，更不知道经营天下的不容易，即位之后，把国政交给平时侍候他的那帮太监管理，自己过起了花花公子的生活，贪图享受，大兴土木，修建宣华苑，苑里建有重光、太清、延昌、会真等宫殿，降真、蓬莱、丹霞等亭榭，与那些狎客、女人日夜在里面酣饮喧闹，宴饮不断。

第二年，又在万岁桥修建高祖庙。带太后和太妃以及后宫的妃嫔入庙祭祀，铺张浪费，耗资惊人。华阳尉张士乔上疏劝谏，触怒了王衍，被判处斩刑，幸亏徐太后劝阻，才得免于死罪。后来，张士乔流落到黎州，愤激交加，投水自尽了。

王衍在成都闹够了，便下诏北巡，从成都出发，披着金质的铠甲，戴着镶嵌珠宝的帽子，旌旗戈甲，连亘百余里，老百姓以为是巫师在做法。

王衍到达安远城，命王宗俦、王宗昱、王宗晏、王宗信等人率兵讨伐岐国，进攻陇州。

岐王李茂贞驻守汧阳，作为援应。

蜀国偏将陈彦威率兵出散关来到箭筈岭，遇上岐兵，两军打了一场遭遇战，蜀军侥幸获胜，立即引兵退回。

王衍听说前方奏捷，亲自赶往利州，举行了一个盛大的庆功会，龙舟画舸，辉映江面，场面极为壮观，所有的费用都是州县负担，百姓怨声载道。

王衍到了阆州，在那里，他意外地发现州民何康的女儿长得美丽过人，立刻命侍从强行拉过来。一问才知道何女已经嫁人，王衍哪里管她嫁没嫁人，拿出一百匹帛赐她的丈夫，让她的丈夫再娶一个。

何氏夫妻感情很深，她的丈夫为此悲痛而死。

王衍得到何女后，无心再游逛，即日启程返回成都，自阆州浮江而上，龙舟画舸照耀着江水，所过地方州县的供应花费巨亿，民间困苦不堪。

王衍返回成都后，躲在宫里，同何氏缠绵缱绻了一个多月。

好色的人有一个共同的特点，就是见一个，爱一个，好色的人还有一个特点，就是喜新厌旧。

王衍具备这两个特点，同何氏缠绵一个多月以后，失去了新鲜感，兴趣陡然降低，再同何氏缠绵，就味同嚼蜡。于是，何氏就像一件穿过的衣裳，被王衍扔了。

王衍扔掉被玩厌的何氏后，又盯上了另一个女人，这个新的猎物是徐太后的娘家人，王衍的表妹。

王衍陪徐太后回娘家探亲，意外地发现一个绝世美人。一打听，原来是徐耕的孙女，自己嫡亲的表妹。

王衍立即召见这位表妹，决定将她带回成都。徐太后觉得，将侄女带回成都，是一件亲上加亲的好事，一力赞同，就是她的娘家人也都没有话说。其实，有话说又能怎么样，王衍想要的女人，就一定能得到，没有人敢不给。

王衍回宫后，一连几天同徐女颠鸾倒凤。一时间，徐女宠冠六宫。

王衍为了掩饰徐女的身份，对外宣称她是韦昭度的孙女，封她为韦婕妤，不久又加封为韦元妃。

六宫粉黛见韦氏一人得宠，心存嫉妒，最难堪的是正宫高氏。

高氏早已经被王衍冷落，自韦妃进宫后，更不被当人看待，免不得私下流露出一些怨言。这些话传进王衍的耳里，他巴不得废掉高皇后，此时有了借口，下旨剥夺高皇后的身份，打发她回了娘家。

高皇后的父亲已经老迈，听到女儿被休的消息，活活吓死了。

王衍想立韦妃为皇后，只是后宫里还有一个金贵妃，姿容也极为秀艳，而且她精于诗文绘画，王衍对她也很宠爱，这让王衍有些左右为难。

传说金贵妃出生的时候，天下起瓢泼大雨，她的母亲梦见一条红色的龙绕庭而走，分娩后闺名取为飞山。乾德初选入宫里后，一度得到专宠，韦妃入宫后，有所疏远，但金贵妃资格比韦妃老，而且有赤龙梦兆的传说，王衍犹豫再三，还是立金贵妃为皇后。

蜀宫里佳丽如云，王衍除了花天酒地，尽情地享受生活外，还想出各种办法玩乐。他曾经用数万段彩缯结成彩楼，在高高的山上修建宫殿亭阁，规模如同皇宫，王衍在里面宴饮淫乐，一住就是数月。又在山前另立一座彩亭，用金银做成厨具，让御厨们在彩亭里烹调菜肴，王衍站在彩楼上观看，并别出心裁地称为“当面厨”。

蜀宫内，几乎变成了一个花天酒地的场所。

宣徽北院使王承休的老婆严氏，生得娇媚动人，秀色可餐，王衍早就对她垂涎三尺，多次召她进宫行苟且之事。王承休是一个太监，不能人道，同严氏本就是假夫妻，乐得借妻求荣，睁一只眼，闭一只眼，甘心戴绿帽子，装作没有看见。

王衍占了王承休的老婆，觉得有点儿亏欠，便让他做了龙武军都指挥使，用裨将安重霸为副指挥使。王承休因妻而得荣，不以为耻，反以为荣。

安重霸为人一向狡佞，他也知道严氏同王衍的关系，劝王承休再敲一竹杠，谋求秦州节度使之位，并且教给他见了皇帝该说什么话。

王承休去见王衍，献媚地说："秦州那个地方风水好，多出美人，臣愿为陛下访求。"

王衍听了非常高兴，立即封王承休为秦州节度使。

王承休带妻子到秦州上任。

此后，秦州成了王衍的美女供应地，王承休将民间美女收进官府，教导她们学习歌舞，然后将这些美女绘成图像送给王衍，供他挑选。

王衍荒淫无度，国家恐怕也难以长久。

第十九章
李存勖称帝

一瓢冷水

梁朝在同河东的争斗中虽然处于下风，且屡战屡败，但并没有遭到致命打击，仍然还有能力发动对河东的战争。

贞明五年（919）四月，朱友贞为了扭转对河东的不利局势，派贺瑰率兵渡过黄河进攻河东。

贺瑰在胡柳坡之战中被晋军杀得灰头灰脸，正憋着一肚子气，接到命令后，雷厉风行，风风火火赶到德胜。

这时黄河早已解冻，德胜南、北两城被滔滔河水隔开，贺瑰用竹笮当绳索，将十多艘战船连在一起，蒙上牛皮，并像城墙一样做瞭望台、城垛口，像乌龟壳一样，横摆在黄河上，阻挡晋军的援兵过河。

李存审此时已经调回太原，南城守将名叫氏延赏，他见梁兵来势凶猛，组织部队严防死守，眼巴巴盼着救兵。

河对岸的北城人虽过不了河，但对岸打仗的情形还是看得见，于是立即向太原告急。

李存勖得到警报后，不敢怠慢，率领大军兼程赶到北城，看到横在河中的乌龟船，同样也只能站在北岸干瞪眼。

李存勖派一个叫马破龙的游泳健将凫水过河，混进南城去见氏延赏。氏延赏让马破龙回去告诉晋王，说南城的箭没剩多少，连石头也都扔得差不多了，救兵再不过河，他这辈子就算为国尽忠了。

马破龙游回北岸这么一报告，李存勖坐不住了，让人抱了一大堆金银财宝，堆在营门口，大声喊道："谁能想办法干掉河里那些该死的乌龟船，冲上南岸，这些都归他。"

钱是好东西，谁都爱，可想不出破敌的招数，也只能干瞪眼。

李存勖的亲兵将领李建及火了，请求带领一支敢死队，前去决一死战，得到李存勖的批准。

李建及在银枪效节兵军中挑选出三百人，一半披上铠甲，手拿长柄刀斧，驾小船打头阵；另一半驾着装满油脂干柴的船只随后紧跟。敢死队的船队接近梁军的乌龟船时，乌龟船上箭如雨下，敢死队视若无睹，一个劲儿猛冲，很快就冲到乌龟船上的箭射不着的死角。

李建及命刀斧手冲上战船，砍断竹索，后面的船队立即点燃船上的引火之物，从上游顺水放下。

梁军战船的竹笮被割断，失去控制，顺流漂了下去，再被晋军的火船追上来一烧，士卒被烧死淹死的将近一半。

李存勖在北岸看得心花怒放，立即带领大军渡河。

贺瑰见势不妙，只得下令撤退。晋军一直追到濮州才收兵。

贺瑰退扎在行台村。他本想南来向晋军讨回一点面子，不想又被李存勖修理了一顿，心里窝囊，一病不起。

朱友贞并没有收军的意思，而是派开封尹王瓒接替贺瑰，继续和河东军周旋。

李存勖率领河东军渡过黄河，再次击败梁军。王瓒逃回开封，河东军乘胜夺取河南重镇濮阳。

梁河中节度使冀王朱友谦率兵袭击并夺取了同州，赶走了忠武节度使程全晖，任命儿子朱令德为忠武的节度使，并上表朝廷，请求赐发符节和斧钺。

朱友贞非常生气，没有答应他的请求，但他又担心朱友谦不满，遂任命朱友谦兼任忠武节度使。

朱友谦见朱友贞拒绝了自己的要求，转向晋王请求符节和斧钺。

李存勖毫不犹豫地任命朱令德为忠武节度使。当朱友贞的任命书下达的时候，朱友谦已经投到了晋王的旗下。

朱友贞手中无将可调，重新起用刘鄩为招讨使，命他攻打河中，讨伐朱友谦。

刘鄩和朱友谦有姻亲关系，他先给朱友谦写信，给他分析利弊。

朱友谦没有回信，并向晋王告急。李存勖派李存审前去支援朱友谦。

刘鄩等了好长时间，不见回信，率兵进逼同州。

李存审和刘鄩在同州摆开了战场。

刘鄩老了，不复当年勇，在晋军的猛攻下，一战而溃，退守华州。他本想重整旗鼓，再同晋军决战，可朱友贞不给他机会了。

原来，副使尹皓、段凝等人向朱友贞密报，说刘鄩顾念私情，沿途故意拖延时间，这才导致兵败。朱友贞也不用脑子考虑，让人准备一杯药酒，直接送刘鄩上了西天。

梁国的另一员名将贺瑰，也在这个时候病死了。

梁朝的将领中，智推刘鄩，勇推贺瑰，两人相继毙命，各路军没了斗志。

梁龙德元年（921）春，河东军基本控制了黄河以北的地区，梁朝全面退守黄河以南。李存勖威震天下。

蜀主王衍、吴主杨溥乘机拍李存勖的马屁，写信劝李存勖称帝。

李存勖将这些书信给僚属们看，对大家说：“从前，王太师（前蜀主王建）也曾给先王写信，说唐室已亡，应该自己称帝。先王对我说：‘从前天子巡视石门，我派兵去诛灭乱臣贼子的时候，威震天下，如果在那时挟天子，占据关中，起草赐封九锡和禅让的文告，谁能阻拦？但是，李家世代忠良，不能这样做。你以后应当全心全意恢复唐朝社稷，不要听信别人的话称帝。’先王的话，犹在耳边回响，我怎能背弃父训呢？”说罢竟然掉下了眼泪。

李存勖身边的臣僚也跟着起哄，怂恿李存勖称帝，说晋王称帝，是应天顺人，连吴王杨隆演、蜀王王建都能称帝，晋王理应当仁不让。

大臣们只是动动嘴皮子而已，各藩镇首领却开始行动了，他们将李存勖称帝需要的费用都给送来了。

吴王杨溥再次来信，劝李存勖称帝。

李存勖心动了，他让人去购买玉石，准备制作传国宝物。

从前，黄巢攻破陷长安的时候，魏州僧人传真的师父乘乱得到传国之宝，他将这个宝贝珍藏了四十年，临死时传给传真。老和尚很大意，没有向传真说明这就是传国之宝，或许，他也不知道这个宝物的真实身份。

传真和尚也是个外行，以为是一块普通的玉石，准备卖掉，有人认出是传国之宝。

传真和尚很聪明，他知道，传国之宝既然现身，再想藏恐怕就藏不住，留在身边，是祸不是福，于是赶往魏州，将传国之宝献给李存勖。

李存勖得了传国之宝，称帝的念头更盛。恰在此时，有人向他泼了一瓢冷水，这个人就是张承业。

李存勖连年出征，将军国大事全都交给太原留守张承业。

古今中外，打仗虽然是一种军力的张扬，实际上打的却是国力，打的是后勤保障。如果前方的将士没有粮食吃，没有战马骑，武器打坏了不能得到补充，很难想象，仗还能继续打下去。

张承业不负所托，留守太原，劝课农商，积蓄钱财，储备粮食，收购战马，征收租赋，将太原治理得井井有条。不仅如此，他还能将前方需要的粮食、战马、武器源源不断地运往前方，保证战场上的需要。

张承业办事，严于执法，即使是王公贵族触犯了法律，也别想让他手下留情。他对国家的各项财政开支控制得非常紧，公私分明，任何人也别想占便宜，包括李存勖在内。

李存勖好赌，且十赌九输，虽然不是豪赌，但赌输了还是要给钱的。于是，他就向张承业要钱，张承业却是铁面无私，两个字：不给。李存勖还是一位超级票友，看戏之后，总要给伶人一些赏赐，赏赐也要钱，他伸手向张承业要钱，张承业断然拒绝。

李存勖不高兴了，心想，整个河东都是我的，还不能用几个小钱？

有一次，李存勖故意在钱库门前设宴，让他的小儿子李继岌为张承业起舞，舞跳完后，张承业赏给他一条金带和一匹好马。李存勖嫌礼薄了，指着钱库冲着张承业说："钱库里的钱多的是，只赏这一点，也太小气了吧？"

张承业却说，他赏出之物是自己的俸禄，绝不敢拿公款送人情。

李存勖听后，心中不悦，干脆赤膊上阵，指着钱库，直呼儿子的小名，对张承业说："和哥缺钱，七哥，你就看在我的面子上，借给他一点吧！"

张承业却说："钱库里钱很多，但姓公不姓私，那是用来作为将士们的开销，我不能答应大王的要求。"

李存勖真的不高兴了，仗着酒劲，讽刺了张承业几句，无非是"老杂毛""不识抬举"之类的话。

张承业的倔劲也上来了，很不高兴地说："我不过是个太监，没有子孙后代，这些钱我留给谁用？我抠门，无非是为了大王的江山社稷。大王如果认为我做得不对，要多少，你自己去拿，何必和我商量？不过丑话说在前面，以后打了败仗，不要怪我。"

李存勖从没被人这么顶过，气得要杀张承业。张承业并不怕死，上前夺过剑就要抹脖子，被众人劝住了。

太后曹氏听说李存勖酒后失言，和张承业闹得很不愉快，立即召见他，让他给张承业磕头谢罪。

李存勖为人很孝顺，依母亲的意思，向张承业磕头赔罪。

张承业不领情。

第二天，曹太后亲自陪同李存勖来到张承业的家，再次向张承业赔礼道歉。张承业见好就收，和李存勖言归于好。

五代多是恶人，能得到史家好评的人非常少，而张承业就是那少有几个中的一个。

张承业听说李存勖想称帝，专程从太原赶到魏州劝阻。他对李存勖说："大王世代忠于唐室，多次救唐朝于危难之中，三十多年来，老奴为你收集财富，招兵买马，誓死消灭叛逆之人，恢复唐朝宗社，已经完成我的心愿。如今，河北刚定，朱氏尚存，你就想即大位，实在是与你的初衷不符。天下人见大王言行不一，一定会很失望。大王何不先灭朱氏，为先王复仇，然后迎立唐室后代，南取吴国，西夺蜀国，统一天下，功德无限，即使汉高祖、唐太宗再生，未必能居大王之上。大王让国越久，得国越坚。老奴并无他意，只是受先王大恩，想为大王创万年大业，请不要多疑。"

"这件事不是我的意思呀！"李存勖耍起官腔说，"文武百官、各镇首领，还有吴国、蜀国等，一再请求，我也很为难啊！"

李存勖回答得很巧妙，不是他想称帝，而是众人非要他称帝不可，他想推，但是推不掉。

张承业见阻止不了，痛哭道："诸侯浴血奋战，本来是想复兴唐朝，现在大王要取而代之，欺骗了老奴啊！"

张承业立即返回太原，把自己的封地交还给李存勖，抑郁成疾，一病不起。

镇州恶人

李存勖听说张承业生病了，打消了立即称帝的念头。正在这时，传来成德军内乱的消息。

原来，王镕自从投靠晋国之后，军事上有李存勖替他做主，没有外患之忧，不免居安忘危，贪图享受。享受尽管很过瘾，但却很耗钱。于是，便在镇州横征暴敛，搜刮民财，大兴土木，广选美女，惹得民怨沸腾。

王镕晚年信佛，喜欢求仙，炼丹制药，求长生不老之术。在西山修建豪华馆宇，到那里一玩数月不归，陪伴左右的将士经常不下万人，食宿费用，耗资巨大。

后梁贞明六年（920）十二月，王镕率领他的旅游队伍从西山回返，住在鹘营庄。宦官石希蒙劝王镕再到别的地方游玩。

李弘规劝说："天下各国，晋国最强，晋王尚且风餐露宿，亲临战场，冲锋陷阵。大王此次游玩的开销，是挪用的军费。时下正处在困难时期，人心难测，万一有奸人叛变，关起关门，把我们隔在外面，该怎么办呢？"

王镕有些害怕了，准备回去，石希蒙偷偷地对他说："李弘规胡乱猜测，出言不逊，威胁大王，他这是夸示自己，借以提高自己的威望。"

王镕又听信石希蒙的鬼话，连续留下来住了两夜，还不想走。

李弘规知道后，怒发冲冠，知道来文的不行，便来武的：实行兵谏。他派亲兵将领苏汉衡率兵直入庄中，拿刀逼住王镕，说军士已经疲惫不堪，请大王回家。

李弘规乘机规劝，说石希蒙坏事做尽，不杀不足以平兵愤，请赶快杀掉他，以谢众将士。王镕仍然不答应。

李弘规向士兵点头示意，有人便去杀了石希蒙，将人头丢在王镕的面前。

王镕看到血淋淋的头颅，这才有些后怕，下令返程。

当时，王镕的长子王昭祚已经带着梁国的公主回到赵国，王镕找他商量，说要杀掉李弘规等人以泄心头之恨。

当天晚上，李弘规被满门抄斩，受牵连的有十余家。苏汉衡也在那天晚上被杀了。

王镕还命人搜捕余党，弄得亲兵人人自危。

王镕杀掉李弘规后，让儿子王昭祚掌管政权。

王昭祚性情骄傲，刚愎自用，掌握大权之后，大面积搜捕李弘规的余党。

李弘规的旧属部队五百余人觉得待不下去了，大家聚集在一起，商量何去何从。正好这时在赏赐各部队，王镕恨这些亲兵杀死了石希蒙，取消了他们的赏赐，大家更感到害怕，感觉到末日来临了。

王德明是一个很狡猾的人，尽管他是王镕的义子，但并没有与王镕同心，而且还时刻惦记着王镕的王位，梦想有一天取而代之。他见王镕杀了李弘规，还要搜捕余党，搞得人心惶惶，觉得有机可乘，便利用亲兵的恐惧心理，趁机煽动说："赵王命令我把你们这些人全部坑杀。但我觉得你们没有罪，不忍心杀你们，但不杀你们，我又交不了差，你们说怎么办？"

亲兵们不明真相，以为王德明救了他们，感动得热泪直流。纷纷表示，愿意听从他的指挥。

王德明于是密令数百名亲兵，半夜翻墙而入，杀了王镕。然后下令毁去宫室，捕杀王氏族人，自王昭祚以下，全部杀掉，唯独留下朱温的女儿普宁公主不杀。

王镕的小儿子王昭诲才十龄，被亲兵救走，藏在山洞里，才幸免于难。后来，他偷偷跑到湖南，剃度为僧，改名崇隐。

王德明发动兵变、杀了他的义父王镕之后，恢复原来的姓名张文礼。派使者告诉晋王，说赵州已乱，劝晋王称帝，请求晋王允许他继承王位。

李存勖正在饮酒作乐，听到这件事后，扔掉酒杯，悲痛地哭了起来，准备发兵讨伐张文礼。左右臣僚认为张文礼确实罪大恶极，但晋王正在同后梁作战，不能再在近处树敌，他们建议答应张文礼的要求，暂时稳住他。

李存勖不得已，于龙德元年（921）四月，派节度判官卢质传达旨意，授张文礼为成德留后。

张文礼是个恶人、小人，这种人的心眼儿特别多，他虽然接受了晋王的旨意，但心里很不安，暗中又向梁朝献媚，说镇州虽然发生内乱，但公主已经被保护起来，没有受到任何伤害。请求后梁出兵，自己愿意向契丹求助，请契丹兵从德州、棣州渡过黄河，一举灭了晋国。

对于梁朝来说，如果能得到镇州，那将大大缓解目前不利的战略格局，实在是一个千载难逢的机会。老臣敬翔很敏锐地看到了这一点，力劝朱友贞出兵镇州，发动对河东的战略反攻，并警告朱友贞说，如果不趁这个机会收复黄河以北的地区，以后恐怕就没有机会了。

朱友贞身边的红人赵岩偏偏就看不惯敬翔的老臣做派，极力阻止。他说，朝廷精锐部队都部署在黄河沿岸防御河东军，根本就抽不出兵力去管张文礼的事，何况张文礼是个小人，和他干爹王镕一个德行，脚踩两只船，让我们出兵，他捞好处，到头来我们损兵折将，什么也得不到。

朱友贞也是一个很现实的人，既然没有好处，那就不必干了，于是弃敬翔的金玉良言于不顾，采纳了赵岩的歪主意。白白地浪费了一次打击李存勖的绝佳机会。

敬翔气得直跺脚，大骂赵岩是祸国小人。

晋人多次在边境上和黄河渡口截获张文礼送给契丹与后梁用白绢书写、蜡丸密封的书信，李存勖每次都派使者给张文礼送回去。张文礼感到惭愧和惧怕。

李存勖得知朱友贞拒绝出兵北上，大大地松了一口气，派大将阎宝、史建瑭前往镇州征讨张文礼，没等河东军攻城，张文礼就得病死了。

张文礼的儿子张处瑾秘不发丧，坚守镇州，同河东军展开攻防大战。

这一仗打得很艰苦，史建瑭在攻城时中箭身亡。

李存勖得到史建瑭的死讯，准备分兵攻打镇州。后梁北面招讨使戴思远听说以后，谋划用杨村的人马去偷袭德胜北城。

李存勖从抓获的后梁兵的口里，得到了这个消息。

十月，李存勖命令李嗣源在戚城设下伏兵，命令李存审驻扎在德胜城，先用小股骑兵去引诱后梁兵，佯装不敌而后退。后梁兵争先恐后地向前推进。

李嗣源前次兵败北逃，李存勖让他坐了很长时间的冷板凳，早就憋了一肚子气，现在有了机会，正想表现一番，见后梁兵进入了伏击圈，率伏兵一齐杀出，杀得梁兵人仰马翻。恰在此时，李存审又率兵从北城杀出，李存勖亲率三千铁骑也赶来凑热闹，本来就被杀得晕头转向的梁兵，顿时溃不成军，死伤惨重，损失两万余人。

此战后，李嗣源被提拔为蕃汉内外马步副总管、同平章事。

一己之和

李存勖正准备出兵镇州，忽然接到义武军王处直的来信，劝他不要进兵。

李存勖对王处直的行为很不理解，他将张文礼写给朱友贞的蜡书给来使看，并让来使转告王处直，说张文礼弑君杀父，从道义上讲，这样的恶人，不能宽恕。

王处直并不考虑道义、恶人的问题，他所考虑的是自己：镇州和定州是毗邻之邦，唇齿相依，镇州灭亡，定州难以独存，于是便给李存勖写信，请求赦免张文礼。

李存勖把张文礼写给后梁的信转交王处直看，断然说道："文礼负我，师不可止。"

王处直听说李存勖决意要讨伐张文礼，心里很惶恐。他本来想同后梁合作，请他们出兵牵制李存勖，但又怕引狼入室，竟不顾民族大义，秘密派人去新州找儿子王郁，让王郁勾结外族契丹人出兵南下。

王处直年轻没有儿子的时候，道士李应之送给他一个小孩子，说这个小孩子将来一定大福大贵。王处直也很喜欢这个小孩，便收为养子，取名王都。

王都长大之后，别的本事没学会，阿谀逢迎、弄虚作假的本事却是超一流，成天围着王处直转，深得宠幸。王处直特地组建一支军队，任他为统帅，并将他定为继承人。

王处直的亲儿子王郁得不到老爸的喜欢，跑到晋国去了。当时的晋王李克用收留了他，还把自己的女儿给他做妻子，现在已经是新州团练使。

新州离契丹很近，这就是王处直去找他的原因。

王郁嫉妒王都占据了本来属于自己的位子，一怒之下出走他乡，现在老爸找上门来，他便乘机提出条件，要求将自己立为继承人。

老王最终还是偏向了自己的亲儿子，允诺让王郁成为他的继承人。

王都得知王处直答应了王郁的条件，煮熟的鸭子飞了，非常愤怒。

定州的将士们听说王处直要勾结契丹人，没有一个人赞成。他们认为，自己的事情自己解决，何必要去勾结外族呢？契丹人本来就是一群狼，你不惹他们，他们也想咬你一口，现在居然去请他们出兵，分明是引狼入室。

王都不是善类，他不甘心让煮熟的鸭子飞了，决定先下手为强，提前抢班夺权。

这一天，王处直在城东宴请张文礼，王都带领数百名新军埋伏中途，当王处直醉醺醺地往回走的时候，王都带人冲出来，围住了王处直。

王处直的酒吓醒了，惊问道："你们想干什么？"

王都持刀上前，大喊道："你误信逆子，招引外寇，引狼入室，如此昏庸，不能再处理军国大事了，回西院安享晚年去吧！"

王处直正要反驳，士兵们一哄而上，强行将他架往西院关了起来。

王都囚禁了王处直和他的妻妾，杀死了他的全部子孙和忠于他的将领。自称定州留后。然后派人将定州的情况告诉晋王李存勖。

王处直被幽禁，晋国便少了心头之患，李存勖当然高兴，立即任命王都代替王处直的职位。

王郁至此也不管什么老婆与大舅子了，只想为老爸和家人报仇，投靠了契丹人。

王都得到晋王的承认，兴冲冲地跑到西院去见王处直。王处直气得一甩袖子，捶胸顿足大叫道："逆贼！我什么时候辜负过你？"说罢，冲上前去抓住王都，张口就要咬他的鼻子。

王都推开王处直，跑了。

不久，王处直忧愤而死。

王处直为了自己的利益，竟然不惜求救于契丹人，不顾民族大义，引狼入室，算得上是恶人恶行，最终遭到义子的幽禁，忧愤而死。

再战契丹

李存勖留下李存审、李嗣源驻守德胜城，自己亲率大军去攻打镇州。

张处瑾见大势已去，便向李存勖投降。李存勖下决心要灭掉他，不接受他的投降。张处瑾连投降的资格都没有了。

晋军向镇州发起猛烈攻击，由于镇州城墙坚固，加之张处瑾拼命严防死守，激战十多天，竟然没有一点进展。

忽然从幽州传来急报，说契丹兵大举南下，已经攻陷涿州，正在围攻幽州。

李存勖正要分兵支援幽州，定州又来告急，说契丹军的先头部队已经逼近定州。如此一来，晋军就面临着在镇州、幽州、定州三个战场上同时作战的压力。

李存勖决定，留下大将阎宝继续围攻镇州，自己率五千骑兵亲临前线，抵抗入侵的契丹兵。

梁龙德二年（922）正月，晋国和契丹的前锋部队在新州相遇，由于敌众我寡，军心不稳，有些胆小的士兵开小差逃跑了，对于逃跑的士兵，抓住的就被斩首，但还是不能禁止士兵的逃跑。

很多将领提出回避契丹兵锋的建议，说契丹发倾国之兵南下，我军寡不敌众，而梁军又在侵犯魏州，回兵救魏州才是根本之策。

李存勖虽然是一个打仗不要命的角色，但面临如此严峻的局势，也有些犹豫不决。

大将郭崇韬却说：“契丹人进犯，是因为王郁的诱惑，他们是为货财而来，并不是来救镇州之围。大王刚刚大破梁兵，威震四海，誉满华夷，契丹士兵听说大王亲自到来，必定害怕，如果我们能够打败他们的先锋部队，后续部队必然不战而逃。”

李嗣昭也从潞州赶来，十分赞成郭崇韬的意见，他说：“强敌在前，有进无退，不可草率后退动摇人心。”

李存勖见两人说得有理，豪气地说：“帝王之兴，本是天命，契丹一群乌合之众能把我们怎样！我们曾经以数万士兵就平定东部广阔的地盘，现在遇到这样小股的敌人就要回避，还有何面目君临天下？”

李存勖的一番话，果然有王者之气。

于是，李存勖亲自率领五千铁骑为先锋，来到新城北面，埋伏在一片桑树林里。

契丹的一万多先头骑兵部队赶来。

李存勖分出一半部队出林列阵，叫嚷着要和契丹人决战。契丹兵看到桑林中战旗猎猎，人头攒动，不知晋军到底有多少兵马，吓得勒转马头就跑。

李存勖立即把部队一分为二，分头追杀，追赶了几十里路，一直把契丹兵赶到沙河边，还抓获了契丹主耶律阿保机的一个儿子。当时，沙河桥窄冰薄，契丹人争抢着过河，掉进河里淹死、冻死的不计其数。

契丹主耶律阿保机在定州城下，见先锋部队大败而归，自己的儿子也被晋军俘虏了，又惊又怕，只得退守望都。

李存勖率军来到定州，王都亲自出城迎接，并在帅府中设宴招待李存勖。在酒席宴上，王都提出把自己的女儿嫁给晋王的儿子李继岌。

李继岌是李存勖的第五个儿子，为宠妃刘氏所出，经常跟随李存勖征战。李存勖答应了这门亲事。

李存勖在定州休息一晚之后，率一千骑兵直逼望都，途中同五千契丹骑兵相遇。一千对五千，晋军占绝对劣势，立即陷入契丹兵的包围之中。无论李存勖多么骁勇善战，无奈一拳难敌四手，从午时战到申时，都没有冲出契丹兵的包围。

李嗣昭得到消息，立即率三百骑兵从侧面横冲过去，冲乱了契丹兵的阵脚，契丹兵不得不向后撤退，李存勖这才乘机从包围中奋力杀出。

契丹兵全线崩溃。一直逃到易州，才甩开晋军。

这时候，老天给契丹人开了一个玩笑，突然下起了鹅毛大雪，平地积雪数尺厚。契丹军带的粮草本来就不多，在溃退中又被晋军抢走了不少，冰天雪地、天寒地冻，人无粮食马无草料，士兵冻死、饿死不少，死人和死马的尸体，到处都是。

耶律阿保机用手指着天说：“老天也不让我进兵，悔不听皇后的劝阻啊！”

原来，耶律阿保机出兵南下，是受王郁的怂恿。耶律阿保机本来没有亲自出马的意思，只是答应让卢文进率兵驰援镇州，以解镇州之围。

王郁见耶律阿保机积极性不高，引诱说：“镇州的美女如云，金帛如山，天皇王如能迅速赶到，那里的美女、金帛都是你的了，不然的话，就归了晋王。”

耶律阿保机听了王郁的鬼话，决定亲征。倒是皇后述律氏头脑比较清醒，告诫他说：“我们有西楼羊马之富，乐趣已不可穷尽，何必要冒险远征，去贪图那点蝇头小利呢？听说晋王用兵如神，天下无敌，何必去招惹这样的狠人呢？万一被他打败了，后悔就来不及了。”

耶律阿保机不听述律氏的忠告，率兵南下，果然吃了败仗，后悔不已。回去后，他立即将王郁关进了大牢。

李存勖巡察契丹兵留下的军营，见契丹人在野外宿营的地方，地上铺草，环绕得方方正正，像编起来用剪刀剪过，一点儿不乱。李存勖感叹地说：“契丹人军纪严明，中原部队不如，将来一定是中原的劲敌，后患无穷啊！”

李克用临终时交给李存勖三支箭，其中一支箭，就是要李存勖射向契丹人，以报耶律阿保机背信弃义之仇。望都这一战，李存勖杀得耶律阿保机大败亏输，算是给九泉之下的李克用作了个交代。

在李存勖率兵扫北的时候，李存审担心梁兵袭击魏州，派李嗣源前去防守。梁军主帅戴思远率主力直取魏州时，李嗣源的部队已经提前赶到了魏州。

戴思远见晋军有备，乘势南下，包围了德胜北城，摧毁了城外的战壕堡垒，切断北城与外界的交通，昼夜攻城。

李存审全力拒守，情况万分紧急。

李存勖听到南方战场危急，连忙从幽州南下，用了五天时间，赶到魏州。

戴思远听到晋王大军赶来，立即解围而去，退保杨村。

镇州之战

李存勖击退了南、北两个劲敌，认为镇州已成一座孤城，不费吹灰之力就可以拿下，谁知事情的变化比他想象的要复杂得多，大将阎宝不但没有拿下镇州，反而被镇州兵打败，退到赵州去了。

原来，阎宝在镇州城下，修筑墙垒，截断滹沱水，水淹镇州城，切断了镇州城与外界的联系。不久，城内粮食快吃完了。张处瑾派五百余人出城找粮食。

阎宝一时轻敌，不但被镇州兵抢去了大批的军需品和粮食，而且还大败而逃。

李存勖只好派李嗣昭前去代替阎宝，继续攻打镇州。

李嗣昭来到镇州战场不久，张处瑾又派一千多名士兵到九门外迎接运粮的队伍。李嗣昭料知在先，在旧营设下伏兵，阻击镇州的迎粮兵，差不多全歼梁军，剩下五个残敌隐藏在一个矮墙垛子后面负隅顽抗。李嗣昭骑着马围着用箭射他们，突然从矮墙垛后射出一支冷箭，击中李嗣昭的脑部。

李嗣昭箭囊中的箭用完了，伸手从头上拔下那枚箭，射杀了一名残敌。

可惜的是，李嗣昭虽然神勇无比，战场救护知识却是太缺乏，他不知道身上中箭是不能乱拔的，更何况箭射在脑壳这个要命的地方，没有做好防备措施，更不能乱拔，乱拔是要死人的。

李嗣昭拔下头上的箭，也报了一箭之仇，由于没有采取止血措施，血流不止，回到大营后，终因失血过多，当天晚上死在军营中。

李嗣昭临死之前，让手下大将任圜暂时代替他的指挥权，继续率领各路大军进攻镇州，号令一如从前，丝毫不乱，镇州人不知道李嗣昭已经死了。

李存勖听说李嗣昭阵亡，悲痛万分，几天不吃酒肉。随即派振武军节度使李存进为招讨使，驻扎在东垣渡，继续攻打镇州。并命李嗣昭的儿子们护送李嗣昭的灵柩回太原，安葬在那里。

李嗣昭的儿子李继能拒绝将父亲安葬在太原，率领父亲的几千名牙兵，将他的灵柩运往潞州。

李存勖派他的同母弟弟李存渥骑快马追上去，讲明要护丧到太原。李继能的兄弟们大怒，要杀掉李存渥，李存渥落荒而逃。

李嗣昭有七个儿子：李继俦、李继韬、李继达、李继忠、李继能、李继袭、李继远。李继俦是泽州刺史，应当接替父亲的爵位，他平素比较软弱。李继韬凶暴狡猾，把李继俦囚禁起来，并以将士们的名义，请晋王任命他为留后。

李存勖因为战争正在高潮，没时间处理这件事。无奈之下，改昭义军为安义军，任命李继韬为留后。

李存勖内患未除，外战又失利，日子很不好过。

卫州刺史李存儒，原名叫杨婆儿，因为戏唱得好，得到了李存勖的宠爱。李存勖见他有些膂力，就赐他姓名，封为卫州刺史。

戏子出身的李存儒当上地方长官后，横征暴敛，变着法子敛财，即使守城的士兵，他也要打主意，只要他们交了钱，城可以不守，回家去休息。城池的防线，形同虚设。

梁将段凝、张朗得知卫州刺史是个昏官，率兵夜渡黄河，偷袭卫州，活捉了李存儒，然后又与戴思远合兵一处，攻占了淇门、共城、新乡。至此，澶州以西、相州以南的地区都归后梁所有。晋军失去了三分之一的军用储备，后梁军似乎又回光返照了。

张处瑾听说后梁军大胜，似乎看到了胜利的曙光，派弟弟张处球率七千精兵偷袭李存进的大营。

当时，李存进已将部队全部派往镇州城下，准备偷袭，留在身边的只有十几名亲兵。

李存进不愧是一员虎将，面对数千梁兵，竟然毫无惧色，带领十几名亲兵，同梁军大队人马干上了。沙陀人的勇气确实令人敬佩，只是，战场上，仅凭勇气不能击败敌人，最终还是要凭实力说话。即使李存进和他的十几个人有三头六臂，也是无济于事，七千人每人吐一口唾沫，也能淹死他们。

李存进战死，十几名亲兵全都跟着他去了天国。

镇州兵袭击了李存进的大本营，却又被晋军抄了后路。

晋军听说大本营被端，主将李存进战死的消息后，将士们像疯了一样，猛虎般扑向镇州兵，镇州兵刚刚尝到一点胜利的喜悦，立即又掉进狼群，一个个都被撕得粉碎。

镇州城粮尽力竭，张处瑾无力再战，派人向晋王请降。

小小的镇州城，连折晋国三员大将，李存勖恨不得剥了张处瑾的皮才解恨，断然拒绝了张处瑾的请求，派更能打的李存审去主持镇州战场。

李存审率兵来到镇州城下，立即发起猛烈的进攻。镇州人害怕了，守将李再丰派人潜出城，同李存审联系，愿做晋军的内应。

晚上，李再丰从城上放下绳索，晋军攀绳而上，天亮时全部登上城墙，抓获了张文礼的妻子和他的儿子张处瑾、张处球、张处琪，以及余党高蒙、李翥、齐俭等人。

李存审准备把他们押往魏州。赵军在军前请命，要求就地杀掉这些人，替旧主报仇。

李存审便将一众人犯就地宰了，又挖出元凶张文礼的尸体，碎尸万段。

张文礼是一个恩将仇报的恶人，灭掉自己的恩人兼义父一家，就是想当一个土霸王。恶有恶报，张文礼很快也得到灭族的报应。

张文礼的叛乱，使晋国连丧三员大将，虽然最终平定了叛乱，却使晋国元气大伤。

祸根初现

李存勖命令厚葬了赵王，封赵将符习为成德节度使，符习哭着拒绝了，他说旧主没有后人，他要为他送葬，等旧主入土为安之后，再来听命。

葬礼结束之后，赵军请求李存勖做成德军的首领，李存勖答应了，打算割相州、卫州，设置义宁军，命符习为节度使。

符习又拒绝了，他说：“成德军府不应分开，我希望得到黄河以南的一个镇，自己去攻占。”

李存勖满足了他的要求，封他为天平节度使，兼东南面招讨使。

镇州之乱平定后，河东元老张承业却去世了。

李存勖听到张承业去世的消息，虽然几天不曾吃饭，但内心却松了一口气，张承业死了，再也没有人会阻止他称帝了。

只是，李克用留下的最优秀的文臣武将，基本上都追随李克用于地下，晋国进入了人才不足的时候。李存勖此后起用了一批戏子、庸人，为后期的灾难埋下了祸根。

时间转眼进入后梁末年（923），朱友贞被前方小小的胜利冲昏了头脑，不知道末日已经来临，下诏褒奖吴越王，让他正式改称吴越王国，仿照天子行事。

晋国这时也不太平，李嗣昭战死镇州后，他的二儿子李继韬软禁了老大李继俦，向李存勖求封。李存勖虽然老大不愿意，但当时腾不出手来管李家兄弟的事，为了买安，还是临时给他划了一块地盘，让他管辖。

李继韬虽然当了安义军留后，但仍然惶惶不可终日，他害怕晋王有一天找他算账。幕僚魏琢和牙将申蒙认为，晋国的大将差不多都死了，朝中后继无人，迟早会被梁国吞灭。李存勖准备当皇帝，监军张居翰、判官任圜都被调到魏州去了。

李继韬的弟弟认为李存勖成不了气候，劝他投靠梁朝。

李继韬派李继远到大梁，请求把泽州、潞州归属后梁而成为后梁的臣属。

朱友贞很高兴，下令把安义军改为匡义，任命李继韬为匡义节度使、同平章事。李继韬将两个儿子送到大梁做人质，以表示对大梁的忠心。

驻守在泽州的裴约是李嗣昭的老部下，他宁死也不同意投降梁朝，占据泽州自守。

朱友贞派骁将董璋进攻泽州，久攻不下。

李继韬散尽家财，大量招兵买马，尧山人郭威前来投军。当年，郭威曾犯下命案，被关进了大牢，李继韬珍惜郭威的才华与勇气，私下放了他。郭威投军，是为报恩而来。

郭威是五代赫赫有名的人物，是他开创了后周王朝，他的继承人，开创了后世文治体制的先河，结束了五代混乱的局面。

李继韬率领新招的兵马去援助董璋。裴约急忙派人向魏州求救。

李存勖此时正忙着称帝，忙着搞登基大典的彩排，无心顾及泽州之事。

李存勖一心准备称帝，契丹大军却再度进攻幽州。郭崇韬向晋王建议，让李存审前去抗敌。当时李存审已经卧病在床，不得不带病出征。

安排妥当之后，李存勖登坛称帝，史称“后唐庄宗”，国号“大唐”，史称“后唐”，改年号同光。

李克用、李存勖父子俩，一直是打兴复唐室这张牌。当年，蜀王王建给李克用写信，建议在各自的地盘称帝，李克用曾信誓旦旦地说，永不背叛唐室。此前，由于时机不成熟，李存勖仍然还是打这张牌，如今，他终于扯下了这块遮羞布，自己做了皇帝。九泉之下的李克用，不知是高兴还是惭愧！但有一点，他还是可以在朱温的面前吹牛，他的儿子，比朱温的儿子强。

当时正是四月天气，风和日暖，李存勖称帝，水涨船高，大家一起高升，皆大欢喜：郭崇韬、张居翰当了枢密使；卢质、冯道出任翰林学士；孟知祥为太原尹，任西京副留守；任圜为真定尹，出任北京副留守，李存审、李嗣源等一班功臣，也都加官晋爵。豆卢革、卢程两人其实都很平庸，但李存勖认为他们都是仕宦世家，又是过去霸府僚属，也得到重用。

所有新提拔人员，除郭崇韬算是一个人才外，其余皆为碌碌之辈。但就是这个郭崇韬，上任之后，就给自己留下后患。

郭崇韬过去在晋王府是太监李绍宏的副手，如今他大权在握，很忌恨原来和他在一起职位比自己高的人，故此只给了李绍宏一个宣徽使的闲职。

李绍宏气得大骂：“你郭崇韬算什么东西，在晋王府的时候，你还是老子手下的一个小混混，如今大权在握，就不认老上级了？”李绍宏因此恨上了郭崇韬，成为郭崇韬身边一颗定时炸弹。

张居翰为人和顺，是一个树叶落下来怕打破头的角色，虽然当了枢密使，却不大管事，军政大权都由郭崇韬掌握。

孔谦是支度务使，他认为自己很有才能，而且工作也很卖力，无论怎么讲，租庸使这个职位应该由他来担任。但大家却认为他地位低微，出身贫寒，难当重任。

郭崇韬便推荐张宪担任租庸使，让孔谦担任副使。

孔谦心中也不高兴，也因此而恨上了郭崇韬。郭崇韬又为自己埋下了祸患。

李存勖称帝后，以魏州为兴唐府、建东京，太原为西京，又以镇州为北都。后唐总共管辖十三镇、五十州的地盘。

第二十章
天下换了主人

奔袭郓州

后唐虽然建国，但脚跟并没有站稳，契丹入侵幽州，幽州城内的粮食不够半年之用；卫州被梁朝攻陷；潞州也投靠了梁朝，闹得人心惶惶，许多人都认为，暂时不宜轻易向梁朝发动进攻。

李存勖不想坐等时机，没有机会，创造机会也要上。正在这时，有个叫卢顺密的梁军将领前来投降，说梁军的主力在潞州、泽州一带，山东空虚，驻守郓州的部队不足千人，天平节度使戴思远也不在城里。唐军此时攻打郓州，是一个极好的机会。

李存勖欲出兵郓州，召集大家商议，郭崇韬认为，千里奔袭，将士疲于奔命，万一有个闪失，将会白白断送数千人的生命，因此，他不同意出兵。

李存勖不死心，单独召李嗣源入内商量。对他说："梁人的计划是吞并泽州、潞州，东边没有什么防备，如果能取得郓州，就等于是在梁朝的腹地开花，郓州可以夺取吗？"

李存勖的意图很明确，他想让李嗣源执行这个奔袭郓州的任务。

李嗣源自从胡柳坡战役因没有跟随李存勖，独自率兵北渡黄河、当了逃兵之后，一直感到很惭愧，总想找机会将功赎罪，听李存勖如此问，便回答说："后唐连年用兵，军民都很疲惫，如果不出奇制胜，成就大业不知要到何年何月。陛下如果不以为我无能的话，就将袭击郓州的重任交给我吧！"

李嗣源不愧为名将，说话掷地有声。

李存勖要的就是这句话，立即命李嗣源率本部五千精兵，从德胜渡口直扑郓州。

李嗣源率部队到达杨刘时，太阳已经落山，天下着绵绵小雨，道路漆黑一团，将士们疲惫不堪，都不想继续前进了。高行周对大家说："这是老天帮助我们，如此天气，郓州兵一定毫无防备。我们正好出其不意，攻下郓州城。"

李嗣源采纳了高行周的建议，率部队趁着夜色渡过黄河，直抵郓州城下。

郓州的守军还在睡大觉，他们做梦也没有想到，死神已经逼近了他们。

李嗣源的义子李从珂率先攀上城墙，杀死守城的士卒，打开城门，大队人马进城，很快占领了郓州城。

李嗣源张贴安民告示，禁止士卒扰民，只把知州事节度副使崔笃、判官赵凤押送到兴唐。

李存勖高兴地说："李总管，你真是个奇才呀！我们的事情成功了。"于是，当即任命李嗣源为天平节度使。

最后的名将

朱友贞听说郓州丢了，得到潞州的兴奋劲儿一下就泄没了，失魂落魄。杀掉逃回汴州的守将，解除戴思远北面主帅的职位，派钦差去前线，批评前线大将段凝等人，命令他们赶快夺回失地。

朱友贞的主帅走马灯似的换，足见他对手下的将领不了解。主帅是军队的核心，怎能轻易地换来换去？

老宰相敬翔知道梁国已经到了生死存亡关头，先把一根绳子装在靴子里，进宫求见朱友贞，对他说：“先帝夺取天下时，从来不认为老臣无能，无论什么谋划，都让我参加。现在，敌人的势力更加强大，陛下却从不让我说话，我已经无用了，不如去死。”说罢，从靴子里取出绳子，装模作样地要上吊自杀。

朱友贞一把拽住他，宽慰地说：“宰相有什么话只管说，这次我一定听你的，何必自寻短见呢？”

敬翔上吊是假，想引起朱友贞的重视才是真，见朱友贞发话了，连忙说道：“现在事情非常紧急，不用王彦章为大将，不能挽救梁王室的危亡。”

几年来，朱友贞只是同赵岩、张汉杰几个奸佞打得火热，敬翔的话，只当成耳边风，这一次不同，他手中已经无牌可打了，只得采纳了敬翔的建议，让王彦章代替戴思远为北面招讨使，仍然用段凝为副招讨使。

自从刘鄩死了以后，王彦章成了梁朝最后的名将，他武功出众，冲锋陷阵是把好手，号称“王铁枪”。

可惜的是，王彦章只是将才，而非帅才，他不懂政治，不知道军事和政治的天生关系。当朱友贞召见他，问他需要多长时间可以击败敌人时，王彦章豪气地说：“三天。”

赵岩、张汉杰等人听罢，哄堂大笑，从笑声中可以读出其中的内容：王彦章在吹牛。

赵岩、张汉杰等人的讥笑声让王彦章很恼火，临行前，他对人说：“等我捉了李亚子，再回来收拾赵岩、张汉杰这几个小人。”

赵岩、张汉杰是朱友贞身边的红人，他们要谁三更死，没人能活到五更。王彦章虽然过了嘴瘾，却得罪了这几个小人，同他们结下了梁子。不久之后，他就会明白：小人是得罪不得的。

王彦章率兵出发，只用了两天时间就赶到滑州大营。到达滑州后，立即将将士们召集在一起，大摆宴席，暗中却派人到杨村准备船只。

晚上，他命令六百名士卒，各自拿着大斧，带上铁匠、熔炼用的木炭和吹火用的皮囊，一起登船，顺流而下。

滑州大营里，宴会还在继续，大家正喝得开心，王彦章假装上厕所，从军营后面溜出来，率领数千精兵，沿着黄河南岸，直奔唐军的德胜南城。

这天夜里，天正下着小雨，德胜南城守将朱守殷做梦也没有想到，梁军会在这个时候玩偷袭，丝毫没有防备。

德胜城有南、北两座城池，中间隔着黄河，河面上有浮桥，浮桥用巨大的铁链子相连，非常牢固。南、北两城以此桥为纽带，相互依存，一遇战事，便可相互支援。

梁军的水军已经接近德胜渡口的浮桥，船中的铁匠生起炭火，熔断了浮桥的铁链，再用大斧砍断浮桥上的木板，切断了南北交通。

睡梦中的南城唐军，在失去北城支援的情况下，完全丧失了抵抗的能力，顷刻告破。数千唐军，糊里糊涂地就做了断头鬼。

说三天，就三天，王彦章果然不是吹的。

朱守殷发现梁军袭击南城的时候，浮桥已经不复存在，只好派士兵乘小船过河支援，但这时唐军已败，无力回天了。

王彦章再接再厉，一举攻下潘张、麻家口、景店等河南各寨，军威大震。

李存勖听说后梁任命王彦章担任北营主帅，吃惊不小。王彦章人称“王铁枪”，很会打仗，他为梁军主帅，这个仗就很难打了。于是下令让朱守殷放弃德胜北城，拆屋做筏，载着兵器、士兵，前往杨刘城，协助李周守城。

真是英雄所见略同，王彦章也在德胜南城拆掉房屋，取木料扎成木筏，顺流而下。

当时的情况非常壮观，两军沿两岸齐头并进，每遇河面弯曲狭窄的地方，便要厮杀一番，双方你来我往，箭如雨下，一日百战，互有伤亡。

王彦章、段凝率十万大军向杨刘发起进攻，四面八方一齐推进，昼夜不停。他把九艘大船连在一起，横在黄河渡口上，阻挡后唐的援兵。

有几次，后梁军好不容易攻上城墙，又被守将李周挡了下来。王彦章见久攻不下，只得退到城南驻扎，把营寨连起来坚守。

李周派人告急，请求李存勖以日行百里的速度驰援杨刘。

李存勖似乎并不急，一边赶路，一边打猎，以每天六十里的速度前进。等赶到杨刘，梁兵已经将杨刘围得水泄不通，这才知道问题很严重，便找郭崇韬商量对策。

郭崇韬认为，王彦章据守要道，其实是想进攻东平，如果唐军不能南进，王彦章就会向东进军，那时，郓州就守不住。他建议在博州东岸筑城防守，截住河津。这样一来，既可以接应东平，又可以分散敌人的注意力。只是他担心，如果王彦章知道唐军在博州筑城的计划，一定会派兵前去攻打，如此一来，筑城的计划就很难实现。

“你估计筑城要多长时间？”李存勖问道。

“十天。”郭崇韬很有信心地说，“请陛下招募敢死队，前去牵制王彦章，只要拖住王彦章十天时间，我保证一座新城就会在博州东岸拔地而起。”

当时，李嗣源在郓州孤守，与河北大本营信息不通，郓州人心惶惶，朝不保夕。正在这样一个生死存亡时刻，梁军副帅段凝手下一个叫康延孝的先锋官违反了军规而遭到处罚，秘密请求投降李嗣源。

李嗣源请示李存勖，并说杨刘城城池坚固，梁军一时攻不下来，他建议在马家口修筑城堡，打通通往郓州的道路。

李嗣源的建议与郭崇韬不谋而合。

李存勖同意了他们的计划，派郭崇韬率一万人马连夜出发，赶往博州，在麻家口渡过黄河，昼夜赶筑新城。

李存勖率军在杨刘城下，同王彦章展开拉锯战，昼夜不息，双方互有伤亡，一直到第六天，王彦章才知道郭崇韬在博州东岸筑城之事。

王彦章也知道唐军筑城的战略地位，立即率一万精兵赶往新城，他要趁唐军在新城立足未稳之时，一举拿下这个刚刚筑起来的新城。他把十余艘战船连接起来，摆放到河中间，阻断郭崇韬的援兵。

当时，马家口城垒刚刚修筑完，城墙低小，修墙用的沙土质量也不好，城门、瞭望楼以及守备设施都没有修好。这样的城池，很难挡住梁军的进攻。

郭崇韬一面率军拼死守城，一面派人向李存勖告急。

李存勖得知王彦章去了新城，立即从杨刘率领大军前来援救，在新城西岸摆开了阵势。

新城的唐兵见援兵到了，士气陡增，站在城楼上大骂梁军。

王彦章知道最佳的战机已经错过，不能取胜，立即命令砍了连接战船的绳索，收回战船。

李存勖刚要率船渡过黄河，王彦章已经撤除了包围，退往邹家口。

郓州的李嗣源送来奏章，奏请李存勖，要求严惩丢失德胜城的朱守殷。

朱守殷是李存勖的旧役苍头，他不忍加罪旧人。

李存勖打仗有一套，治军似乎很一般，朱守殷玩忽职守，犯下如此大错，杀头都不过分，他竟然因私废公，不加追究，显然不当。

李存勖随即率领部队沿着黄河向南开进。王彦章又放弃邹家口，开赴杨刘。

后唐骁将李绍兴抢在王彦章的前面赶到杨刘，抓住后梁几名侦察兵，纵火焚烧了梁军的军舰。段凝以为后唐兵从上游渡过了黄河，大惊失色，指责王彦章不应当深入郓州境内。

这时已经进入秋天，两军主力虽然没有展开决战，但是小战还是天天发生，梁军败多胜少。段凝胆小怕事，总是同王彦章唱反调。

王彦章的号令难以统一，举步维艰。伤亡一万多士兵，也没有攻下杨刘，于是下令撤围。

王彦章犯了一个致命错误，此时，杨刘城里的唐军，已经断粮三天，如果再坚持几天，即使不攻城，城内的唐军也会因饥饿而失去战斗力。杨刘城失守，李存勖的大军必将不战而退，撤回河北。

正在这个节骨眼上，朱友贞的命令来了，召王彦章回汴州，让他把前线的军事指挥权交给副将段凝。

临阵换将，乃兵家之大忌，朱友贞之所以这样干，是因为他听了谗言。

王彦章临出征时，曾撂下一句狠话：“等我捉了李亚子，再回来收拾赵岩、张汉杰这几个小人。”

赵岩、张汉杰等人不是一般人，他们绝不会等着王彦章打了胜仗回来收拾自己，一定会背后使绊子。

王彦章祸从口出，自己种下的祸根，自己得吞下苦果。

梁军换帅，让将士心灰意冷，梁国离灭亡不远了。

朱友贞召回王彦章，起用段凝，曾遭敬翔、李振等人的反对，他们认为段凝是个庸人，难当重任。

忠言难抵谗言，朱友贞根本就听不进去。

一场豪赌

李存勖听说王彦章已退，自己也回了兴唐府。

泽州守将裴约连连告急，李存勖叹息道：“我兄不幸生了这么个禽兽，只有裴约能够知道他的逆顺。”

李存勖这里说的“兄”，指的是李嗣昭，李嗣昭是李克用的养子，故李存勖呼之为兄，“禽兽”则是指叛逃到梁国的李嗣昭的儿子李继韬。

随后，李存勖对指挥使李绍斌说，泽州不过是弹丸之地，得之不喜，失之不忧，吩咐李绍斌走一趟，把裴约救出来。

李绍斌率五千兵马往救裴约，还没到达泽州，泽州已被攻破，裴约战死。李存勖悲痛不已。

随后传来消息，梁将段凝继任招讨使后，屯后河上，在酸枣决开黄河大堤，水灌曹州、濮州和郓州，想使唐军陷入绝境。

李存勖冷笑道：“决水成渠，受害的只是民田，难道我军不能渡河吗？”随即率军在朝城驻扎。

这时，后梁指挥使康延孝得罪了朱友贞，带领百余名骑兵前来投奔李存勖。

李存勖立即召见康延孝，赐给他锦袍玉带，询问他有关梁朝的情况。

康延孝回答说："梁朝的地盘不算小，兵力也不少，但梁主善恶不分，是非不明。赵岩、张汉杰等人揽权专政，在内互相勾结，在外贪污受贿。段凝什么本事也没有，只知道克扣军饷，奉迎权贵。王彦章、霍彦威等老将的地位反而不如段凝。梁主不善用人，疑心太重，每次出兵，都要使近臣做监军，将领有没有功劳，都凭监军一句话。近来又听说梁主要全面进军，命董璋率兵攻打太原，霍彦威率兵攻打镇州、定州，王彦章、张汉杰率领禁卫军攻打郓州，段凝、杜晏球率领大军抵挡陛下。定在十月大举进攻。依我看，梁朝兵力确实不少，如果集中起来，一个拳头对外，恐怕很难应付，但分散开就不行了。希望陛下养精蓄锐，等待他们分兵作战的时候，率领五千铁骑，从郓州出发，直捣大梁，抓获朱友贞，不出半个月，天下可定。"

李存勖听了很高兴，当即任命康延孝为招讨指挥使。

撇开梁军主力，全军突袭梁朝的都城汴州，擒拿朱友贞。康延孝的建议，是一个赌博式的计划。

赌还是不赌，李存勖有些犹豫。

果然没过几天，李存勖听说王彦章率兵攻打郓州，而且监军正是王彦章的死对头张汉杰。

李存勖此时的日子很不好过，王彦章剑指郓州；段凝的部队在澶州、相州到处抢劫；上次德胜城失利，损失粮草数百万，租庸副使孔谦凶暴地收取赋税来供应军需，很多百姓逃跑了，收上来的租税越来越少，国库的积蓄支持不了半年；泽州、潞州尚未攻下，卢文进、王郁率领契丹人多次经过瀛州、涿州南面，传说等到草枯结冰之时，契丹兵将要大举南侵。现在又听说朱友贞准备从四面八方大举进攻，李存勖为此深感忧患，召集诸位将领商议对策。

宣徽使李绍宏等人认为，郓州是一座孤城，很难守住，建议放弃郓州，并同后梁握手言和，把卫州和黎阳还给后梁，以黄河为界，停止战争，让百姓得到休息，等到财力稍有积蓄时，再进一步计划以后的行动。

“如此一来，我恐怕连葬身之地也没有了。”李存勖非常生气，立即宣布散会，只留下郭崇韬一个人，问他有什么好办法。

郭崇韬回答说：“陛下血战疆场十五年，为的是国恨家仇。现已名正言顺地做了皇帝，黄河以北的百姓天天盼望天下太平，攻占了郓州这个小地方，守不住却要放弃，这样怎么图谋中原呢？我担心将士们灰心丧气，将来粮食吃完，大家都离散了。虽然划河为界，谁愿意为陛下去防守呢？”

李存勖用期待的眼神看着郭崇韬，等着他继续说下去。

郭崇韬继续说：“我曾详细地询问过康延孝有关黄河以南的情况，分析敌我形势，成败就在今年。梁国的全部精兵都在段凝手里，他现在决黄河以自保，认为我军一时过不了黄河。段凝不是将才，不能临阵决策，没什么可怕。王彦章率兵逼近郓州，并没有采取大的行动，他是在等待机会。投降过来的人都说，大梁兵力空虚，如果陛下留下部分兵力坚守魏州，保卫杨刘，亲率精锐部队与郓州会师，长驱直入，直取汴州，一战可下。抓住朱友贞，后梁不战而降。不然的话，今秋，我国粮食歉收，军粮不足，如果不下定决心，大功怎能成呢？俗话说：‘当道筑室，三年不成。’帝王应运，必有天命，陛下为何要畏首畏尾呢？”

“好！”李存勖拍案而起，大声说，“大丈夫成则为王，败则为寇，就赌这一把。”

兵发汴州

不久，李存勖得到李嗣源送来的捷报，李从珂等人击败了王彦章的前锋，王彦章已经退回中都。

郓州告捷，大壮唐军士气，李存勖决定立即出兵。

李存勖并没有必胜把握，但他却要豪赌一把，按他的话说：胜者为王，败者为寇，不成功，便成仁。

出兵之前，他命令将士们妥善安排好自己的家属，他也将自己的第三妃刘氏及皇子李继岌送回兴唐府，并亲自将他们送到离亭，临别时对他们说：“国家成败，在此一举，如果不成功，就把我的家人集中在魏宫，引火自焚，不要做敌人的俘虏。”

古人壮烈，比比皆是。五代时期的帝王、地方诸侯，一经战败，多有自焚，这也是当时的特殊社会环境造成的，因为一旦落入敌手，就难逃受辱而死，且死得很惨。

李存勖派人留守魏城，自己率大军由杨刘渡过黄河，直奔郓州和李嗣源会师，然后命李嗣源为先锋，连夜进军，三更之后，渡过汶河，直逼梁国中都城下。

中都城小墙薄，城内也没有防备，虽然王彦章驻守中都，但兵力不足一万，而且大部分都是新兵蛋子，面对从天而降的唐军，完全没有抵抗能力，很快全线崩溃，纷纷向城外逃跑。

王彦章约束不住，只好带着几十个亲信骑兵逃跑了。

唐军龙武大将军李绍奇率兵紧追不舍，他听出王彦章就在前面逃跑的队伍里，大叫道："王铁枪！你往哪里逃！"话声始落，拍马上前，挺槊刺向王彦章。

王彦章老了，已不复当年勇，加之受到多次政治斗争的打击，已经是身心疲惫，身体状况大不如前。他一招没有架住，被李绍奇一槊扫中后背，大叫一声，坠落马下，被李绍奇活捉了。同时被俘的还有监军张汉杰、曹州刺史李知节、裨将赵廷隐、刘嗣彬等二百余人，临阵被杀的有几千人。

王彦章曾经对人说："李亚子只是一个斗鸡小儿，何必怕他?！"如今被捉，送到李存勖面前。

李存勖反唇相讥道："你以前说我是斗鸡小儿，今天服不服？"

王彦章瞪着双眼，一言不发。

李存勖继续说："你是有名的大将，为何不去守兖州？中都城小墙薄，如何守得住？"

"唉！"王彦章叹了口气说，"天命如此，我也无话可说。"

李存勖珍惜王彦章是个人才，派军营中最好的医生为他治伤，派大臣去劝他投降。

王彦章说："我本来是一个乡野匹夫，蒙受梁朝厚恩，位至上将，与你们交战十五年，如今兵败力竭，不死又能怎么样？即使你们不杀我，我又有何面目再见天下人？哪里有朝为梁将，暮为唐臣的道理！得死，幸矣！”

李存勖还是不死心，派李嗣源前去劝降。

王彦章躺在病床上，连身子都没有动一下，轻蔑地问：“你不就是邈佶烈吗？休想诱惑我。”

“邈佶烈”是李嗣源的小名。小时候，李嗣源有名无姓，后来成为中原正统皇帝，才有了名字。王彦章一直看不起李嗣源，因此直呼他的小名。

李嗣源气得一句话也没有说，转头就走。

李存勖大开宴席，庆贺胜利，他让李嗣源列坐首席，举着酒杯说道：“今天论功，你是首功，其次则是郭崇韬。如果听从李绍宏等人的话，可就误了我的大事。”

接着又对众将说：“以前，我所担心的只有王彦章，今天他已经被擒，这是天要灭亡梁国啊！段凝目前还在黄河以北，我军现在应该怎么办？”

众将议论纷纷，有的说应该先打海东，有的说应转攻河上，唯独康延孝说应该立即攻取汴州。

李嗣源赞同康延孝的意见，他说：“兵贵神速。王彦章就擒，段凝还蒙在鼓里。即使有人去报信，他也会怀疑真假。等他知道我军去向，我们已经攻到汴州城下了。就是马上发兵来救，也要绕道白马，南渡黄河，数万大军，谈何容易。这里与汴州近在咫尺，而且，全部都是丘陵地带，没有高山大河挡道，大军列阵疾行，昼夜兼程，两天两夜就可赶到汴州，那时，段凝还没有离开黄河边，朱友贞就当了我军的俘虏。请陛下率领大军在后面压阵，臣愿意率领数千骑兵为先锋。”

李存勖是中国历史上最喜欢冒险的开国皇帝，立即下令撤去宴席，命李嗣源先行。

第二天早晨，李存勖率大军出发，让人抬着王彦章同行，他派人去问王彦章：“唐军这次行动，能成功吗？”

王彦章轻蔑地说：“段凝有精兵六万，虽然他不是将才，但也不会随便倒戈投降，实在是难以成功啊！”

李存勖这才知道，王彦章不可能为己所用。不能用，就得毁去，留下必成祸患。于是下令杀了王彦章。

王彦章面不改色，慨然就刑。李存勖叹他是一个忠臣，下令将他厚葬。

两天之后，唐军到达曹州，后梁守将开城迎降。

王彦章死了，后唐军长驱直入。

朱友贞彻底崩溃了，知道大势已去，再也没有翻盘的机会了，他把全家人召集在一起，哭成一团，伤心地对家人说："完了！完了！咱们老朱家的气数尽了！"然后，又召集群臣商议对策，众人面面相觑，没有一个人说话。朱友贞看着敬翔，满脸愧疚地说："敬翔，朕后悔当初没有听你的话，现在情况万分危急，你也不要埋怨朕了，快想想办法吧！"

"臣受先帝厚恩，已有三十多年，名义上是宰相，其实就是朱家的奴才，对待陛下，如同对待自己儿子一样，前后多次献言，无不是忠心耿耿。陛下当初起用段凝，臣极力反对，小人狼狈为奸，才有今日之祸。现在，唐兵即将打过来，段凝还在黄河以北，不能救国。臣想请陛下出外避难，陛下一定不听从；想请陛下出奇谋合力大战，陛下一定下不了决心。"敬翔绝望地说，"如今的形势，即使是张良、陈平再世，恐怕也没有办法，请陛下赐老奴先死吧！我真的不忍看见大梁就这样完了。"

敬翔的话，充满了埋怨之词，也充满了无奈和绝望。

朱友贞无言以对，两人面面相对，痛哭流涕。

朱友贞见无人提出建议，只好自己做主，派张汉伦飞骑北去，追回段凝的部队。

张汉伦刚到滑州，就从马上摔下来，脚被摔断了，后来又被大水挡住去路，无法前行，让朱友贞的计划彻底泡汤。

汴州城等不到救兵，更加惶恐不安，城中只有几千控鹤军。朱珪请求率兵出战。朱友贞觉得，就这几个兵，想出城去抵挡后唐兵，简直就是拿着鸡蛋碰石头，螳臂当车。他没有采纳朱珪的建议，只是命开封尹王瓒加强防守。

巧妇难为无米之炊，王瓒也无兵可调，没有办法，只得逼迫老百姓登城防守。正规军同后唐军交锋都是一败千里，让老百姓守城，等于是抓沙抵水。

唐军还没有来，汴州城已经乱成了一锅粥。

直到这个时候，朱友贞还担心他的兄弟们乘机造他的反，抢夺他的皇位，下令将已经囚禁起来的几个兄弟：已故广王朱全昱的儿子朱友诲、朱友谅、朱友能和皇弟贺王朱友雍、建王朱友徽几个人，全都杀死了。

朱友贞做的恶事虽然不及朱温，但杀兄屠弟却也是心狠手辣，毫不留情，也算得上是一个恶人。

朱友贞不甘心束手待毙，还想作最后的挣扎，他亲自挑选几名亲信，给他们一笔丰厚的赏赐，让他们穿上百姓的衣服，暗带蜡封诏书，前往段凝军中告急，请段凝迅速回师汴州。

几个亲信不糊涂，他们知道后梁大势已去，接受赏赐，表达一番豪言壮语，出城之后，将蜡封诏书丢进臭水沟，带着赏赐逃之夭夭。

大家心里也明白，派人去求援，只是尽人事而已。有人建议朱友贞去洛阳避难，再收集各路大军抗拒唐兵，唐军即使得了汴州城，也不一定敢久留。

还有人建议，干脆移驾到段凝的军营。

控鹤军都指挥使皇甫麟说：“段凝不是将才，他是靠裙带关系爬上来的，危机之时，不能指望他，听说王彦章兵败后，他都吓破了胆，能指望他为陛下尽忠吗？”

朱友贞把宰相找来商议，郑珏提出高见：愿意带上传国玉玺到唐朝大营去诈降，以缓解国难。

“我不是舍不得玉玺。”朱友贞问道，“这样做，能成功吗？”

郑珏愣了半天，喃喃地说：“恐怕不能。”

大家见他突然冒出这样一句话，缩着颈子偷笑。

朱友贞毫无办法，成天以泪洗面，一筹莫展。他把传国之宝放在卧室里，有一天忽然不见了，朱友贞以为是有人偷走迎接后唐军去了。

第二天，有人报告说，唐军已经过了曹州，尘土飞扬，遮天蔽日，距离汴州不足百里，梁朝存在的时间，只能用天来计算了。就在这个节骨眼上，朱友贞最信任的人赵岩不辞而别，跑到许州去了。

朱友贞虽然心有不甘，却也无可奈何，他绝望了，失去了活下去的勇气，对皇甫麟说："李氏和咱老朱家是世仇，我不能向他们低头，也不想挨他们的刀子，你先砍下我的头吧！"

皇甫麟哭着说："臣只能为陛下仗剑杀敌，怎敢奉此诏？"

朱友贞怒喝道："你想出卖我吗？"

皇甫麟急了，拔剑就要自杀。

"要死，我和你一起死！"朱友贞抓住皇甫麟手中的剑，抹向自己的脖子。

朱友贞像一堵墙一样，轰的一声倒在地上，弹了几弹，死了。不过，他的眼睛还睁得大大的，这大概就是人们所说的死不瞑目吧！

"陛下，你慢走，臣来了。"皇甫麟见朱友贞抹了脖子，大叫一声，也自杀了。

朱友贞做了十年皇帝，日子过得并不安稳。当初谋夺皇位的时候，很多大臣都骑在墙头看大戏，保持一种坐山观虎斗的态度，这让他很失望。后来，他的兄弟为了谋夺皇位，派人暗杀他，虽然有惊无险，却也让他对自家兄弟失去了信任，从此抛弃了自家兄弟，疏远了敬翔、李振等旧臣，只是宠幸赵岩、张汉杰几个人。致使这几个人作威作福，独断专行，最终导致亡国。

朱友贞自杀而亡。后人很同情他，认为他不是真正意义上的亡国之君，他有"复兴之志"，却无"复兴之才"，只是耳朵根子软，做事优柔寡断，终归亡国。

历史就是这样残酷，与其说是用笔记载的，不如说是用血泪写成的。当人们翻开故纸堆的时候，看到的不是鲜血，就是泪水，无论是光荣还是屈辱，都不能改变这个规律。

朱友贞，史称梁末帝，在位十年，享年三十六岁。

后梁自朱温篡唐即位，仅传了一代便亡国，共计十六年。

第二十一章
戏子干政

到汴州，坐天下

同光元年（923）十月初九，也就是朱友贞死后的第二天，李嗣源的部队到达大梁城，向封丘门发起进攻。开封尹王瓒大开城门，迎接晋军。

李嗣源进城之后，出榜安抚军民。没过多久，李存勖率大队从梁门进城。

后梁那一帮子降臣跟着李嗣源出城迎接，跪在李存勖的马前请罪。说一些我等身为伪梁臣子，罪该万死，今天得见大唐中兴，格外高兴，热烈欢迎尊君之类的话。

昨天，这些人还在朱友贞面前喊万岁，今天，就跪在李存勖面前磕头。人在屋檐下，不得不低头，活下去才是硬道。

李存勖安慰他们，让他们回到各自的工作岗位上去。

李嗣源过来向李存勖表示祝贺，李存勖喜不自胜，拉住李嗣源的衣服，用头撞了他一下，兴奋地说：“我能够得天下，全是你们父子二人的功劳，此后的荣华富贵，我和你同享！”

李存勖进城，在元德殿接受朝贺。

梁丞相李振对敬翔说："新皇帝已经下诏，赦免了我们，我们理当入朝，前去拜见新皇帝才是。"

敬翔说："你我二人都是梁国的宰相，君主昏庸不能接受进谏，国家要灭亡了不能拯救，如果新皇帝问我们，我们如何回答？"

李振怏怏退出。

第二天，天尚未亮，有人来报告敬翔，说李振已经投降了新朝。敬翔仰天长叹道："李振枉为大丈夫，朱氏与新君世代为仇，现在国亡君死，即使新君不杀我，我还有何面目再入大梁的建国门呢？"说罢，上吊自杀了。

敬翔以死向世人表示，他只做朱家的臣子，绝不与沙陀人合作。

李存勖的消息似乎有点儿闭塞，他还不知道朱友贞已经死了，竟然下令缉拿朱友贞。有梁臣割下朱友贞的首级献来，李存勖熟视半天，怃然叹道："古人有言，敌惠敌怨，不在后嗣。朕与梁主斗了十年，恨不得在他活着的时候见上一面。现在人已经死了，还是让他入土为安吧！只是他的首级，要献太庙，可涂上漆，收藏起来。"左右依言而行。

随后，李存勖命李从柯等人率兵出师封邱，招降段凝。

段凝这时候还蒙在鼓里，不知道后梁君死国亡的消息，正要率军前去支援汴州，并派部将杜晏球为先锋。

杜晏球率军走到封丘，遇上李从柯的部队，不战而降。

段凝也在途中接到李存勖的诏书，立即给李从柯写信，表示愿意带领五万部队归顺新朝。

不战而屈人之兵，李从柯当然是求之不得。

五万部队成建制地投降，对李存勖来说是一个意外的惊喜，他厚赏了段凝。

段凝因此而出入于后唐公卿之间，俨然成了李存勖身边的红人，扬扬得意，毫无愧色。后梁的那些降臣，见段凝小人得志，都对他横眉冷对，恨得牙齿痒痒。

段凝知道后梁那些遗老遗少对他不满，心里当然不痛快，乘机在李存勖面前使坏，说后梁那些遗老遗少原本是大唐旧臣，朱温篡唐，他们投降了朱温，如今，后梁灭亡了，他们又归顺新朝。墙头一根草，见风两面倒。让这些人留在朝廷，浪费粮食，祸患无穷。

李存勖于是下诏，将郑珏、萧倾、刘岳、任赞、封翘、李怿、窦梦徵、士刘光、陆崇、王权等十一人全部逐出汴州。

段凝似乎意犹未尽，同杜晏球联名上书，说赵岩、赵鹄、张希逸、张汉伦、张汉杰、朱珪等人，作威作福，残害百姓，不杀不足以平民愤。

李存勖再次传下诏，治罪李振等人，说他们带头帮助朱温，颠覆了大唐帝国；朱珪助纣为虐，张汉杰、张汉伦等人荼毒生灵，该杀。下令将他们推到菜市口斩首，诛灭九族。唯赵岩在逃，下令严密搜捕，归案正法。

赵岩逃到许州投奔匡国军。匡国节度使温韬是个四面透风的滑头，没理由给朱友贞陪葬，见赵岩来送死，立即命人剁下他的人头，献给李存勖。

以上这些人，并非没有应杀之罪，但由段凝提出来，却有些匪夷所思。因为段凝也是一个刚刚降唐之人，为何对这些人恨之入骨非杀之而后快呢？唯一能解释的理由，就是投机取巧，邀宠卖乖。

李存勖似乎真的很喜欢段凝，赐段凝姓名为李绍钦，赐杜晏球姓名李绍虔。

李存勖下诏追废朱温、朱友贞为庶人，毁去梁室宗庙，还想掘开朱温的坟墓，毁棺焚尸。

河南尹张宗奭已经恢复原来的姓名张全义，自河南入朝拜见李存勖。李存勖向他提起掘墓焚尸之事。张全义说："朱温虽然是陛下的世仇，但人已经死了多年，就不要再掘他的坟了吧！"

李存勖似乎意犹未尽。

张全义顿了顿说："春秋末年，伍子胥掘墓鞭尸，虽逞了一时之快，但千百年来，有谁说他是仁者呢？"

李存勖想了想，终于打消了掘墓焚尸的念头，只是命人铲除阙室，削去封树。并发下大赦诏令，凡后梁旧臣，非罪大恶极者，概不问罪。

李存勖命枢密使郭崇韬暂行中书事，随后又晋封他为太原郡侯，并赐给丹书铁券，兼任成德军节度使。

丹书铁券，是古代皇帝赐给功臣、重臣的一种带有奖赏和盟约的凭证，类似于勋章。同时，这是世代享有优厚待遇及免死罪的一种特别证件，也叫免死券。也就是说，丹书铁券有高于国家法律的效用，即使犯了死罪，也不用担心，只要手中有丹书铁券，可免除死罪。可见李存勖对郭崇韬的器重。

郭崇韬也不负李存勖之望，兼职内外，尽心尽力。李存勖视他为心腹。

女人凶猛

李存勖下令肃清宫室，捕杀朱氏的族人。

朱友贞后宫的嫔妃们，养尊处优惯了，哪里见过如此阵势，一个个吓得跪倒在地，哭求免死。唯独贺王朱友雍的妃子石氏立而不拜，面色凛然。

李存勖见这个女人长得体态端庄，娇嫩如花，顿生爱慕之情，想让她入内侍奉自己。不想石氏杏眼圆睁，怒喝道："我乃堂堂王妃，岂能侍奉你这个胡狗？头可断，血可流，老娘的身子不可辱！"

好一个烈性女子，其气概，让那些得了软骨病的男人也觉羞愧。

李存勖柔情顿变杀气，怜香惜玉之念荡然无存，喝令将这个女人推出去斩了。

朱友贞的妃子郭氏被带了上来，虽然她身穿素服，眼含泪珠，满脸愁云，但仍然掩盖不了娇艳的容颜。

李存勖欲念又起，也许是吸取刚才石氏的教训，当时并没有提出非分的要求，只是和颜悦色、轻言细语地问了几句，便让她回宫去了。其他的嫔妃，或留下，或遣归，也没有作过多的强求。

当天晚上，李存勖召郭氏侍寝，郭氏虽然不愿意，但想到白天石氏被斩的情形，知道自己面前只有两条路可走，要么应召陪寝，要么跟着石氏一起走。陪寝是阳光道，拒绝就要走上奈何桥。

郭氏最终还是选择了阳光道，钻进了李存勖的被窝里。

朱温淫恶无度，他的后代也遭人凌辱，难道这是天理昭昭的孽报吗？

后唐灭掉后梁之后，国土基本是上由原河东辖地和后梁辖地组成，在五代十国时期，其面积算是最大的一朝。在晚唐到五代中间的过渡期，曾经出现过黄巢起义，黄巢进入长安后，从一个农民起义领袖蜕变为"准皇帝"，不久便被逐出长安城，迅速灭亡。李存勖也没有跳出黄巢的"兴亡周期论"，他灭掉后梁、进入汴州城后，他的人格、他的生活习惯也迅速发生了质变。这些变化，除了自身的原因外，还有一个人，起到了催化剂的作用，这个人就是稍后被他封为正宫皇后的刘氏。

刘氏是李存勖的小妾，在李承勖的妻妾中排在第三位。李存勖灭掉后梁后，刘氏和皇子李继岌从兴唐府来到汴州。李存勖亲自迎接进城，大战之后的家人重新团聚，显得格外的亲切、高兴。

刘氏祖籍成安，家世贫寒。她的父亲刘黄须，略通医术，自号刘山人。

李存勖攻打魏州时，裨将袁建丰抢走了刘黄须的女儿。那时候，刘氏只有六七岁，李存勖见这个小女孩长得聪明伶俐，娇小可爱，便将她带回太原，让她侍奉太夫人曹氏。

曹太夫人也很喜欢这个娇小玲珑的小女孩，教她唱歌、跳舞，刘氏不但一学就会，而且还能举一反三。到了及笄之年，更是美丽动人，居然成了一代尤物。

李存勖经常去看望母亲，并一同饮酒赏舞，曹太夫人经常让刘氏吹笙助兴。

刘氏的笙吹得悠扬婉转，非常动听，尤其妙在不疾不徐，同宫女的歌声和舞步配合得天衣无缝。

李存勖自小就喜欢音乐，深通音律，听刘氏按声度曲，没有一点差错，暗自惊奇不已，又看到刘氏长得千娇百媚、温文尔雅，更觉得可怜可爱，常常目不转睛地看着她。

曹太夫人是过来人，看出李存勖对刘氏有意，便把刘氏赐给他为妾。

李存勖大喜过望，拜谢之后，带刘氏回了寝宫。

李存勖当时的正室是卫国夫人韩氏，次为燕国夫人伊氏。刘氏得幸之后，便是第三个夫人，被封为魏国夫人。

刘氏人不但长得漂亮，笙吹得好，而且肚皮也很争气，不久便给李存勖生了个儿子，取名李继岌。偏偏李继岌继承了李存勖的遗传基因，长得特像李存勖，简直如同一个模块倒出来的。

李存勖更是高兴，爱屋及乌，刘氏也更加受宠，每次出征，他都要带上刘氏母子。

刘老汉听说自己的女儿做了李存勖的妃子，成了皇上身边的红人，便进宫去找刘氏，想父女相认。

李存勖不知真假，便让当初带刘氏进宫的袁建丰前来辨认。

袁建丰见过刘老汉后，说当时遇见刘氏时，就是这个黄头发的老人牵着刘氏的手。

刘氏是一个很爱面子的女人，不肯认这个身份低贱的父亲，生气地说："我离乡时，隐隐约约还记得一些事情，我的父亲已经死在乱兵之中，当时我还曾痛哭告别。哪里来的乡巴佬，竟然敢冒充我的父亲。"

说完，命人将刘老汉痛打一百鞭，赶出宫去。

可怜的刘老汉，年事已高，被打得遍体鳞伤，哭着离去。

刘氏来到汴州后，听说李存勖将朱友贞的妃子召进宫，醋意大发，不过，刘氏很狡猾，并没有同李存勖大吵大闹，而是搬出一套一套大道理，让李存勖反驳不得。

李存勖自知理亏，只得让进宫不久的朱友贞的妃子郭氏出家为尼。

郭氏侍候了李存勖几个晚上，仍然不能享受荣华富贵，只得洒泪而去。李存勖有些不忍，临别时，送给她很多金帛，并赐名誓正，作为最后的恩赐。

刘氏得知后，担心李存勖同郭氏藕断丝连，坚持要把郭氏送得远远的。李存勖只得让人把郭氏送往洛阳，命她终身为尼。刘氏这才罢休。

好事不出屋，恶事传千里。刘氏刁蛮，李存勖怕老婆的事，很快在朝廷内外、文武百官中传开了。大家为了各自的利益，都想方设法去巴结刘氏，因为只要过了刘氏这一关，无论多难办的事，也都迎刃而解了。

后梁宋州节度使袁象先率先进京，带来了很多珍玩珠宝，他知道李存勖是一个怕老婆的人，便打通关系，先去孝敬刘氏。不久，袁象先不但得到李存勖的重用，而且还赐他姓名李绍安。

作为臣子，能够被皇上赐姓取名，这是一种莫大的荣幸。

后梁将领霍彦威、戴思远等人，都是使用相同的手法得到李存勖的恩赐的。

段凝改姓名为李绍钦后，仍然做滑州留后。他通过一个因唱戏而得官的名叫景进的人，将一些金银珠宝献进宫里。刘氏在李存勖面前替他说了一大堆好话，于是，他很快升任为泰宁节度使。

河中节度使朱友谦，博州刺史康延孝，都是通过打通内线，得到李存勖的宠幸的，朱友谦得赐姓名李继麟，康延孝得赐姓名李绍琛。

匡国节度使温韬是一个恶人，从前帮助后梁作恶，唐朝皇室的陵墓都被他挖了。由于他献上了赵岩的人头，才保住了原来的官位。他听说袁象先等人通过走后宫这条线，一个个飞黄腾达，便带上金银珠宝进京，除了重点贿赂刘氏外，只要是后宫有头有脸的人物，他都要派一个红包，惹得后宫叫好声一片。

李存勖召见他，赐姓名李绍冲，让他继续当节度使。

郭崇韬觉得这件事太离谱，劝谏说：“国家为唐朝洗除了耻辱，温韬几乎挖遍了唐朝皇帝的陵墓，他的罪过和朱温相等，让他去管方镇，天下的义士会怎么说我们呢？”

郭崇韬的话虽然有理，但却抵不住温韬的金钱攻势，抵不住刘氏的枕头风，抵不住伶官的谗言。

荒唐的李天下

楚国、吴国先后都派使臣到汴州，向李存勖祝贺、进贡。岐国派使臣奉表称臣，惹得李存勖更是志得意满，成天不是出外游猎，就是深居宫中饮酒作乐。

此时的李存勖，完全失去了昔日打天下时的霸气，正在步刘仁恭、刘守光、朱友贞之流的后尘，掉进温柔乡，尽情地享受那花天酒地、儿女情长的快乐生活。

刘氏擅长歌舞，李存勖也算得上是风流天子，懂音乐，还有表演天赋。为了取悦刘氏，他经常涂脂抹粉，装扮成戏子，亲自登台唱戏。

时间长了，戏子们同李存勖混熟了，竟然不顾尊卑地嬉戏打闹，并给李存勖起了个艺名“李天下”！

李存勖也不介意，得意地自称“李天下”！

一天，李存勖站在院子里练嗓子，大声叫道：“李天下！李天下！”

有一个叫敬新磨的戏子，上前打了李存勖一个耳光。李存勖脸有怒色，其他的戏子也大惊失色。敬新磨面不改色，从容地说：“李天下只有一人，你还喊谁呢？”

李存勖听后，不怒反喜，厚赏了这个敬新磨。

几天之后，李存勖去中牟打猎，坐骑踩毁了百姓的庄稼，中牟县的县令上前劝道：“陛下是天下百姓的父母，怎么能够践踏百姓的庄稼呢？”

李存勖大怒，将这个县令痛骂一顿，命人将他推去斩了。

敬新磨将县令追回来，带到李存勖面前，责备县令说：“你是县令，难道不知道皇上喜欢打猎吗？为何要怂恿百姓种庄稼，阻碍皇上驰骋呢？你真是罪该万死啊！”

李存勖是一个听不进谏言的人，看了敬新磨惟妙惟肖的表演，也不禁哑然失笑，赦免了这个县令，并让他官复原职。

戏子人品混杂，能像敬新磨这样有正义感，嬉笑怒骂巧谏君王者，只是一个奇迹。

刘氏爱看戏，李存勖经常召伶人进来唱戏，那些伶人进出宫廷，巧言令色，搬弄是非，侮弄权贵，扰乱朝纲。群臣侧目而视，没有人敢说话，甚至还有人依附伶人，取媚深宫，更加怂恿了这些人的邪气。

最有权势的伶人叫景进，他平时经常收集一些民间奇闻逸事，回来后就讲给李存勖听。

李存勖也想知道外面的一些情况，于是把景进视为自己的耳目。景进每次到李存勖那里报告，李存勖就让左右都退出去，专门听他一个人讲。景进便有了机会进谗言，干预朝政。从将相大臣往下的官员，没有人不畏他三分。租庸副使孔谦甚至就像对待兄长那样对待景进。

李存勖是一个军事天才，他最大的优点是能打仗，最大的缺点是只能打仗。当他攻占汴州、吞并后梁朱家天下、达到人生最高峰的时候，却陡然一变，从一个军事天才变成政治白痴，从智勇一下子滑入昏庸，成了一个整天同戏子混在一起的超级票友。他既无治国之才，也无用人之法，全然没有了往日的英勇之气。

宰相卢程是个庸才，是个不称职的宰相，被贬为左庶子。郭崇韬荐引尚书左丞赵光胤，豆卢革荐引礼部侍郎韦说，李存勖封他们二人为平章事。其实，赵光胤为人轻率，喜欢吹牛，韦说也不过谨重守常，都没有相国的才略。况且当时妇人当道，单靠这几个凡夫俗子和一个政治弱智的皇帝，难以治理好天下。

荆南节度使高季昌听说唐国灭掉梁国，非常害怕，为避李存勖的祖父李国昌名讳，特地改名为高季兴，准备亲自到汴州拜见李存勖。司空梁震进谏道："大王是梁朝的故臣，如今，唐国已经灭了梁国，必将南下，大王派重兵守住险要，还担心不能保全自己，何况长途跋涉数千里去入朝？而且你是朱氏的旧将，怎么能知道他不以仇敌来对待你呢？"

高季兴没有听从劝告，让两个儿子留守，带三百名卫士去了汴州。

李存勖派使者向吴国、前蜀通报消灭后梁的情况，两国都很害怕。徐温责怪严可求说："你以前阻止我的计策，现在怎么办？"

严可求笑着说："听说李存勖取得中原后，志得意满，非常骄傲，用人根本没有法度，不出数年，内部将会出现变化，对他们说话礼貌些，派人送一份厚礼去，守好我们的国境，让百姓过上安宁的日子，然后静候时变。"

吴国派人给李存勖送去一份贺礼，但不接受李存勖的诏书。理由为吴国是一个国家，不是你后唐的臣子，后唐没有资格给吴国下诏书。

李存勖只得改变书信规格，用平等的口气说："大唐皇帝致书于吴国主"，吴国回信时称"大吴国主上大唐皇帝"，信中的用词和礼节，全都是一种平等的关系。

高季兴到汴州后，李存勖果然要拘禁高季兴。郭崇韬婉言相劝，说新得天下，应该收买人心，如果把他扣留了，等于是背信弃义，今后就没有人敢来朝了。李存勖这才以礼相待，并赐宴款待。

酒席间，李存勖乘酒兴问高季兴："朕靠双手夺得天下，现在各镇大部分已经称臣，唯独吴、蜀二国不肯归服。我现在想统一天下，你说是先取吴好呢？还是先取蜀好？"

高季兴暗自打起了小算盘，认为蜀道难，难于上青天，是一个易守难攻的地方，便故意说道："吴国土地贫瘠，那个地方太穷。西蜀土地肥沃，物阜年丰，号称天府之国，是一个富得流油的地方，况且，蜀主一天比一天荒淫，民怨极大。王师刚灭梁国，士气正盛，挥得胜之师进军西蜀，一举可平。扫平西蜀之后，再沿长江顺流东下，取吴国更是易如反掌。"

高季兴是想引诱李存勖先打西蜀，消耗李存勖的兵力和财力。

李存勖不知是计，反而大赞高季兴出了个好主意，当天尽欢而散。第二天，放高季兴南归。

高季兴如获大赦，向李存勖辞行后，率随从日夜兼程南归，走到许州时对左右说，这次行动有两个错误，一是自己不该入朝，二是李存勖不该放了他。路过襄州时，当地的官员接待他。

高季兴住宿在驿馆，突然心血来潮，似乎觉得有什么地方不对劲儿，于是悄悄地带上自己的人，连夜斩关逃走了。

当天晚上，襄州刺史刘训果然接到李存勖的命令，要他拘捕高季兴，若要反抗，格杀勿论。当刘训带人赶到驿馆时，已经是人去楼空。派人追赶，已是不及，只得如实上报。

原来，高季兴到汴州的时候，带来很多金银珠宝进行政治贿赂，一些戏子、太监将高季兴当肥羊宰，都向高季兴伸手索贿，高季兴虽然都有所馈赠，但由于伸手的人太多，僧多粥少，有些应付不过来，并不是人人都得到满足。高季兴辞行之后，这些戏子、太监在李存勖耳边扇阴风、点鬼火，说高季兴这个人放不得，放了就是放虎归山，现在干掉他很容易，一旦让他回到荆南，再收拾他就难了。李存勖听信了这些谗言，派人追杀高季兴，幸亏高季兴逃走了，才让这些人的阴谋没有得逞。

李存勖身为一国之君，如果在高季兴来汴州时就拘禁他，无可厚非，但放走之后，再受戏子、太监的怂恿而改变主意，实在是不该。如此重大的决策，竟然受戏子左右，李存勖确实是政治弱智。

高季兴逃回江陵，拉着梁震的手，心有余悸地说："不听你的话，差点儿就回不来了。李存勖身经百战，军事上虽然是个天才，政治上却太弱智了，他举起手对大臣们说：'我是靠十个指头夺得天下的。'如此居功自夸，仿佛天下是他一个人打下来的呢，我没有什么担忧的了。"

从此，高季兴开始囤积粮草，招兵买马，日夜操练，准备迎击后唐大军。

李存勖根本就没有把高季兴放在眼里，听说他逃跑了，也没有在意。

朱友贞未亡之前，曾去洛阳行郊天大礼，当时梁军正在同河东军大战，吓得他丢下行郊天大礼的所有器用之物，跑回了汴州。此时，天下换了主人，河南尹张全义乐得讨好新主子，向朝廷上表，请李存勖到洛阳行郊天大礼，并说仪仗法物都已经准备好了。

李存勖大喜，立即加封张全义为太师尚书令，选择十一月的吉日，带着家人，从汴州出发，赶赴洛阳。

张全义率众出城迎接，匍匐在路边。由于年纪大了，跪下后两腿发软，当李存勖叫他平身时，想站都站立不起来，两眼发黑，两腿发麻，跌倒在地。

李存勖急命左右去将他扶起来。

张全义勉强站起身，领着李存勖一行进了洛阳城。

李存勖进城之后，检查祭祀的应用之物，准备行礼。刘氏却别有私心，说仪物不齐，不足以显示尊严，要赶紧加造，才可以行礼。

李存勖对刘氏是言听计从，立即吩咐张全义增办仪物，行郊天大礼之期改在二月初一。

李存勖见洛阳的宫殿比汴州的豪华气派，决定将都城迁到洛阳，恢复汴州开封府为宣武军，改前梁永平军大安府为西京。此外，宋州宣武军改名归德军，华州感化军改名镇国军，许州匡国军恢复为忠武军，滑州宣义军恢复为义成军，陕府镇国军恢复为保义军，耀州静胜军恢复为顺义军，潞州匡义军恢复为安义军，郎州武顺军恢复为武贞军；延州设彰武军，邓州设威胜军，晋州设建雄军，安州设安远军。所有天下官府名号及寺观名称，只要是被后梁改过名的，一律恢复原名。

安义军李继韬曾叛唐降梁，后梁灭亡后，他准备逃往契丹。正好李存勖下诏召他入朝，由于有顾虑，不敢前往。

李继韬的生母杨氏是一位敛财的高手，积有万贯家资。她说有钱能使鬼推磨，听说朝中戏子当道，李存勖的第三夫人刘氏一手遮天，很多人办事走这条线。她也想用金钱开道，给儿子砸出一条生路。于是带上四十万两白银，数车珍玩宝物，同李继韬一同前往洛阳。

杨氏到洛阳后，先将大把大把的白银、铜钱、各种珍玩珠宝砸向戏子、太监，然后，再由这些人引见，见到了李存勖的老婆刘氏。两个女人到一起，且有金钱珍玩做见面礼，立即就拉近了关系，俨然成了一对亲姐妹。杨氏请求刘氏同情她，替儿子在皇上面前说句话。

刘氏看在那一份厚礼的分上，当然是满口应承。

刘氏立即去找李存勖，说李继韬当初并没有邪恶阴谋，只是被一些邪恶的外人所迷惑，他的父亲李嗣昭是个好人，是后唐功臣，不可无后。这次诚心归顺，应好好奖励他。

戏子、太监也都替李继韬求情，说他本无邪意，只是被奸人迷惑，才误入歧途。

李存勖于是召见李继韬。李继韬叩头谢罪，痛哭流涕，请求治他的罪。

李继韬是在做戏，戏中的台词和表演方法都是刘氏策划的。

李存勖赦免了李继韬。

李继韬在皇宫住了一个多月，经常跟着李存勖出去游玩、打猎，所受宠爱和原来一样。

李存勖的弟弟薛王李存渥排挤李继韬，多次在大庭广众之下骂李继韬是一个反复无常的小人。李继韬非常后怕，担心有朝一日会把命留在洛阳，于是再次向戏子、太监们行贿，求他们从中周旋，让自己返回潞州。李存勖没有答应。

李继韬慌了，派人给弟弟李继远送了一封密信，命他让将士们在潞州纵火闹事，好叫李存勖让他回潞州安抚将士。谁知他的阴谋泄露，李存勖一怒之下，杀了李继韬，李继远也被逮住杀了。

李继韬的大哥李继俦，在李继韬篡位时被囚禁，李继韬被杀后，李存勖让他继承了李嗣昭的爵位。

李继俦复出之后，对李继韬进行疯狂的报复，不但拿走了他的全部财产，还将他的妻妾也夺过来，恣意淫污。

李继韬弟弟李继达大怒，骂道："我哥哥被杀，大哥你竟丝毫不念骨肉之情，毫不悲痛，反而劫他家产，淫他妻妾，如此人面兽心，我们兄弟今后怎么相处？"

李继达为李继韬披麻戴孝，并叫私党杀了李继俦。

节度副使李继珂召集将士攻打李继达，李继达自刎而亡。

李存勖得到消息后，命李继珂掌管潞州，其他的事，他也不想过问了。

第二十二章
女人是祸水

小妾当了皇后

同光二年（924）正月，李存勖派皇弟李存渥，皇子李继岌一同去太原，迎接太后和太妃到洛阳。

刘太妃说陵庙都在太原，如果都去洛阳，陵庙没有人奉祀，于是她留在了太原。当她替曹太后饯行时，两个老女人泪流满面。

曹太后来到洛阳，李存勖安排她住在长寿宫。

李存勖的正妃韩氏，次妃伊氏，一同到了洛阳。母子团圆，妻妾欢聚，李存勖很高兴，大摆宴席为她们接风。

刘氏表面上虽然强作笑颜，暗中却心急如焚。她最先来洛阳，在这段时间内，她用尽了手段蛊惑李存勖，请求立她为皇后。

李存勖几乎都要同意了，只因韩、伊两位夫人位在刘氏之前，总觉得越过韩夫人、伊夫人，让小妾刘氏当皇后，在次序上不好排，便将这件事情拖了下来。

刘氏屡次设谋，不见成效，上一次行郊天之礼时，她在一旁拼命劝阻，是想要李存勖立她为后。李存勖虽然改了行郊天大礼的日期，但却没有立刘氏为后。这次，韩、伊两位夫人到了洛阳，眼看正宫之位将被她们夺去，刘氏不着急，那是假话。

刘氏是一个非常狡猾的女人，见自己直接找李存勖没有成功，便极力笼络戏子、太监，勾结相臣，要这些人帮她敲边鼓。

豆卢革是个老好人，世故圆滑，当然会答应为刘氏效力。

唯独郭崇韬，位兼将相，又兼任地方节度使，权力在一人之下，万人之上，每天早晚，家门前车水马龙，人来人往，川流不息。他虽然为人正直，但却刚愎自用，性情急躁，遇事容易发脾气。李存勖身边的戏子、宦官想从他那里谋点儿好处，多数被他拒绝了。这些人非常恨他，常在李存勖面前给他使绊子。

郭崇韬自称是大唐汾阳王郭子仪的后人，并以自己是名门之后而沾沾自喜。他选拔官员也有门户之见，鄙视一些过去有功劳的故旧，直言不讳地对他们说，我很了解你们的功绩和才能，但你们出身寒门，如果用了你们，那些名流就会讥笑我啊！给人一种爱莫能助的感觉。

郭崇韬的装腔作势，得罪了朝廷过去的功臣，这些人也恨他。郭崇韬内外不是人。

郭崇韬也很明白自己权势过重，得罪了许多人，会招来祸端，对儿子们说，他想到地方上去做官，免得以后大祸临头。

他的儿子郭廷说深识官道，他认为，人的功名到了他父亲这个地步，一旦无权，就等于是神龙离开了水，那时候，一只小蚂蚁就可以欺负你。因此，他反对郭崇韬这样做。

有一个属下献计道："大人功高盖世，虽然有小人陷害，也不能离间你和陛下的关系。为今之计，上表辞官，陛下肯定不许，这样便会堵住小人之口，不会再说你贪图权势。然后，趁皇后未立之机，上奏请立刘氏为后，迎合陛下之心。到时，陛下高兴，刘氏也会感激。内宫有刘氏撑腰，外有陛下为你做主，谁能对你怎么样呢？"

一向为人正直的郭崇韬，竟然也动起了花花肠子，按亲信们出的主意，联合豆卢革等人上疏，请册立刘氏为皇后。

李存勖当然高兴。

因行郊天大礼的日子快到了，郭崇韬又将军费献上十万贯，作为行郊天大礼之用。军费挪作他用，这是不符合规定的，郭崇韬为了巴结李存勖，竟然就这样干了，而李存勖也乐而受之。

当初，李存勖想从国库里拿点儿小钱用，张承业断然拒绝了，郭崇韬不要李存勖开口，一送就是十万，此时的郭崇韬，与此前正直的郭崇韬相比，似乎变成了另外一个人。

几天之后，李存勖果然下诏，册封刘氏为皇后，封皇子李继岌为魏王。

刘氏位主中宫之后，后宫的人纷纷前去祝贺。

韩夫人是第一夫人，伊夫人是第二夫人，依理，皇后应该在她们两人中间产生，无论怎么讲，也轮不到小妾刘氏。

李存勖不按常规出牌，因宠爱刘氏，越过韩夫人、伊夫人而立刘氏，这中间虽然有郭崇韬、豆卢革等人推波助澜的作用，但这些人也是在揣摩圣意的情况下才出此下策，根子还是在李存勖身上。

刘氏当了皇后，后宫的嫔妃、宫女、太监少不了要前去祝贺，参拜后宫的新主子。韩、伊两位夫人内心不平衡，拒不前往，这也是她们能够采取的唯一的反抗形式。

李存勖无奈，只好封韩氏为淑妃，伊氏为德妃，这才暂时平息了这场后宫风波。

李存勖册封刘氏为后，本来就是嫡庶倒置、自乱章法，已经铸成大错，但他却还要听信这个女人的谗言，起用宦官为内诸使及各道监军。后来甚至任命戏子陈俊、储德隆为刺史，这在历史上是很少见的。

朱温虽然是个恶人，但他却知道唐朝亡于宦官专政这个道理，因而，掌权之后，大肆诛杀宦官，虽然手段太过血腥，但却根除了唐朝宦官干政的积弊。后梁一代，基本上不存在宦官干政的问题。

李存勖脑子灌水，不长记性，让一个女人左右了自己的决策，自取其祸。

郭崇韬虽多次劝说，但都没有用。功臣多半都很生气，怨气也越积越多。再加上租庸副使孔谦兼盐铁转运使后，贪赃枉法，横征暴敛，百姓更是怨声载道。

刁蛮的女人

李存勖似乎不知道宫外发生的事情，即使有人告诉他，他也听不进去，自加尊号昭文睿武至德光孝皇帝，封赏幸臣，并加封岐王李茂贞为秦王、荆南节度使高季兴为南平王、夏州节度使李仁福为朔方王，赐吴越王钱镠金印玉册。

四月，派遣客省使李严出使前蜀。

李严到达前蜀之后，大夸后唐皇帝李存勖的威德，说他有统一天下的志向。并说当年朱温篡唐的时候，诸侯之中没有人肯出面主持正义。

李严到四川去，名义上是礼节性的拜访，实际上是探听虚实，因为李存勖已经把前蜀看成餐桌上的一道菜，只要火候到了，他就会将这道菜吃掉。

李严从四川回来后，向李存勖报告，说前蜀富二代王衍荒淫无度，不理朝政，排斥老臣，亲昵小人，贤愚易位，刑赏失常。总之一句话，前蜀这道菜已经熟了，随时可以享用。

李存勖终于下决心，下令调粮草兵械，择日出师攻打前蜀。

正在这时，秦王李茂贞病死，他在遗表中命长子李继曮代理掌管军府事务。

李存勖封李继曮为凤翔节度使，赐名李从曮，并命他征兵伐蜀。

李从曮还没有来得及出兵，契丹就已经进兵魏州，李存勖便将攻蜀的事暂时搁起。命李嗣源为招讨使，让他出兵抵御契丹。

李嗣源还没有出兵，李存勖又和郭崇韬商量，想调李嗣源去镇守成德军，调郭崇韬镇守汴州。

郭崇韬当面辞谢，说他已经身居高位，心里常常感到不安。汴州是关东重镇，人多地富，即使封给他，也不能亲自去署理，只能命人代管，这和空一个城没有两样，因此，他建议将汴州让给他人。

李存勖却说，正是由于他出谋划策，才夺取了汶阳，保住并且巩固了黄河渡口，以后又从这条路乘虚直捣大梁，成全了帝业，这不是百战之功能比的。并说自己贵为天子，不能让郭崇韬没有寸土之地。他见郭崇韬坚决推辞，也没有再坚持，只调李嗣源为成德节度使。

李嗣源却没有这个姿态，受命镇守成德军之后，却向李存勖上表，请求调卫州刺史李从珂为北京内牙指挥使。

李嗣源的家在太原，李从珂出任北京内牙指挥使，可以照顾自己的家人。

李存勖看了李嗣源的表文之后，认为李嗣源为家亡国，只替自己作想，非常不满，不但没有提拔李从珂，反而把他贬为突骑指挥使，命他率领数百人去镇守石门镇。

李嗣源击退契丹兵之后，听说李从珂被罢黜，既担心，又害怕，请求到洛阳朝见。李存勖没有答应，这更让李嗣源忧心忡忡，惶惶不可终日。

郭崇韬认为李嗣源功高位重，也很嫉妒他，私下对人说，李嗣源并不是久为人下之人，皇家子弟没有人比得上他。并奏请李存勖，把李嗣源召回洛阳任警卫官，罢免他的军权，李存勖也没有答应。

李嗣源此时并无异志，李存勖与李嗣源还曾有富贵与共之约，但李存勖的绝情在李嗣源的心里留下了阴影。

李存勖这是在自寻其祸，为自己制造敌人。

李存勖听说契丹已经退兵，北方没有了顾虑，又开始外出游猎，纵情欢乐，并且常常与刘皇后一起窜到大臣们的家里，通宵达旦地饮酒作乐。此时的李存勖，哪里像什么皇帝，完全就是一个游手好闲、吃喝玩乐的哥们儿。

李存勖去得最多的地方是张全义的家，而这一切，都是刘皇后暗中操纵。

原来，张全义经常进贡，一半给了内府，一半给了中宫。

刘皇后是一个见钱眼开的女人，见张全义对自己如此恭顺，格外高兴。高兴之余，又动起了脑筋。唐朝的门第之风，到了五代时依然没有改变，正是由于这个原因，当身份低贱的父亲进宫认女时，刘皇后拒不相认。她不想让人知道自己有一个身份低贱的乡巴佬父亲。尽管赶走了亲生父亲，也不能让身份高贵起来，因为她出身低贱，是一个人人皆知的事实，改变不了。为了提高自己的身份，她想找一个地位显要的干爹。在朝廷重臣中挑来挑去，她挑中了前梁河南尹张全义。

两个活宝，算得是"鱼对鱼，虾对虾，乌龟对王八"，凑到一块儿去了。

这一天，在刘皇后的怂恿下，李存勖带着皇后，又到张全义家里喝酒。酒过三巡之后，刘皇后提出要拜张全义做干爹。

皇后是国母，拜臣子做干爹，这是一件千古未闻的怪事。政治弱智的李存勖对刘皇后言听计从，居然答应了。

更为可笑的是，刘皇后命随行的宦官强迫张全义上座，接受干女儿的拜见之礼。

张全义能认皇后做干女儿，心里当然高兴，攀龙附凤的事，没有多少人不愿意干，但真要他接受皇后的跪拜，就是借一百个胆子，他也不敢，但让人硬按在座位上接受参拜，那就另当别论了。

李存勖在旁边看到这一对活宝的表演，竟然哈哈大笑，端起一杯酒，为张全义祝寿。

张全义谢恩饮尽，然后搬出许多贡品，作为干爹对干女儿的见面礼。惹得刘皇后笑得合不拢嘴。

第二天，刘皇后命翰林学士赵凤起草教令答谢张全义。

赵凤知道这件事不好办，但又不敢当面推辞，只好去找李存勖，说国母拜人臣为父，自古未闻，他不敢起草这样的公文。

"你这个人真是个直性子啊！"李存勖笑着说，"这件事与国体并没有太大关系，皇后叫你办，你就按她的意思办，不要推辞了。"

赵凤无奈，只好应命。

李存勖广选美女进入后宫，其中，有一陈姓女子，生得国色天香，秀色可餐，深得李存勖的喜爱，成为李存勖的宠姬，还和他生了一个儿子。

刘皇后非常嫉恨这个女人，一心想除掉她，只是苦无机会。仿佛老天也要帮她，终于让她等到了一个机会。

归德军节度使、宫中侍卫李绍荣死了老婆，这件事同刘皇后八竿子也打不到一块儿，但刘皇后却从这件事中抓到了机会。

李绍荣曾经在战场上救过李存勖的命，死了老婆，李存勖当然要表示关心，于是召李绍荣进宫，赐宴解闷，对李绍荣说，死了老婆，就再娶一个，看上了哪个，说一声，朕给你做月下老人。

刘皇后灵机一动，指着陈氏对李存勖说："李绍荣是皇上的心腹大将，屡立战功，又在战场上救过皇上的命，皇上可怜他，就把陈氏赏赐给他吧！"

李存勖心里当然不愿意，但又难以拒绝，含糊其词地答应了。

刘皇后见缝插针，立即催促李绍荣拜谢皇恩。

第二天一大早，李存勖去看望这位宠姬，却是人去楼空，原来刘皇后已经派人将这位宠姬送到李绍荣府中去了。

李存勖为这事闷闷不乐，气得称病不出，不吃饭，也不到皇后的房里去，但也只是坚持了几天，仍然与刘皇后和好如初，将那个女人抛到脑后去了。

宦官干政

刘皇后贵为国母，过着饭来张口、衣来伸手的生活，金钱对于她来说，其实只是一个符号，并无实在意义。她也没有亲人，唯一的亲人就是她的父亲，可惜，她却不认那个又老又穷的乡巴佬父亲，有再多的钱，也没有人帮她花。

刘皇后信佛，她认为，自己能成为国母，是佛的保佑，平时得到的贡品，大多都赏给了僧尼，她还劝李存勖信佛信教。

有一个胡僧从于阗来到洛阳，李存勖带领皇后及各位皇子，亲自向僧人膜拜。僧人出游五台山，李存勖还派中使陪同前往，地方官一路迎来送往，如同钦差大臣出巡一般。

五台山有个叫诚惠的僧人，惯用邪术迷惑人，自称有呼风唤雨之能。以前曾经过镇州，王镕对他不怎么样。诚惠生气地说："天上有五百毒龙归我调遣，只要我派一条龙揭起一片石头，镇州的百姓恐怕就要变成鱼鳖了！"

第二年镇州发大水，冲坏了关城。水灾是自然灾害，是一件很正常的事情，有人却散布谣言，说这是诚惠派来的毒龙惩罚镇州。于是，人们称诚惠为神僧。

李存勖听说诚惠有如此法力，召他进宫，率后宫嫔妃向他下拜。诚惠居然正襟危坐，一动不动，安然受拜。李存勖并无不满之意，拜完之后，还将他留在宫中。

诚惠以皇上的贵客自居，在洛阳到处游玩，百官见了，没有人不敢不对他行礼，诚惠大大咧咧的，从来不还礼。

恰好这一年洛阳干旱，天好久没有下雨。郭崇韬奏明李存勖，说诚惠既然是神僧，听人说他有呼风唤雨之能，那就请他祈雨吧！

诚惠无法推辞，让人筑坛斋醮，每天登坛诵咒。洛阳的百姓从早到晚都来看他祈雨，时间过去了几十天，仍然是滴雨未下。渐渐地，人们对他失去了信心。有人吓唬他说，皇上请你来祈雨，结果没有应验，听说皇上要烧死你。

诚惠吓得魂不附体，连夜逃回五台山去了。后来，听说这个僧人担心李存勖派人去抓捕他，竟抑郁而死。

李存勖和刘皇后并没有醒悟，反而说自己心不够诚，不能留住高僧。

此时的李存勖，已经从一个叱咤风云的军事天才，变成了一个政治白痴。

同光三年（925），太妃刘氏在太原病重，曹太后准备前去探望，被李存勖劝止。不久，刘太妃病逝，曹太后又要亲自前往送葬，李存勖看太后年纪大了，不便远行，哭着劝谏，群臣也上表挽留。曹太后虽然难拂众意，没有前往太原，但整日以泪洗面，哀痛异常，好多天不思茶饭，一个月之后，老太后也魂归九泉，追随刘太妃去了。

李存勖因母亲去世，痛哭不已，甚至绝了饮食。百官上表劝慰，五天之后，他才开始进食。渐渐地将悲痛淡忘之后，又故态重生，开始吃喝玩乐起来。

郭崇韬奏请立刘氏为皇后之后，满以为自己的地位更稳固，谁知事情并没有他想象的那么简单，伶人、宦官仍然刁难他，和直接领导人李存勖的关系仍然不那么融洽，磕磕碰碰的，总不那么顺心。

这一年，从春天到秋天，天一直干旱，但到六月中旬下了一场透雨后，天又好像破了一样，三天两头下，连续两个多月，大雨不断，百川泛滥，遍地洪水。洛阳皇宫的地势虽然比较高，但也受到积水的威胁。

李存勖想登高避暑，却又找不到高楼。宦官们乘机说，记得长安在全盛时期，大明、兴庆等高大的建筑就有数百座。如今，皇上竟然连个避暑的地方都没有，宫殿的华丽还不如当时公卿们的住宅。

“朕富有天下，难道建不起一座楼吗？”

宦官们又说，郭崇韬经常愁眉不展，因为孔谦老在他面前嘀咕，说朝廷财用不足，陛下虽然想建一座楼避暑，郭崇韬那一关就过不了，最后怕还是建不成。

“朕不用国库的钱，用内府的钱还不行吗？”

避暑楼动工了，用的也不是国库的钱，但李存勖仍然担心郭崇韬会出面阻拦，于是派人给郭崇韬传话。说今年的天气特别热，朕过去在黄河边同梁军打仗，住潮湿的军营，披甲骑马，冲锋陷阵，也没有觉得疲劳，现在深居宫中，反而受不了这湿热。

李存勖传话的目的，当然是想让郭崇韬体谅他，不要在建避暑楼这件事上作梗。

郭崇韬没有考虑到李存勖的想法，劝谏说：“陛下过去在黄河边，强敌未灭，时刻想着报仇雪恨，虽然遇到盛暑，也没有在意。现在，外患已除，海内臣服，所以，虽然有珍贵的高台和空闲的馆所，仍然觉得闷热。这是环境不同了，考虑的事情也不同了。陛下如果能居安思危，便会觉得暑湿也变得清凉了。”

李存勖在郭崇韬那里碰了一鼻子灰，心里特别不高兴，思来想去，觉得自己是皇帝，要干什么事情自己难道不能说了算吗？恰在此时，太监们趁机出来说事，神秘地对李存勖说：“郭崇韬家的房子，建得比皇宫还要豪华，凉快着呢！他体会不到皇上的闷热。”

李存勖一听便起了疑心，不但下令把楼阁建起来了，而且对郭崇韬也开始疏远起来。

本来，唐朝的宦官在朱温当政时被诛杀得干干净净，宦官干政已经成为历史，而且，整个五代时期的梁、晋、汉、周都没有出现宦官乱政的事情，唯独在后唐李存勖在位的几年，宦官势力开始抬头。这些人和刘皇后相勾结，渐渐形成一个政治集团，对朝政施加影响，虽然没有达到唐朝那样登峰造极的地步，但对李存勖来说，却是他走向灭亡的毒药。

避暑楼建成之后不久，又发生了“罗贯事件”。

罗贯是河南县令，此人为官清廉，官声很好，郭崇韬也很欣赏他。罗贯和郭崇韬一样，也是一个对宦官不怎么感冒的人。

河南县令官虽然不大，但却在天子脚下，朝中大臣以及太监们的亲戚朋友，都生活在这里，因此，这个小小的县令，就显得特别显眼。

朝廷官员、宫中的宦官等纷纷给罗贯写信，想为自己的亲戚、朋友谋点儿私利。

罗贯为人正直，不屑于搞那些歪门邪道，宦官们的信堆了一桌子，他就是不给面子。郭崇韬也很支持他。如此一来，就得罪了后宫、官僚和宦官集团。这些人恨罗贯，在李存勖面前诋毁诽谤他，都想找个借口整垮他。

李存勖的母亲曹太后死后安葬在坤陵，但通往坤陵的路桥由于各种原因都坍塌了，太监们趁机向李存勖进谗言，说路桥在罗贯的辖区之内，他这是故意同皇上过不去。

李存勖居然信以为真，下令把罗贯抓起来，打得死去活来，体无完肤。

郭崇韬出面劝阻，说陛下贵为天子，怎么和一个县令斗气呢？传出来，会有损陛下的名声。再说，罗贯只不过是没有修好道路，罪不至死，也不应该遭此重罚。

李存勖根本听不进去，干脆让宦官把郭崇韬挡在宫外，让宦官把罗贯活活打死了，并下令暴尸街头。

罗贯死了，河南的百姓替他呼冤，郭崇韬也有怨言，而那些伶人、宦官却在相互庆贺。

李存勖和郭崇韬似乎都感觉到了对方对自己的态度。

郭崇韬恨那群太监，也恨刘皇后，虽然心里很着急，但却也无力改变现实。

李存勖还干了一件失尽军心的蠢事。有个叫周匝的戏子，深受李存勖宠幸，在胡柳坡之战中被梁军俘虏。周匝被俘后，在汴州仍然从事老本行，由于刚到汴州，人生地不熟，同行陈俊和储德源曾经照顾过他。

后梁灭亡后，周匝重新回到李存勖身边，他向李存勖说，自己在汴州期间，曾经受到陈俊、储德源的关照，请求李存勖封他们做刺史，以报答他们的恩情。

李存勖想都没想就答应了。

郭崇韬一听就急了，急忙劝谏道："不可！河东将士跟随陛下身经百战，出生入死，现在有功的将士们还没有得到封赏，如果封这几个戏子，会让将士们寒心，会生出乱子来。"

李存勖并不是一个糊涂的人，当然知道带兵打仗，就得赏罚分明的道理，虽然当时没有封赏这两个人，但也没有收回成命。

第二年，周匝再次在李存勖面前提起这件事，李存勖不顾郭崇韬的苦劝，封陈俊和储德源为刺史，理由是"我已经答应周匝了，不能失信于人"。

消息传出之后，全军一片哗然，将士们愤怒异常，准备找李存勖讨个说法。幸亏郭崇韬好言相劝，才没有闹出大事来。但李存勖在军中的威望已经降至冰点，虽然他还能要皇帝的威风，这主要是能威胁他的地位的那个人暂时还没有站到前台来。一旦这个人站出来，李存勖的末日也就到了。

这个人是谁？他就是成德军节度使李嗣源！

第二十三章
目标：前蜀

西征，西征

李存勖进驻洛阳后，虽然受刘皇后、伶人、宦官的摆布，从智勇沦为昏庸，骄奢淫逸，听信谗言，但有一件事他却没有忘记，那就是伐蜀。

李存勖为何总惦记着四川呢？这要从后唐当时的国情说起。

由于战祸连年，后唐社会经济凋敝，人民生活困苦不堪，军队的基本供给得不到保障，依治国之道，此时恢复和发展农业生产才是治本之策。

李存勖没有想到治本，或者说，面对日益激化的社会矛盾，他根本就束手无策。打仗他是把好手，治国，却是一个低能儿，但他仍然以武夫的思维方式，面对当前的各种矛盾，选择了战争。他认为，对前蜀发动战争，至少可以有如下几个好处：一是扩大疆域，增加全国人口数。二是获取天府之国的财富，这是伐蜀最直接的原因。当时，后唐水涝频繁、民生凋敝、民怨沸腾，军人得不到应有的抚恤，连基本的生活有时也难以维持，不得不典妻卖子。李存勖想通过伐蜀，劫掠现成的财富以解燃眉之急。三是转移矛盾，为将士们提供一个战场、一个发财养家的机会，使他们暂时安定下来，以免酿成大祸。

借助战争和掠夺来增加财富，通过战争转移将士们对朝廷的不满情绪，这就是五代时期的悲哀。

同光三年（925）九月初七，李存勖正式同大臣们商讨出兵西蜀的问题。

宣徽使李绍宏举荐李绍钦，说他有盖世奇才，孙子、吴起都不如他，可以委任他干大事。

李绍钦，就是被后梁宰相敬翔斥为不会带兵，只知道克扣军饷、阿谀奉承的段凝。

郭崇韬知道李绍钦是个什么货色，立即反驳说："李绍钦是亡国之将，除了阿谀奉承、溜须拍马之外，什么本事也没有，这样的人怎么能相信呢？"

有人推荐李嗣源。郭崇韬又说："契丹方面正打得激烈，总管李嗣源不能离开河朔。"

"你觉得谁率兵出征合适呢？"李存勖两眼盯着郭崇韬。

"魏王。"郭崇韬说，"魏王应当是君位的继承人，但他没有立过什么特殊功劳，请按照惯例，任命他为讨伐蜀国的统帅，成全他的威名。"

郭崇韬虽然是为魏王李继岌作想，但他没有想到，自己已经冒犯了皇帝的尊严。李存勖并不想让他亲爱的儿子到前线去冲锋陷阵，但却没有理由反对郭崇韬的提议，这等于是将了李存勖一军。

"李继岌年纪还小，难以独当一面，必须给他配一名得力的副帅。"李存勖看了郭崇韬一眼，"你是最合适的人选，那就麻烦你走一趟吧！"

李存勖两眼看着郭崇韬，等待他的回答。

郭崇韬想要的就是这样一个结果，他想借此机会暂时离开李存勖，让时间来缓和一下日趋紧张的君臣关系。他心里虽然乐意，表面上却没有表现出来，只是冷静地回答说："如果陛下这样决定了，臣一定效犬马之劳。"

事情就这样定下来了。郭崇韬满以为出征四川，可以缓和一下他和李存勖的关系，谁知命运给他开了一个大玩笑，时间并不能解决问题，出征四川，反而让他走上了一条不归路。这是后话。

李存勖任命魏王李继岌出任西川四面行营都统，郭崇韬担任东北面行营都招讨制置等使，军队的全部事务都委托给郭崇韬。又任命荆南节度使高季兴担任东南面行营都招讨使，凤翔节度使李从曮担任都供军转运应接等使，同州节度使李令德担任行营副招讨使，陕州节度使李绍琛担任藩汉马步军都排阵斩斫使兼马步军都指挥使，西京留守张筠担任西川管内安抚应接使，华州节度使毛璋担任左厢马步都虞侯，邠州节度使董璋担任右厢马步都虞侯，客省使李严担任西川管内招抚使，率兵六万前往讨伐蜀国。

随后又下诏，让高季兴率兵夺取夔、忠、万三州作为荆南巡属。

供奉官李从袭、工部尚书任圜，翰林学士李愚随魏王出征，一并参议军机。

郭崇韬为了报答北都留守孟知祥过去引荐自己的旧恩，出发之前，向李存勖建议，说孟知祥忠厚诚实，又有谋略，灭蜀之后，可以让他出任西川节度使。李存勖爽快地答应了。

郭崇韬万万没有想到的是，由于他的一念之仁，竟让原本默默无闻的孟知祥青史留名，成为后蜀的高祖皇帝。

昏庸的前蜀帝

唐同光三年（925）九月十八日，唐军大举攻蜀。前蜀国皇帝王衍不知危机已经向他逼近，仍然过着逍遥快乐、荒淫无度的生活，许多大臣非常不满。中书令王宗俦和王宗弼秘密商量，要废掉这个昏君，可王宗弼一直犹豫不决，竟害得王宗俦忧郁而死。

王衍对内部的不安定因素丝毫不察，更不知道后唐大军已经越过秦岭，扑向西蜀，天天和一班小美女纵情游乐。

这个时候，王承休派人从秦州送来一批美女画像，还有秦州的奇花异草图册，并附了一份奏表。王承休在奏表中极力夸赞秦州美女如云，山川如画，是一个让人销魂的旅游胜地，他邀请王衍到秦州去视察，欣赏一下那里的自然美景，享受那里的美人。王衍看了这些美人像和奇花异草图，心花怒放，决定去秦州视察。

大臣们听说王衍又要旅游，很多人都出面劝阻，王衍不为所动。王宗弼上表力谏，王衍竟然将他的表章扔在地上。

王衍的老娘徐太后痛哭流涕，劝儿子不要冒险出巡，但仍然改变不了王衍出游的决心。

曾任秦州节度判官的蒲禹卿上表陈言，内容最为中肯，他说："先帝艰难创业，欲传之万世。陛下少长富贵，荒色惑酒。秦州人杂羌胡，地多瘴疠，万众困于奔驰，郡县疲于供役。凤翔久为仇雠，必生衅隙；唐国方通欢好，恐怀疑贰。先皇未尝无故盘游，陛下率意频离宫阙。秦皇东狩，銮驾不还；炀帝南巡，龙舟不返。蜀都强盛，雄视邻邦，边庭无烽火之虞，境内有腹心之疾，百姓失业，盗贼公行。昔李势屈于桓温，刘禅降于邓艾，山河险固，不足凭恃！"

这篇谏表被文臣韩昭截留了，王衍并没有看到。这位佞臣手拿谏表对蒲禹卿恶狠狠地威胁道："我先把你这篇表章留着，等主上巡察回成都后，肯定会派狱吏依据你的奏章，逐字逐字地来审你！"

其实，王衍即使看到了，也不会有什么作用，因为他的心不在江山社稷上，他记挂的是秦州的山水和美人。

十月初四，王衍下令将年号改为咸康，率领文武百官和数万大军，从成都出发，浩浩荡荡向秦州进发。

天气不错，心情也好，旅游队伍走到汉州的时候，传来了武兴节度使王承捷的告急文书，说唐军已经越过秦岭西下，杀过来了。

王衍见报，哈哈大笑，说道："我正想炫耀一下军威，让唐军来吧！怕什么？"他之所以如此说，是因为他认为这是大臣们变着法子劝谏他，用敌兵压境的情报吓唬他，阻止他游玩。

王衍让队伍继续东进，仍然悠闲地同大臣们吟诗赋歌，游山玩水，根本就不把王承捷报告的军情当回事。

队伍走到梓潼，突然遇到飓风，合人抱的大树被连根拔起，无数房屋被摧毁。随行的史官占了一课，说这股风为"贪狼风"，主凶，预示有兵灾，是损兵折将的先兆。

王衍还是不在意，继续一路游山玩水，吟诗赋歌，饮酒作乐。

十八日，唐军先头部队在李绍琛的率领下，攻打蜀国威武城，守将唐景思出城投降，唐军获粮食二十万石，李绍琛释放俘虏万余人，轻装上阵，日夜兼程，直奔凤翔。

后唐凤翔节度使李从曮将所有的存粮都拿出来，供给西征军之用，但仍然不能满足西征军的需要，军中将士心存隐忧。

郭崇韬率军进入散关后，指着大山对左右说："西征不能成功，我们就不能再回到这里，军中的粮食快吃完了，应当首先夺取凤州，那里有我们需要的粮食。"

众将都认为蜀道险峻，易守难攻，不可长驱直入，应当打探清楚蜀兵的动向，然后再出兵。

郭崇韬则认为，蜀国皇帝王衍荒淫无度，蜀国人心涣散，乘此机会发起进攻，蜀人定会闻风丧胆，虽有险阻，又有谁来守呢？

当天，李绍琛又传来捷报。

郭崇韬非常高兴，率军兼程前进。

十九日，王承捷带着凤、兴、文、扶四州的官印前来投降。

郭崇韬得到八千多降兵，四十万石粮食，他冲着蜀中山川大吼道："平定蜀国，指日可待，四川，我来了！"

郭崇韬命王承捷代理武兴节度使，率军继续西进。

二十日，王衍的旅游队伍到达利州城，警报接二连三地传来：威武城守将唐景思已经投降了唐将李绍琛。

王衍这才相信王承捷的军报不是谎言，顿时慌了手脚。第二天，威武军溃兵陆续逃到利州，带来了更不利的消息：武兴节度使王承捷不战而降，将凤州、兴州、文州、扶州全部献给了后唐。王衍更是心慌。

王宗弼、宋光嗣建议，说东川、山南的军队还是完整的，只要派大军据守利州，唐军就不敢孤军深入。

王衍采纳了他们的意见，任命随驾清道指挥使王宗勋、王宗俨、兼侍中王宗昱为三招讨，率三万蜀军迎战后唐大军。

蜀军士兵长年跋涉在外，他们看到王衍的御林军享受高级别的待遇，临战之时，上阵的却是他们这些待遇低下的士兵，心中很不平，有人叫骂："怎么不派龙武军去，我们又冻又饿，哪里能打仗！"

还有人叫骂："敌兵攻来，让那些叉手摇头的人去打仗吧！"

叉手摇头的人，指的是那帮穷酸文臣，因为他们在同王衍吟诗作赋时，总是装模作样地叉手摇头。

李绍琛率军经过长举，兴州都指挥使程奉琏率五百兵士前来投降，请求首先修治桥梁和栈道，等待后唐军的到来，这样后唐军行进就不用担心有什么险阻。

二十二日，兴州刺史王承鉴弃城逃走，李绍琛等攻占兴州。郭崇韬任命唐景思代理兴州刺史。

二十六日，成州刺史王承朴弃城逃走。李绍琛的部队在三泉同蜀国三位招讨使相遇，打了一场遭遇战。

蜀军在王建时期，是一支能打仗的军队，攻城拔寨，难有对手。王建立国后，蜀中二十多年没有重大战事，部队既没有作战经验，又久未训练，加之王衍昏庸无道。在这样的皇帝的统治下，即使是一群狮子，也会变成绵羊，何况唐军又气势汹汹、先声夺人，蜀军顿时乱作一团，落荒而逃。

王衍的三个招讨使本非将才，刚上阵就遇到劲敌，不知如何迎战，手忙脚乱，完全乱了方寸。失去了有效指挥，平时又缺少训练的蜀军，成了没头的苍蝇，四处乱窜，不战而逃。

三泉之战，李绍琛杀敌五千，夺得粮食十五万石，军心大振。

王衍听说三泉战败，立即命中书令王宗弼率大军坚守利州，并命他去收拾逃跑的三位招讨。他自己则率随从向西逃跑，为防止唐军追上来，过了桔柏津浮桥后，命人将浮桥拆除了。

蜀中文武百官见势不妙，纷纷为自己安排后路。当唐将李绍琛昼夜兼行，直扑利州的时候，武德守将宋光葆给唐军副帅郭崇韬写书，说他愿意投降，但他提出一个条件，请求唐军不要进入他的辖区，不要让那里的百姓遭受兵祸之灾。

答应他的条件，他就投降，不答应他的条件，他将背城决一死战。

郭崇韬毫不犹豫地就答应了宋光葆的条件。

宋光葆没有使诈，立即献出梓、绵、剑、龙、普五州，投降了唐军。随后，武定节度使王承肇献三州，山南节度使王宗戚献五州，阶州刺史王宗岳也献城投降。如此一来，唐军不费一兵一卒，得到四个节度使所辖的十八个州。王衍只控制成都附近一带的地盘。

秦州节度使王承休与副使安重霸谋划，妄图袭击唐军。

安重霸说："如果不能取胜，一切都完了。蜀国有十万精兵，凭借蜀中天险，唐军虽然善战，也很难顺利到达剑门，朝廷对你的恩情很大，现在国家有难，你不能袖手旁观，我愿意和你一同向西回朝。"

王承休平时很信任安重霸，认为他讲得对。

安重霸建议向羌族人行贿，买通文州、扶州的道路，以便顺利回蜀。

王承休听从他的意见，并让他率领龙武军以及招募来的一万二千多士卒一起回朝。临行前，州人在城外饯行。

部队刚出发，安重霸突然来到王承休的马前，跪拜说："国家用全部力量夺得秦、陇二州，如果我也跟随你回朝，谁来坚守这里呢？我请求留守。"

这都是安重霸早就算计好了的。

王承休知道被安重霸算计了，但大军已经上路，难以再回头，只得答应让他留下来，自己与招讨副使王宗讷取道扶、文二州，继续向南推进。

扶州、文州都是不毛之地，是羌族集居的地方，羌人见王承休的部队过境，从不同方向发动袭击，防不胜防，王承休率军边走边战，将士们又冻又饿，到茂州时只剩下两千人。

安重霸支走了王承休，立即献出秦、陇二州，投降了后唐军。

王宗弼见前线蜀军纷纷倒戈，利州守不住了，于是弃城西逃。王宗勋等三位招讨使也狼狈不堪地赶上了王宗弼的队伍。王宗弼掏出王衍的诏书给他们看，并说这是宋光嗣的主意。

三位招讨使和王宗弼一起哭了起来。

王宗勋哭着说："国家沦落到如此地步，都是荒淫无度的昏君一手造成，你今天依诏杀了我们，下一个就该轮到你了！杀与不杀，你自己拿主意吧！”

王宗弼并没有杀他们三人之意，要杀，早就动手了，只是他还没有想到下一步该怎么办。

“降唐吧！”三人异口同声地说。

“这恐怕是唯一的出路。”王宗弼思索一会儿后说，“你们先去投降吧！我得去成都办件事，你们看如何？”

三人不知他到成都要办什么事，不便多问，于是分头行事。

王宗弼放弃利州西归，距离王衍返回成都，相差只有五六天时间。

十一月初七，王衍逃回成都，城中文武百官和嫔妃出城迎接。王衍居然还有心玩花活，走到嫔妃队伍中，命宫人排成回鹘队，翩翩起舞，送他回宫。

初八，王衍在文明殿召见群臣。此时的他，没有了玩世不恭的神态，泪流满面，看着群臣，可怜巴巴地说：“大兵压境，蜀国快要完了，你们谁有退敌之策呀？”

这帮只知道花天酒地、吃喝玩乐的庸人，谁也拿不出退敌之策，大眼瞪小眼，你看我，我看你，谁也不说话。不知谁嘀咕了一句：“山穷水尽，投降吧！”

这就是妙策，其实，也是蜀国的唯一出路。

王衍气恼地一甩手：“退朝！”

一筹莫展的王衍回到后宫，看着身边那些穿着道服、头戴莲花冠，涂脂抹粉的宫人，居然吟了一首《醉妆词》：

这边走，那边走，只是寻花柳。那边走，这边走，莫厌金杯酒。

几杯酒落肚，隐约听到城外有喊杀之声，不由悲从心起，又口吟一句旧诗：

自知生命促，把烛夜行游。

王衍自知末日来临，命宫女连臂起舞，以遣漫漫长愁。

王宗弼带着数万蜀军回到成都，登上太元门，督兵自卫。王衍还以为他是率兵勤王，和太后一同前去慰劳他。

王宗弼“骄慢无复臣礼”，既不向王衍、太后打招呼，更不行跪拜之礼。

十六日，王宗弼干脆劫持了徐太后和王衍及后宫诸王，将他们幽禁在西宫。

李绍琛的部队到达绵州，那里的仓库、民房都被前蜀兵烧毁，绵江浮桥也被拆。由于水深，又没有渡船，浮桥一时难以修好，大军一时难以渡江。

唐军孤军深入，利在速战，只有以迅雷不及掩耳的速度越过鹿头关，才能出奇制胜。

李绍琛深知这个道理，决定不等修浮桥，先率一支骑兵强行渡江。

李绍琛和李严骑着马，率先跃入江中，随后有两千余人跟着跳下水。安全渡过绵江的有千余人，淹死了一半。

李绍琛顾不了这些，率领剩下的千余骑兵，突袭并攻占了鹿头关，为唐军进军成都打开了通道。

十八日，唐军占据汉州，三天之后，后面的部队才赶到。

王宗弼囚禁了太后、皇帝及各位王爷之后，派心腹打开国库，把里面的金银财宝统统搬到自己家里，自称西川留守。后来，他听说唐军已入鹿门关，占据了汉州，立即拨出一批钱币、牛马和美酒，派人去迎接并犒劳唐军。

李严以前来过蜀国，和王宗弼有一面之交。王宗弼以王衍的名义写了一封信，派人送给李严，他在信中说：“你来了，我就投降。”

李严看信后，准备亲自前往成都，有人劝阻说：“你曾出使蜀国打探虚实，最先提出攻蜀的策略，蜀人对你恨之入骨，你到成都去，不是送肉上砧板吗？”

李严不听劝告，带领几名骑兵去了成都。

李严到达成都后，好言安抚城中的官员和百姓，还亲自到西宫拜见王衍。

王衍见到李严后，失声痛哭。李严好言相劝，说只要他投降，便可以保证他和他的家人的安全。王衍无可奈何，还领着李严去见太后，然后把母亲和妻子全托付给李严。

王衍命令翰林学士李昊起草降表、同平章事王锴写降书，随后，派兵部侍郎欧阳彬带上降书和降表，同李严一起去迎接唐军。

王宗弼投降唐军，将内枢密使宋光嗣、景润澄以及宣徽使李周辂、欧阳晃统统杀了，将他们的首级用匣子装起来，送给李继岌。说前蜀的君臣早就想归降后唐，由于这几个人从中作梗，才拖到今天。他还斥责成都尹韩昭是个狡猾之徒，下令杀掉他。

王宗弼大开杀戒，让前蜀的官员和皇宫贵戚惶恐不安，纷纷拿出金帛、姬妾贿赂他，以求不死。

二十二日，李继岌到达德阳。

王宗弼派人前去送信，说前蜀皇帝已经被他软禁在西宫，城中的军队也安抚好了，只等唐军前来接收。随后，又派儿子王承班给李继岌、郭崇韬送来蜀中美女和珍宝玩物，请求让他出任西川节度使。

“这些本来就是我李家的东西，用不着他来献殷勤。”李继岌留下东西，将王承班打发走了。

二十五日，李继岌到达汉州，王宗弼专程前来迎接。

二十六日，李继岌、郭崇韬到达成都，命李严再次进城，带蜀国君臣出城投降。

二十七日，是后唐正式接受前蜀皇帝王衍投降的日子。受降那天，王衍身穿白衣，口含玉璧，手牵羊，草绳缠头发。百官也都身穿孝服，光着脚，用车子拉着空棺，并把那些空棺都烧掉。按照后唐皇帝李存勖的旨意，李继岌免除了他们的罪过，并释放了他们。

王衍率领群臣面东北而拜，感谢后唐皇帝不杀之恩。

二十八日，后唐大军进入成都。郭崇韬出榜安民，严禁士兵骚扰百姓，街市上门店仍然照常营业。

后唐从出兵到王衍投降，共用了七十天时间。

蜀国自王建据守，传了一代就灭亡了，共计十九年。

第二十四章
郭崇韬的悲剧

有勇无谋

江陵的高季兴正在吃饭的时候，突然听到前蜀国亡国的消息，吓得勺子和筷子都掉落在地上，后悔地说："这是我的过错啊！是我建议李存勖去攻打蜀国的。"

他的儿子高震劝说道："不必担忧，后唐皇帝以后会更加骄傲，要不了多久，就会灭亡，或许，他是在为我们谋福呢！"

楚王马殷听说前蜀国被灭，非常害怕，立即向后唐皇帝上表，说他已经把衡麓地区治理得很好，希望交出印绶，以保安度晚年。

李存勖下诏将他安慰一番。

灭掉前蜀，对于李存勖来说，既是一场战争的胜利结束，又是一场噩梦的开始。灭蜀之后，后唐各种矛盾相继爆发，而各种矛盾的焦点，都指向李存勖。他无法解决这些矛盾，只能一步步走向死亡的深渊。

郭崇韬是灭前蜀的实际总指挥，但灭掉了蜀国，并没有给他带来好运，他同样也一步步走向死亡的深渊。

灭蜀之战，李绍琛当居首功。大军进入成都后，郭崇韬商量军务，不是找李绍琛，而是找董璋，这让李绍琛心里很不平衡。

郭崇韬亲近董璋，疏远李绍琛，是因为他同董璋私交甚好。工作中如果过多地渗入个人感情，这样很危险。

李绍琛是带兵打仗的人，没有一点儿脾气那是假话。他虽然不敢在郭崇韬面前说什么，在董璋面前却不含糊。他指着董璋的鼻子说："我有平定蜀国的功劳，你一个小小的随从，算什么东西，却在郭帅门前充大爷，相互谋划，挤对陷害别人。我身为都将，信不信我动用军法杀了你？"

董璋不敢吭声。不吭声并不等于不恼火，他是害怕李绍琛真的一怒之下砍了他的头，所以才忍气吞声。转身之后，就把李绍琛的话经过一番润色，告诉了郭崇韬。

十二月，郭崇韬奏请李存勖批准，任命董璋为东川节度使。

"我冒着生命危险，翻山越岭，平定东川、西川，董璋却坐享其成了！"李绍琛愤怒异常，对郭崇韬说，"东川是个重要的地方，尚书任圜文武双才，应当上表皇上任他为帅。"

"李绍琛。"郭崇韬生气地说，"你想造反吗？"

看到郭崇韬发怒的样子，李绍琛害怕了，他能够依军法宰了董璋，郭崇韬同样也能依军法砍他的头，好汉不吃眼前亏，就像董璋在他面前忍气吞声一样，他也只能忍气吞声地退下。

魏王李继岌率兵出征，将军务全都交给郭崇韬处理。郭崇韬也是尽职尽责，唐军进入成都后，旧将的招抚，官吏的设置，军队与朝廷的奏报往来，忙得不亦乐乎，李继岌成了甩手掌柜。

郭崇韬成天忙于军务、政务，同将领、官吏商量工作，你来我往，门庭若市，而身为主帅的李继岌住的地方，只有早晨大将们前来礼节性地拜望，其余时间则显得冷冷清清、门可罗雀。

李继岌并没有什么野心，再加上年轻，并不觉得怎么样。而跟随他一同出征的李从袭等人，却认为这是一种耻辱。特别是看到前蜀国的大臣、将领纷纷向郭崇韬和他的儿子郭廷诲送宝物、美女，真正的主帅李继岌得到的只是一些马匹、束帛、鼻烟壶等小玩意儿时，更是愤愤不平。

宦官们替李继岌抱不平，只是一种表象，其实是心里有气。他们跟随魏王出征，本是抱着希望而来，因为，他们听说四川是天府之国，富得冒油，到四川就是来捞油水，而且，四川还盛产美女，也可顺便弄几个美人带回去。谁知事实没有想象的那么美好。所有的事情都让郭崇韬给办了，所有的好处也让他一个人得了。宦官们眼红了、妒嫉了，因嫉而生恨，便在李继岌面前千方百计挤对、陷害郭崇韬。

郭崇韬的麻烦也就来了。

王宗弼当了西川留后，心里还不满足，向郭崇韬送了一份厚礼，请求他保荐自己做西川节度使。

郭崇韬很有意思，收了王宗弼的贿赂，却又不替他说话。

西川节度使是个肥缺，不是什么人想要就能得到的，而且早在出征四川时，郭崇韬就向李存勖推荐了孟知祥。

郭崇韬之所以要白收钱，不办事，是因为他以为，王宗弼的钱财都是黑心钱，不得白不得。其实，他还忘了一句话：得了也是白得。

时隔不久，王宗弼突然带着蜀中的一帮人来见李继岌，请求将郭崇韬留下来镇守四川。

李继岌找来郭崇韬，对他说："皇上最器重你了，怎么会让你这样的元老功臣留在边远之地呢？况且，这件事我也决定不了呀！"

从李继岌的话里可以体会得到，郭崇韬似乎也有留在四川的念头。不然，李继岌可以直接拒绝王宗弼等人的要求，没有必要向郭崇韬解释。

王宗弼没有再闹，郭崇韬也没有异议。按理说，这事应该算过去了。但太监们却拿这件事说事，他们以一种无耻的思维方式寻找事情的根源。

李从袭趁机在李继岌面前挑拨，说郭崇韬这个人太专横，在蜀地收买人心，此人城府极深，居心叵测，他们请李继岌提防着郭崇韬点。

李继岌的思维受到强烈干扰，自己名义上是主帅，却没有人理睬，事情都让郭崇韬干了，好处也让他得了，如此想来，心里便有了疙瘩。

郭崇韬警觉到李继岌的某些变化，两人之间产生了猜疑，进而由猜疑转为矛盾，而且越积越深。

李继岌心里有疙瘩，言语上或多或少地就有所表露，平时同郭崇韬说话的时候，常以开玩笑的口吻说，郭帅是不是要再添几间房子呀？不然的话，东西恐怕就没处存放了，听说四川出美人，每天晚上，郭帅恐怕忙不过来吧？

郭崇韬不笨，当然知道李继岌想说什么，可是，他并没有检点自己，反而怪罪王宗弼，说是他给自己添乱。于是再找王宗弼，向他索要一大笔钱，说是要犒劳将士。

王宗弼把钱看得比命还重要，居然拒绝了郭崇韬的要求。

士兵们听说王宗弼不肯给钱，非常愤怒，晚上，在王宗弼的住所放火喧闹。

郭崇韬在李继岌面前诬陷王宗弼，建议杀掉王宗弼，以表自己的清白。这有点儿杀人灭口的味道。

李继岌立即召见王宗弼，怒斥他对皇上不忠，然后命人将他推出去斩了。接着又处死了王宗勋、王守渥，诛杀了王宗弼的族人，没收了他的全部家产，并将王宗弼的尸体抛之于市。

蜀人都非常痛恨王宗弼，争相割下他的肉，带回家去烹食。

致命的错误

王宗弼被诛后，王承休、王宗讷从秦州赶来求见郭崇韬，想在后唐谋得一官半职。

王承休错了，错得连后悔的机会都没有，当他来到成都面见郭崇韬的时候，郭崇韬不但没有给他好脸色，而且还责问他：“你们驻守大镇，拥有强兵，为何不抵抗？”

“害怕大王的神威啊！”王承休胆怯地说。

郭崇韬追问道：“那为什么不投降呢？”

“大王的军队没有进入秦州境内呀！”

“你们进入羌地的时候，一共有多少人？”

“一万二千人。”王承休不假思索地说。

“现在呢？”郭崇韬两眼盯着王承休。

王承休不知郭崇韬为何要在这个问题上纠缠不休，有些心神不定地说：“两千人。”

“那好，你就到阎王那里去替这一万人做个交代吧！”郭崇韬说罢，不容分说，让人将王承休、王宗讷推出辕门斩了。同时，还将他们的儿子也全都杀了。

王承休死了，那个让前蜀皇帝王衍牵肠挂肚的女人严氏下落不明。

前蜀灭亡了，唐军应该撤军，但他们并没有按时撤军。这里面有两个原因，一是四川新任领导人还没有到位；二是四川还存在一些残余势力，或数百人，或数千人纠集在一起，占山为王，危害社会治安。郭崇韬担心大军撤离后，这些残余势力会成为后患，危害地方，于是命任圜、张筠等分路去招抚、讨伐。

郭崇韬稍微推迟了班师的时间，没想到给了那些宦官借口。

李存勖并不知道四川的情况，派太监向延嗣带着诏书到了四川，命郭崇韬班师回朝。

郭崇韬这时又犯了同梁朝王彦章相同的错误。

王彦章当年临出征时，气冲冲地说：“等我捉了李亚子，再回来收拾赵岩、张汉杰这几个小人。”

王彦章过了嘴瘾，结果却让赵岩、张汉杰几个人给收拾了。

郭崇韬较之王彦章，有过之而无不及。他曾暗中对魏王李继岌说：“骟了的马，不能骑，更何况宦官。魏王他日得天下，要将宦员全部赶走，重用读书人。”

站在河边说话，须防水中鱼听。郭崇韬对李继岌说的话，正好被在外面的宦官吕知柔偷听去了，宦官们因此对郭崇韬恨之入骨。

郭崇韬嫉恨宦官，不仅表现在口头上，而且还落实在行动中。当钦差大臣向延嗣来到成都以后，他并没有按照礼节去郊外迎接。向延嗣进城之后，向郭崇韬传达了圣旨。

郭崇韬接旨后，应该遵旨，立即班师回朝，即使有不班师的理由，也应该向钦差大臣说清楚。然而，他并没有这样做，而是强调难处，且在言语上也多有顶撞，这让向延嗣心里很不爽。

向延嗣和李从袭两人同为宦官，是一个战壕的战友。两人的私交也不错，是那种无话不谈的朋友。

李从袭见向延嗣受了委屈，有点儿为他抱不平，趁机对他说："这里的军事由郭崇韬一人把持，他根本就不把魏王放在眼里。他的儿子郭廷诲，成天前呼后拥，狂妄至极，穿戴做派像王爷。成天和蜀中的豪富奸人寻花问柳，饮酒作乐，指天誓日，不知他们想干什么。军中将领都是郭崇韬的党羽，魏王根本就制约不了，一旦有变，不但我们这些人死无葬身之地，恐怕魏王也难以自保。"

李从袭很有表演天赋，说着说着，眼泪就流下来了。向延嗣一听，吓得魂不附体。

李从袭继续加一把火："他还对魏王说，如果你做了皇帝，千万不要任用太监，就如同不要骑摘掉了睾丸的马一样。"

向延嗣听罢气愤地说："我回去后，一定要将这里的事情告诉皇上，皇上一定有办法。"

第二天，向延嗣向李继岌、郭崇韬辞行，返回京城。

向延嗣回到洛阳后，立即去见刘皇后，将四川的情况添油加醋向她做了汇报。

刘皇后听说儿子在蜀中被郭崇韬架空了，而且还有性命之忧，哭着去找李存勖，要他想办法，尽快让儿子回来。

李存勖对郭崇韬早已心存芥蒂，听说蜀人聚众闹事，请求让郭崇韬为帅，起了疑心，再加上刘皇后的枕头风，吹得他更是心烦意乱。后来，查看向延嗣带回来的前蜀府库的账簿，更是不高兴，立即召见向延嗣，询问道："都说四川是天府之国，遍地是黄金，富得流油，账簿上怎么只有这点东西呢？"

向延嗣神秘地说："听说蜀国被攻破以后，珍宝都被郭崇韬父子拿走了，郭崇韬有黄金一万两，白银四十万两，钱百万串，名贵的马一千匹，其他的东西不计其数。他的儿子郭廷诲所拿走的金银珠宝，还不包括在其中。”

李存勖的脸上挂不住了。

向延嗣看到了李存勖的脸色变化，心里一阵窃笑，暗暗骂道：“郭崇韬，你不是骂咱是摘了睾丸的马吗？这一次，一定要你付出代价。”

李存勖召见即将赴四川上任的孟知祥，对他说：“听说郭崇韬有异心，你到了那里，帮我把他杀掉。”

“郭崇韬是国家栋梁之臣，这样处理恐怕不妥，等我到蜀地观察他一段时间，如果没有异心，就送他回来。”孟知祥看了李存勖一眼，问道，“陛下说如何？”

李存勖点点头，算是没有坚持自己的意见。

李存勖似乎还不放心，孟知祥刚走不久，又派宦官马彦珪赶往成都，督促郭崇韬班师。并对马彦珪说，如果郭崇韬班师回朝，就不必说了，如果故意拖延时间，或者表现出飞扬跋扈的样子，就和李继岌商量，杀了他。

马彦珪赶上孟知祥，向他宣布了李存勖的命令，孟知祥叹息说：“乱子将要发生了，这是朝廷之祸啊！”于是日夜兼程，赶往成都。

悲剧人生

马彦珪临行前去见刘皇后，对她说：“蜀中的形势危在旦夕，皇上当断不断，万一有什么变化，我怎么能从三千里之外赶回来请示呢？”

刘皇后又去找李存勖，要求直接杀掉郭崇韬。

李存勖仍然不放心，说事情不过是传闻，不知是真是假，不能仓促做出决定。

刘皇后的请求未得允准，退出后写了一道教令交给马彦珪，让他交给李继岌，命在四川干掉郭崇韬。

郭崇韬正在同李继岌商量班师回朝的日期，马彦珪到了成都。把刘皇后的教令交给李继岌。李继岌说：“大军就要出发了，郭崇韬并无异常，我怎么能做这样的亏心事呢？”

王彦珪却说：“皇后已有密敕，魏王如果不执行，这件事如果让郭崇韬知道了，我们就没命了。”

“皇上没有诏书，只有皇后的手教，怎能妄杀招讨使？”李继岌仍然拿不定主意。

李从袭见李继岌不肯下手，立即同王彦珪唱起了双簧戏，哭着说：“没有不透风的墙，皇后的教令，如果让郭崇韬知道了，中途突然发难，我们连还手的机会都没有。”

李继岌终于被说动了，命李从袭召郭崇韬议事，他自己却登楼回避去了。嘱咐他的心腹将领李环藏着铁锤，站在阶下等候郭崇韬。

郭崇韬根本就没有预料到危险降临，像平常一样，到了都统府门前，下马，上台阶。

李环急步追上去，乘郭崇韬不注意，突然举锤向郭崇韬的头顶砸去。

后唐最后一位名将，顿时脑浆迸裂，倒在台阶上。

李继岌在楼上将这些看得清清楚楚，见李环一击得手，急忙下楼，当众宣布刘皇后的教令，并派人去捕杀郭崇韬的儿子郭廷诲、郭廷信。

推官李崧对李继岌说：“现在行军于三千里之外，没有接到皇上的圣旨就擅杀大将，如果军心一变，归路就成了荆棘之途。大王为何要做这样危险的事情呢？”

“你说得不错，但事情已经发生，后悔也来不及了。”李继岌着急地问，“你有什么办法能渡此难关？”

李崧叫了几个书吏，上楼后撤去楼梯，几个人躲在上面伪造了一道圣旨，又用蜡摹刻了枚印章盖上。然后对外宣布，诛杀郭崇韬父子，是皇上的密令，不涉及其他任何人。

这样一来，军心才稍稍安定下来。

郭崇韬的左右亲信得知郭崇韬遇害，都逃走躲了起来，只有掌书记张砺一人来到魏王府前，抱住郭崇韬的尸体，痛哭不已。

郭崇韬是一个悲剧式的人物，他对李克用和李存勖父子忠贞不贰，屡建奇功，无人能出其右，消灭前蜀，更是立下不世之功。本来想借讨伐前蜀立下大功来稳定自己的地位，谁知捉鸡不成，反而丢了自家的性命。

郭崇韬的悲剧，很大程度上是由自己造成的。

他在军事上，随机应变，行事果断，捕捉战机，无不体现出天才的作风。在政治上，为人处世方面，却又显得特别弱智。特别是和那些受阉割而导致性情大变的宦官打交道，他的军人性格就显得尤为不足。再加上说话直来直去，丝毫没有顾忌后果，给自己树下了强敌。例如，他对李继岌说的骟了的马不能骑，他日得天下，将宦官全部赶走，重用读书人之类的话，直接将自己摆在同宦官势不两立的位置。宦官们因此对他恨得咬牙切齿，就算张承业这样忠贞的人还活着，也不会原谅郭崇韬说出这种不负责任且有侮辱性的话。

郭崇韬气量狭窄，不能容人。在他功高权重的时候，只是排挤他人，结果使自己孤立无援。在他权倾朝野的时候，有些小人千方百计地巴结他，他竟不辨优劣，与他们同流合污。如豆卢革向他献媚说："汾阳王郭子仪是代北人，后来迁移到华阴，你家世居雁门，难道和汾阳王就没有一点儿关系？"

郭崇韬顺水推舟，说乱世之中，家谱都丢失了，听先人说，汾阳王是我的四世之祖。

"难怪大人如此英武多谋，原来是汾阳王的后代呀！"豆卢革拍马屁的功夫超一流，立即就认定郭崇韬是郭子仪的后代。

郭崇韬似乎也很高兴，此后就以郭子仪的子孙自居。如果仅仅是这样也就罢了。后来，他竟然以门第之见来作为提拔官员的标准，有旧功臣要求升职，他酸溜溜地说："我非常了解你，知道你很有才干，可惜门第有点儿低，我不敢提拔你，否则，会遭到名流的耻笑。"

郭崇韬的做作，让一些有功的旧臣失去了升迁的机会，这些人便恨上了他，再加上一些受过他挤对的人，支持他的就很少了。

郭崇韬粗鲁而意气用事。自己给自己挖了一个大坑。对于刘皇后，他有奏立之功，这个尖刻的女人，最后竟以怨报德，听信小人谗言，亲手害死了他。

第二十五章
反叛的平叛者

掉转枪口

郭崇韬被杀以后，任圜也扫平了盗寇回到成都。李继岌委任他代理蜀中军政，并派马彦珪先返回洛阳，向朝廷报告四川的情况。

李存勖得知郭崇韬被杀之后，对刘皇后私发教令，李继岌擅杀大臣的事情，不但没有丝毫怪罪之意，反而还下诏公布郭崇韬的罪状，下令杀死了郭崇韬另外三个儿子，查抄了他的全部家产。并再次下诏，命李继岌迅速班师回朝，命王衍举族迁到洛阳，他在诏书中还对王衍信誓旦旦地说："朕会封你为王，不会乘人之危，三辰在上，一言不欺！"

王衍是个没心没肺的人，反正国家已经亡了，到了洛阳，还不失为万户侯，高兴地将这件事告诉母亲和妻妾，并转告李继岌，说他愿意跟随唐军到洛阳去。

李存勖之所以要将王衍迁到洛阳来，其实是对他不放心。王家在蜀中经营了两代人，各种关系盘根错节，将他留在蜀中，谁也不能保证他不会死灰复燃。最安全的办法，就是让他离开四川，彻底地绝了后患。

宋朝的赵匡胤，每灭掉一个小国（五代十国中的北汉、南唐等几个小国，都是在赵匡胤手上灭掉的），都命亡国之君离开故土，迁到京城居住，给他们高官（名义的），再给他们厚禄（实在的），实际上就是将他们供养起来。大概是学了李存勖这一招。

李继岌正要动身东归，孟知祥到了成都，他留下部将李仁罕、潘仁嗣、赵廷隐、张业、李延厚等人辅佐孟知祥镇守成都。自己率大军，押着王衍及其家属，起程回洛阳。一路走走停停，碰到山清水秀、风景好的地方，免不了要停下来游玩一番。

朝廷的文武百官听说郭崇韬谋反被诛，议论纷纷，有的惊骇，有的怀疑，有的惋惜。李存勖派宦官偷偷查探百官有什么反应。

保大节度使睦王李存乂是李存勖的五弟，也是郭崇韬的女婿。宦官们想清除郭崇韬的同党，以绝后患，便向李存勖进谗言，说李存乂听说郭崇韬被杀，捋起衣袖骂娘，痛哭流涕，为郭崇韬鸣冤。

李存勖听罢大怒，发兵包围了睦王府，杀了李存乂的全家。

仅凭宦员一句话，李存勖就杀了自己的亲弟弟。看来，李存勖除了宦官，就没有相信的人了。

李存勖最得宠的伶人景进又在李存勖面前进谗言，说河中有人来举报，李继麟和郭崇韬阴谋反叛，郭崇韬死了之后，他又和李存乂勾结在一起，企图谋反，建议除掉这个人。

李继麟就是朱友谦，景进曾向他索要钱财遭到拒绝。后唐大军讨伐蜀国时，李继麟曾派儿子李令德随军出征。景进和宦官索贿不成，不断地在李存勖的面前说李继麟的坏话。

李继麟惧怕谗言，亲自进京向李存勖表明心迹。李存勖信了谗言，听不进他的解释，虽然当时没有把他怎么样，但心里对他已经是很不满了。

李存勖听了景进的谗言，下诏调李继麟为义成节度使，将他骗到洛阳。当天夜晚，派蕃汉马步使朱守殷率兵包围了李继麟的馆舍，将他逐出徽安门外，然后杀了他。恢复他原来的姓名朱友谦。

朱友谦有两个儿子，朱令德为武信节度使，朱令锡为忠武节度使。李存勖下诏：命魏王李继岌杀掉朱令德，命郑州刺史王思同在许州杀掉朱令锡，命河阳节度使李绍奇在河中杀掉他的其他家人。

李绍奇来到朱友谦的家，朱友谦的妻子张氏带全家二百余口来见他，张氏镇静地对李绍奇说："朱氏宗族该死，但希望不要错杀无辜。"

张氏把家里的一百多名奴仆分出来，带领一百多口族人毅然走上刑场。临刑前，拿出李存勖颁赐给朱友谦世代可享受特殊待遇的丹书铁券给李绍奇看，说道："这是皇上去年赏赐的，我一个妇道人家不识字，不知道这上面写的是什么，麻烦你看看，好吗？"

李绍奇能怎么样？丹书铁券是李存勖发的，诏令也是李存勖下的，他除了执行，还是执行。

朱友谦的旧将史武等七人，当时都是刺史官，都作为同族被杀掉了。

李继岌这时候还没有走出蜀境，接诏后依诏行事，命董璋杀了朱令德。

李绍琛率领的后军，同李继岌的大部队相隔三十里的路程，听说朱令德被杀，愤怒地对众将说："国家南取大梁，西定巴蜀，都是郭崇韬的计谋，我们这些人浴血奋战，要说到去逆效顺，与国家协力破梁，朱友谦是第一功臣。现在，朱友谦、郭崇韬两人有功无过，却被灭族，回到朝廷后，就轮到我们这些人了。"说罢，仰天长啸，大叫冤枉。

李绍琛的部下，大部分都是河中兵，河中将焦武等人曾跟随朱友谦，后来才拨归到李绍琛手下，他们听了李绍琛的话，纷纷叫嚷道："朱友谦有什么罪？竟然遭灭门之祸，我们回去后，一定也会遭到诛杀，为什么还要东行去送死呢？"

大家簇拥着李绍琛，勒转马头，往回走。

李绍琛回师四川后，自称西川节度使，并向成都发檄文，说他已经奉诏，代替孟知祥为西川节度使，并诏告蜀中百姓，三天之内，就聚集了五万余众。

李继岌听说后军发生兵变，立即命任圜为副招讨使，携同董璋率兵数万，追击李绍琛。

李绍琛走到汉州，见后有追兵，连忙回军应战，激战半日，未分胜负。正在酣战之时，忽见后面队伍大乱，一彪人马杀过来，冲乱了李绍琛的阵脚。

李绍琛的部队突然腹背受敌，顿时溃不成军，李绍琛拼命杀出重围，向绵竹方向逃走，随行只有十余骑。

唐军乘胜追击，再次包围了李绍琛，任凭李绍琛有三头六臂、勇武绝伦，也只能束手就擒。

这支从天而降的部队，正是新任西川节度使孟知祥的。

原来，孟知祥得到李绍琛的檄文后，预料他会进取成都，于是先行出兵，在半道拦截李绍琛。行军途中，正碰上李绍琛和任圜两军酣战，趁机杀了上来，一战而擒。

孟知祥等人到了汉州，犒劳军士，同任圜、董璋大摆宴席。孟知祥命人将李绍琛的囚车带到座前，亲自倒一碗酒递给他，对他说："你已经立了大功，富贵指日可待，为何要自寻死路呢？"

李绍琛回答说："郭崇韬是当今第一功臣，率兵平定了西蜀，结果却落得如此下场，因此不敢回去，今天你杀了我，明天，恐怕就有人要杀你了。"

孟知祥虽然心有所动，但当着众人之面，也不敢有什么表示，只好让任圜将李绍琛等人押回洛阳。

任圜押着李绍琛走到凤翔，宦官向延嗣前来传达圣旨，命当场处死李绍琛，恢复他原来的姓名康延孝。

朱友谦与康延孝二人最先叛梁投唐，至此先后被杀，这就是卖国求荣者的下场。

李继岌因为有了李绍琛的前车之鉴，担心王衍在路途逃跑，特命李从曮带领凤翔军与李严一同护送王衍去洛阳。

李从曮等押解王衍一族以及蜀臣眷属三千余人，走到长安的时候，接到李存勖的敕书，禁止他们进入洛阳，命将王衍留在西京严加看管。

李存勖之所以突然改变主意，是因为魏州发生叛乱，他担心王衍去洛阳会出乱子。

内地之兵造反

魏博指挥使杨仁晸曾率兵镇守瓦桥关，一年之后换防，仍回魏州。走到贝州的时候，李存勖认为魏州空虚，怕他的部队回去闹事，下令让他们驻守在贝州。

当时，人们还不知道郭崇韬的死亡真相。民间传讹，说郭崇韬杀了李继岌，自己在蜀中称王，结果招来杀身之祸。

还有人说，李继岌被杀，皇后归咎于李存勖，已经把李存勖杀死了。

魏州留守兴唐尹王正言年老怕事，急召监军史彦琼商议。

史彦琼因为巴结伶人而得宠，在魏州非常专横，目中无人。他同王正言商量了一天，使得人心惶惶，谣言传播得更加厉害。

杨仁晸的部将皇甫晖见人心不稳，召集一帮党徒劫持了杨仁晸，他对杨仁晸说："主上能拥有天下，都是我们魏博军打出来的。魏博军人不离甲，马不离鞍，征战十多年。现在的天子不念旧日功劳，却只是胡乱猜忌。如今皇后弑君，京城已经大乱，将士们愿意同你一起回去。如果朝廷来讨伐我们，以我们魏博军的实力，完全可以拒敌。说不定还可以得到一笔意外的财富。"

"混账！"杨仁晸大声呵斥。

皇甫晖大声说道："你如果不答应，大祸就在眼前。"

"你想怎么样？"

皇甫晖并不答话，指挥徒众当场将杨仁晸乱刀砍死。

皇甫晖想挟持一名小校为帅，那名小校也不答应，皇甫晖又杀了那名小校。

效节指挥使赵在礼得知皇甫晖叛乱的消息，连衣服都来不及穿好，爬墙就逃。皇甫晖追上去，拉住赵在礼的脚，硬生生地将他从墙上拽下来，并将两颗血淋淋的人头丢在他的脚下，要他领着众人对抗朝廷。

皇甫晖的意思很明显，如果不答应，地上的人头就是下场。

赵在礼害怕丢了性命，勉强同意了。

皇甫晖等人推举赵在礼为元帅，在贝州大肆抢劫。第二天，保护赵在礼向南奔逃，经过临清、永济、馆陶，一路烧杀抢掠，洗劫一空。

警报传到魏州，都巡检使孙铎急忙去见史彦琼，请求他率兵登城防御。史彦琼怀疑孙铎等有异心，借口说乱军还没有到，拒绝派兵。

谁知到了黄昏，乱军已经到了城下，并开始攻打北门。守卫北门的是史彦琼的部属，他们听到乱军的呼叫声，吓得四散而逃。史彦琼也单骑独马逃往洛阳去了。

孙铎等人抵挡不住，只得弃城而逃。

赵在礼占领了宫城，命皇甫晖、赵进为马步都指挥使，纵兵大肆烧杀抢掠。

直到此时，王正言才知道城池已经被乱军攻破，想召官员来问个明白，叫了半天，竟然没人应声。家人告诉他，贼兵已经进城，正在烧杀抢掠，官员都跑光了，就是喊破嗓子，也不会有人答应。

"有这等事吗？"王正言大惊失色，立即命家人备马，家人找了一大圈，连马毛也没有找到一根。无奈之下，只得徒步前去拜见赵在礼，请求恕罪。

赵在礼说士兵们都想回家，他也是不得已才这样做，并叫他放心，不会为难他。

王正言哭着请求回到乡下去，求赵在礼放他一条生路。赵在礼倒没有为难他，让人送他出城。

王正言是魏州留后，他走之后，皇甫晖等人推举赵在礼为魏州留后。赵在礼居然以魏州的领导人自居，出榜安民。他听说北京留守张宪的族人都留住魏州，立即派人前去慰问，并给张宪写信，引诱他加入自己的队伍。

张宪收信后，连信封都没有拆，派人将信送给了李存勖。

李存勖正想派兵去围剿叛军，正好史彦琼逃回洛阳。李存勖让他推荐大将的人选。

史彦琼推荐枢密使李绍宏。李绍宏再次请求起用李绍钦。李存勖答应了他的请求，并让他制订作战计划，上报后执行。

李绍钦呈报的计划中，起用的都是后梁旧将，这引起了李存勖的怀疑。正在犹豫之际，刘皇后却说："区区小事，不必动用大将，派李绍荣去办就可以了。"

兵变是天大的事，刘皇后竟然说是区区小事，李存勖居然也真的当成小事处理，让李绍荣率三千兵马赴魏州平叛，并命史彦琼为监军随行。

李绍荣率兵马到了魏州南门，先派人进城传达朝廷的旨意。

赵在礼站在城楼上冲着城下说："将士们想念家人，都想回去，请代奏皇上，如果能免死罪，我们一定改过自新。"

监军史彦琼指着城上破口大骂："该死的叛贼，破城之日，将你们碎尸万段。"

"如此说来，皇上招抚就是假的了。"皇甫晖愤然撕毁了诏书，命令将士们坚守城池。

李绍荣见乱贼不肯投降，下令攻城，初战失利，退到澶州，召集兵马，准备再行进攻。

李存勖接到消息，正要御驾亲征，突然又后院起火。先是从马直军王温杀死上司，虽然当天就平息了，李存勖却惊出一身冷汗。

从马直就是李存勖的亲兵，连亲兵都起来造反，李存勖怎么敢放心出征呢？

接着，邢州兵赵太等人又勾结四百多人，杀死了上司，占据了城池，自己给自己封了个官：邢州留后；沧州接着又发生暴乱，小校王景戡虽然平定了暴乱，却不肯听命于朝廷，也在那里以沧州留后自称。

李存勖非常着急，派东北面招讨副使李绍真前去讨伐赵太，又派人前去招安王景戡，唯独魏州久攻不下，自己又没有精力御驾亲征，宰相等人见李绍荣拿不下魏州，都推荐李嗣源为元帅，代替李绍荣。

李存勖已经不信任李嗣源，如果不是宣徽使李绍宏暗中周旋，说不定早就将李嗣源收拾了，他曾密令朱守殷暗中监视李嗣源。

朱守殷同李嗣源私交甚深，他提醒李嗣源：“你功高震主，应该早作打算，一旦大祸临头，就来不及了。”

李嗣源问心无愧，坦然地说：“我心诚不负天地，是福是祸，只能听天由命了。”

魏州兵变的时候，李嗣源还在洛阳。大臣们因李绍荣无能，奏请让李嗣源为帅，去接替李绍荣。

李存勖不想让李嗣源带兵，借口说他偏爱李嗣源，想留他做宿卫，不便派他去。

李绍宏在一旁又是极力请求。

忠武节度使张全义也说，河朔的事多，时间长了，就会酿成大患，指望李绍荣是靠不住的，只有李嗣源才能收拾那个烂摊子。

李存勖的手中确实无牌可打了，无奈之下，只好命李嗣源率领侍卫军前往魏州平乱。

李存勖犯了两个致命的错误，一是不该派备受猜疑的李嗣源为平叛领袖；二是不该让已经背叛过自己的从马直、也就是亲兵跟着李嗣源走。

从马直的指挥使叫郭从谦，原来也是一个唱戏的，由于军功而升职。他很尊重郭崇韬，称郭崇韬叔父，郭从谦又是睦王李存乂的养子。郭崇韬和李存乂先后被李存勖冤杀，郭从谦愤愤不平，私下结交从马直军校，准备为他们报仇。从马直在洛阳由于饥寒交迫，一部分人想发动兵变，王温杀死上司，就是郭从谦幕后操纵。

李存勖和郭从谦闲聊时，曾开玩笑说，从马直造反，是你教唆的吧？

说者无心，听者有意，郭从谦以为李存勖有所察觉，心里非常不安。因此，当从马直随李嗣源出征时，他暗中对士兵们说，李存勖连亲军都不信任了，平定魏博兵变后，回头就要收拾你们。谣言传出，人人自危，兵变一触即发。

李存勖让从马直军随李嗣源出征，等于放他们一条生路，将自己送上绝路。

李嗣源遭挟持

李嗣源接到命令后，立即率兵出发，到了魏州西南，恰好李绍真荡平邢州，擒住赵太等叛逆，赶到魏州来会师。

李嗣源与李绍真相见后，命他将赵太等人推出斩首示众，命部队安营扎寨，准备第二天攻打魏州。

这天夜里，从马直军士兵张破败聚众作乱，杀都将，烧营寨，第二天早晨，直逼中军帐。

李嗣源率亲兵出营，冲着叛军呵斥道："你们想干什么？"

乱众嚷嚷说："将士们跟随皇上十多年，历经百战而夺取天下。现在，皇上忘恩负义，欺凌士卒，驻守在贝州的士卒只是想回家，皇上不能饶恕他们，还说'攻下城以后，要把魏博军全部坑杀'。亲兵少数士卒喧闹，便想杀掉所有的亲兵。我们本不想叛乱，但为情势所迫，不得不死里求生。我们决定与城中合兵一处，击退各路军队，请主上在河南称帝，你在河北称帝。"

李嗣源大惊失色，哭着劝导，众人始终不听。只好无奈地说："你们不听我的话，那就随你们吧！我自己回京师。"

乱兵拔出刀剑，把李嗣源团团围住，威胁道："我们这些人都是虎狼之辈，不知道什么尊卑，你要想离开，没那么容易。"

李嗣源还想挣扎，李绍真却暗中示意他顺从。叛军簇拥着李嗣源和李绍真，越过城壕，走向魏州城。

城中的将士突然反悔，皇甫晖率军出城，杀死了张破败。叛军顿时溃散，只剩下李嗣源和李绍真两人，进退无路。

赵在礼出城迎接李嗣源，说将士们对不起你，我愿意听你的命令。

李嗣源假意对赵在礼说："要做大事，必须借助兵力，现在城外的士卒被打散后无处可归，让我出城召集各军，才好举事。"

赵在礼随口赞同。

李嗣源和李绍真立即出城，寄宿在魏县，召集打散的人马。

李嗣源被乱兵逼迫的时候，李绍荣有一万士卒驻扎在魏州城南，李嗣源派遣牙将高行周等七人秘密联络李绍荣，约他一起消灭乱兵。李绍荣怀疑有诈，拒不响应，率兵离开了。

李嗣源在魏县时，士卒不到一百人，又没有武器。李绍真率领的镇州兵有五千人，一起归附了李嗣源。

李嗣源哭着对众将说："明天我就回藩镇去，上奏皇上请求治罪，听从皇上裁决。"

李绍真和中门使安重诲认为不妥，他们说李嗣源是元帅，不幸被乱兵劫持而已。李绍荣不战而退，回朝后一定会反咬一口，说李嗣源是叛贼。如果回到藩镇，那就是占据地盘来胁迫君主，正好证实了李绍荣的谎言。因此，他们建议李嗣源日夜兼程赶回洛阳，当面向天子说明情况。

李嗣源于是从魏州出发，向南直奔相州，遇到马坊使康福，得到几千匹马，这才使部队初具规模。

李绍荣退到卫州，果然上表朝廷，说李嗣源同叛军勾结，阴谋作乱。

李嗣源非常害怕，连续上表申辩，却不见朝廷有什么答复，这让他更是惊慌。正在这个时候，有一个人来到了魏州。这个人的到来，改变了李嗣源的命运，让他从一个被猜疑、忐忑不安的大将，转而成为名传千古的一代帝王。这个人就是李嗣源的女婿石敬瑭。

石敬瑭是沙陀族人。父亲名叫臬捩鸡。臬捩鸡曾跟随李克用转战南北，多次立下战功，官至洺州刺史。臬捩鸡死后，他的儿子石敬瑭跟随李嗣源从军。

石敬瑭年轻时朴实稳重，沉默寡言，喜欢读兵书，特别崇拜李牧、周亚夫这样的勇将，打仗勇猛过人，所向无敌，被任命为左仆射使。他曾数次解救李嗣源于危急之中，从而得到器重，逐渐成为李嗣源的心腹。

石敬瑭是后晋的开国皇帝，故在这里将他的经历略作交代。

石敬瑭来到魏州，见到李嗣源就问："为什么还不快想办法，难道要束手就擒吗？"

"你说该怎么办？"李嗣源心中恐慌，似乎没了主意，不知道该如何应付眼前的局势。

"天下之事，成功来自果断，失败源于犹豫。"石敬瑭问道，"古往今来，有哪一位大将因为被叛军挟持，后来能安然无恙？”

李嗣源摇摇头，表示同意石敬瑭的看法，两眼看着他，等待他继续说下去。

石敬瑭献计说：“汴州是兵家必争之地，我愿意带领三百名士兵占据那里，作为我们的根据地，这样才能安全！”

突骑都指挥使康义诚也劝李嗣源，说如今皇帝昏庸无道，军民怨恨，如果听从大家的建议，就有活路；如果想保守操节，必死无疑。

李嗣源想了很久，觉得除此之外，别无他法，于是命令安重诲发布命令，召集人马，准备夺取汴州。

历史给李嗣源开了一个大玩笑，他本是奉李存勖之命，率兵平定魏州之乱，到头来，这个平叛者，竟然在叛乱者的挟持下，成了叛军领袖。

第二十六章
树倒猢狲散

一字救千人

李存勖先接到李绍荣的密报，说李嗣源带兵平叛，反而同乱贼成了一家人。立即派李嗣源的长子李从璟去见李嗣源，对他说：“我知道你父亲忠厚，你回去告诉他，说我仍然信任他，叫他不要猜疑。”

李从璟走到卫州，李绍荣派人拦住他，说如果再往前走，就杀掉他。

李绍荣之所以不让李从璟去见李嗣源，是怕他们父子相会之后，他向李存勖上表的谎言就要被戳穿了。

李从璟很想去见父亲一面，但他知道过不了李绍荣这一关，只得说道：“我去见父亲，是皇上的命令，如果你要阻拦，那我就不去了，仍回洛阳去做宿卫吧！”

李绍荣不想杀他，只要他不朝前走，其他的悉听尊便。

李绍荣返回洛阳，向李存勖哭诉，说李绍荣强行阻挠，不让他去见父亲，否则，就白刀子进，红刀子出。

李存勖觉得他很可怜，赐李从璟名李继璟，待他如同亲子。

李嗣源一连数次向朝廷上书申辩，派出的人都被李绍荣挡在卫州，李存勖没有见一份奏章。

后唐朝廷此时的日子其实很不好过，各地水患频频，百姓流离失所，京城的财政收入锐减，军粮严重不足。

李存勖似乎不关心这些事情，照样是吃喝玩乐，照样带着后妃去白沙打猎，随行的士兵一万多人。如此一支庞大的队伍，吃住开销是一个庞大的数字。老百姓已经是卖妻鬻子，吃了上餐愁下顿，哪有钱财供他们浪费。因此，车驾每到一处，百姓便逃离一空。

随行的卫兵见百姓都逃光了，气得毁坏百姓的房屋，砸坏百姓的家具物品，所作所为，比强盗还强盗。地方官知道应付不了这种场面，也都跑到山里去躲了起来。

李存勖高兴了，百姓逃跑了，士兵因途中连饭都吃不饱，也是怨声载道。

财政捉襟见肘，巧妇难为无米之炊，租庸使孔谦非常为难，只得限量供应粮食。因此，军中谣言四起，有的说管后勤的克扣军粮，有的说朝廷快完蛋了，不如各自散伙，另谋出路。

李存勖听到谣言，下了一道诏书，预征明年夏秋租税。

当年的租赋，百姓尚且无从缴纳，再要缴明年的租税，这无异于杀鸡取卵。官吏可不管这些，拿着圣旨，到处逼索，老百姓叫苦连天。

太史官上奏，说百姓怨声载道，应该防止发生兵变，建议朝廷不但不要预征租税，而且还要放粮赈灾。

李存勖正要准奏，刘皇后却愤怒地说："我们夫妇君临天下，虽然是靠打仗得来的，但也是天命如此，命即在天，还怕这些人造乱吗？"

李存勖对刘皇后向来是百依百顺，只得压下了这些奏章。

宰相们带领百官到偏殿面奏。

刘皇后躲在屏风后偷听，听到宰相们仍然不肯罢休，不由怒火中烧，居然使了一招下三滥的手法。她命宫人取来她的化妆用品及几件银器，拉着李存勖的三个小儿子，气冲冲地走出屏风，柳眉倒竖，连嗔带笑地说："你们以为做皇帝的很有钱吗？四方的贡品早就赏赐完了，宫里就剩下这几件东西和这三个小鬼，你们想要，就拿去分给百姓吧！"

李存勖不禁脸色大变。

群臣见皇后这副嘴脸，李存勖又一言不发，垂头丧气、灰溜溜地退了出去。

李嗣源举事的警报，接二连三地传到洛阳，河南尹张全义害怕受到连坐，竟然活活地急死了。

李存勖命指挥使白从晖率领骑兵扼守洛阳桥，到了这个时候，他才想到拿出内府的金银布帛赏赐诸士，让他们为自己卖命。

士卒们背着钱物，没一点感激之情，反而大骂："我们的妻子儿女都饿死了，要这些干什么！"

李存勖听到骂声，追悔莫及，急命李绍荣回守洛阳。

李绍荣率军到了鹞店，李存勖亲自前往慰劳。

李绍荣对李存勖说，魏州的乱兵已经占据了博州，打算渡过黄河来袭击郓州和汴州，他建议李存勖驾临关东招抚各军，免得他们被乱军蛊惑。

李存勖见形势如此之乱，不亲自出马不行了，放眼朝野，唯一能和李嗣源做对手的，也只有他这个皇帝。他返回洛阳后，立即调集卫士，准备出发。

伶官景进建议说："西南还没有安定下来，王衍的族党不少，他们听说车驾东征，一定会作乱，不如先除掉他们，以绝后患。"

李存勖忘记了前面的许诺，急忙派向延嗣带着诏书西行，他在诏书中说："王衍一行，一并诛杀。"

诏书已经签字画押，已经是正式文件了。

枢密使张居翰看到诏书后，知道这道诏书下发后，将有数千人头落地，不由动了恻隐之心，急中生智，他以殿柱当桌，将诏书中的"行"字改为"家"字，然后将诏书交给向延嗣。

向延嗣到了长安，会同西京留守，将王衍一家全部斩首。

王衍的母亲徐氏临刑前大呼道："我儿举国投降，全家还要遭杀，李存勖背信弃义，一定会遭到报应。"

徐氏母子被杀后，王衍的妻妾金氏、韦氏、钱氏等人，一并被砍头，唯独幼妾刘氏最年轻，而且长得非常漂亮。监刑官暗生艳羡，命刽子手停刑。刘氏慨然说道：“国亡家破，义不受污，请你快把我杀了吧！”

监刑官没有办法，只好下令杀了刘氏。

此外，蜀中大臣的家属以及王衍仆役千余人，全部豁免。

张居翰的一字之改，救活了一千多人的性命。

英雄末路

同光四年（926）三月十九日，李存勖从洛阳出发，派李绍荣率骑兵沿河先行，自己率卫兵缓缓跟进。

李存勖走到汜水时，同李嗣源有关系的人，基本上都逃光了，唯独李嗣源的儿子李继璟还跟随在身边。

李存勖再次派他去见李嗣源，李继璟不肯去，说他情愿被处死，也不离开李存勖。李存勖再三劝慰，强迫他去传达命令，他才勉强成行，走在途中，碰到李绍荣，被李绍荣杀了。

李嗣源的家人在真定，虞候将王建立杀死监军，出面保住了他们的性命，正打算给李嗣源写信，向他报平安，恰好李嗣源的养子李从珂，从横水率军来真定与王建立会合，两人日夜兼程赶上李嗣源。

李嗣源见家人平安，非常高兴，立即分三百骑兵归石敬瑭统领，命他为前驱、李从珂为后应，向汴州进军；同时又召集齐州防御使李绍虔、泰宁节度使李绍钦、贝州刺史李绍英、北京右厢马军都指挥使安审通、平卢节度使符习，共同起事。

二十五日，李嗣源渡过黄河到达滑州，约见平卢节度使符习。

符习从天平军调守平卢，听说大多数梁臣都被杀了，心里非常害怕，听说李嗣源约见，立即赶了过去。安审通也带兵来会。李嗣源的军势大震。

前锋石敬瑭日夜兼程抵达汴州，杀入封邱门，攻占了汴州。

李嗣源接到消息后，立即从滑州出发，当天晚上便赶到大梁城。

李嗣源攻占了汴州，李存勖的部队刚刚到达荥泽，他给龙骧指挥使姚彦温一笔丰厚的赏赐，命他率三千骑兵前往汴州。

在李存勖与李嗣源的较量中，姚彦温和很多人一样，都看好李嗣源。他从李存勖那里拿到赏赐后，带着部队投奔李嗣源，说京师危险紧迫，皇上被李绍荣（元行钦）所迷惑，大势已去，他和众将都不愿再追随李存勖那个昏君。

“你自己对朝廷不忠，不可胡乱诋毁别人！”李嗣源似乎不领情，剥夺了姚彦温的军权，收编了他的三千骑兵。

指挥使潘环驻守在王村寨，拥有数万石粮食。他也看好李嗣源，带着万石粮食作为进见之礼，投奔了李嗣源。

李存勖到达万胜镇时，听说李嗣源已经攻占了汴州，接得各地军报，知道大势已去，不由得神色沮丧，登上高处叹息道：“事情都结束了，我已无回天之力啊！”随后下令班师回京。

李存勖的部队到达汜水关时，身边的亲兵已经逃跑了一半，他留下秦州都指挥使张唐驻和三千骑兵守汜水关，自己率其余部队西归洛阳。

二十七日，西归的人马走到罂子谷，山路险窄，李存勖见当官的鞭打士兵，总要立即制止，并好言安抚，这在以往是从来没有过的事情。他还对士兵们允诺，说魏王很快就要进京了，他从西蜀带回了五十万两金银，到了京师后，他将全部分给将士们。

李存勖想以此收买人心，士卒们却说：“陛下的赏赐已经太晚了，恐怕受赐的人，未必感念圣恩了。”

李存勖又悔又恨，不禁失声痛哭。情绪缓和之后，他又想找袍带等物品赏赐给随行的人员。管内库的太监张容哥对他说，颁赐的东西已经用完了，再也没有什么可赏的了。

卫士们本来想得到一些赏赐，见张容哥说无物可赏，气得大骂道：“皇上失去江山，都是你们这些阉竖干的好事。”众人拔刀上前，要杀张容哥。幸亏李存勖出面制止，众人才肯罢休。

张容哥心有余悸，哭着对同伴们说：“明明是皇后吝啬，将士们却要归咎于我们。事情已经到了这步田地，恐怕再无转机，如果发生意外的事情，难道真要等着别人来将我们碎尸万段吗？”

当天夜晚，张容哥跳河自尽了。

二十八日，李存勖到达石桥，摆酒宴请李绍荣等人，他凄然地对李绍荣等人说：“你们侍奉我已有多年，一直以来，急难同当，富贵与共，今天我到了这个地步，难道就不能想出一条计策来救我吗？”

李绍荣等一百余人，都剪下头发，扔在地上，发誓以死相报，效忠李存勖。忠心虽然可嘉，但大敌当前，凭表忠心是吓不退敌人的，关键还要凭实力说话，何况这些表忠心的人，是否真的忠心，恐怕也只有天知道。

李存勖在众人的簇拥下，回到洛阳。

三十日，李存勖接到汜水关急报，说李嗣源的先锋石敬瑭率领的先头部队已经抵达汜水关下。李绍虔、李绍英等人也同李嗣源合军一处，气势正盛，宫廷内一片惊慌。

宰相、枢密使奏称，说魏王李继岌率领征西的部队即将到来，他们请李存勖尽快控制汜水关，收抚散兵，静候魏王的接应。

李存勖听从他们的建议，亲自到东门外检阅骑兵，约期出征，再赴汜水关。

四月初一，是李存勖出兵汜水关的日子，士兵们整装待发，骑兵列阵宣仁门外，步兵列阵五凤门外，专候御驾出巡。

洛阳城笼罩着大战在即的气氛。

正在这个时候，京城突然发生了叛乱，带头闹事的是御林军指挥使郭从谦。

当时，李存勖正在吃早餐，听到外面的叫喊声，知道又出事了，慌忙丢下碗筷，召集近卫骑兵跟他一同去平乱。走到中左门的时候，叛军已经冲进门内，为首的正是郭从谦。

李存勖怒不可遏，率领近卫军迎头痛击。郭从谦抵挡不住，只得率兵退出门外。

李存勖命将城门关上，然后派太监到宣仁门外，急召骑兵统领朱守殷率军围剿叛军。

朱守殷率领骑兵驻扎在宣仁门外，其实，他已经知道城中发生了哗变，有心想一同起事，只是情况不明，不敢贸然行动。李存勖派来的人找到他时，他不但拒不执行剿灭叛军的命令，反而让部队在北邙茂密的树林中休息，来了个坐山观虎斗。

朱守殷拒不出战，给郭从谦创造了机会。

郭从谦退出中左门后，再次组织叛军，焚烧了兴教门，乱兵蜂拥而上，翻越城墙进入城内。

李存勖准备再次调兵抵御，却发现士兵们几乎跑光了，只有都指挥使李彦卿、军校何福进、王全斌等十几个人跟在他的身后，正在和乱兵血战。

李存勖到底是身经百战的虎将，眼前的刀光剑影，激起了他的斗志，竟然不顾危险，冲入乱军之中，亲自投入战斗。

可惜的是，叛军越来越多，李存勖身边的人越来越少，正在酣战之际，不知从哪里飞来一支冷箭，正中李存勖的面颊，他痛不可忍，几乎晕倒。

鹰坊人善友见李存勖中箭，扶着他退到绛霄殿的廊檐下，替他拔去箭镞。李存勖浑身是血，大叫道："渴，渴，给我水喝。"

刘皇后知道李存勖中箭，并没有前去察看，听说他要水喝，派宦员送去一些乳浆。

李存勖刚喝下一杯乳浆，大叫数声，死在绛霄殿的廊檐之下。时年四十三岁。

李存勖是喝了一杯乳浆而死，因此，后世就有李存勖死于乳浆之说。

李彦卿、何福进、王全斌等人见李存勖死了，装模作样地哭了几声后，跑散了。善友还算忠心，将屋檐下的乐器收拾在一起，堆盖在李存勖的身上，点上火，把李存勖火化了，使得李存勖的尸体免受乱兵的羞辱。

这位被人戏称为"李天下"的荒唐皇帝的灵魂，在弦乐琵琶噼噼啪啪的"艺术境界"去了极乐世界。

李存勖称帝四年时间，从前秉承父亲李克用的遗志，灭了燕国，扫平后梁，击败契丹，国家一度中兴强盛；后来放纵妇人专权，宦官戏子乱政，杀戮功臣，猜忌李家族人，不体恤军民，才酿成了滔天大祸。

带头哗变的郭从谦，也是戏子出身，由于戏唱得好，李存勖让他统领御林军。结果，这个让他十分信任的戏子，却背叛了他，带领叛军，要了他的命。

李存勖是驰骋一时的开国皇帝，在众叛亲离之后，被流箭射杀，含恨离开了人世。死后，安葬在雍陵，庙号庄宗。

当初，李存勖消灭后梁进入洛阳的时候，天下人都把李存勖比成汉光武帝刘秀，都认为唐朝中兴指日可待。也没有因为他是胡人，对他有什么偏见。只是所有的人都没有料到，仅仅三年时间，所谓“大唐中兴”的神话，在一片冲天大火中化为泡影，留下的只是一堆难以辨认的骸骨和历史的无情感慨。

五代时期，李存勖无疑是一个军事天才，然而，就是这样一位军事天才，在打下江山之后，突然由智勇而转为平庸，变成了政治白痴，成天同一帮戏子戏闹。三年时间，就将天下玩丢了，甚至还搭上了自己的小命。

李存勖的军事才干，早就被世人忘得一干二净，留在人们记忆中的，只是那一声“李天下”。

王夫之评价李存勖说：“存勖可以忍败，而不足以处胜，故胜则必倾。败则唯死而已，胜则骄淫侈靡。”

这个观点非常正确，李存勖之所以失败，并不是因为他的智力，而是因为他的度量：做天下共主的度量，所以王夫之说他“有智无量”。

欧阳修评价李存勖也说：“方其盛也，举天下之豪杰，莫能与之争；及其衰也，数十伶人困之，而身死国灭，为天下笑。”

就是说，当他兴盛的时候，天下的英雄豪杰，没有人能与之争锋，到他衰败时，数十个戏子就把他困住了，最后身死国灭，被天下人耻笑。

图书在版编目（CIP）数据

五代那些事儿. 壹, 朱温罢唐卷 / 余耀华著. —北京：中国工人出版社，2017.6
ISBN 978-7-5008-6729-6

Ⅰ.①五… Ⅱ.①余… Ⅲ.①中国历史—五代（907-960）—通俗读物 Ⅳ.①K243.109

中国版本图书馆CIP数据核字（2017）第128850号

五代那些事儿·壹·朱温罢唐卷

出 版 人	芮宗金
责任编辑	傅 娉
责任校对	董春娜
责任印制	黄 丽
出版发行	中国工人出版社
地　　址	北京市东城区鼓楼外大街45号　邮编：100120
网　　址	http://www.wp-china.com
电　　话	（010）62005043（总编室）　（010）62005039（出版物流部） （010）62379038（社科文艺分社）
发行热线	（010）62005049　（010）62005042（传真）
经　　销	各地书店
印　　刷	三河市东方印刷有限公司
开　　本	710毫米×1000毫米　1/16
印　　张	19.5
字　　数	300千字
版　　次	2017年7月第1版　2021年1月第8次印刷
定　　价	39.00元